Bettina Simon

JIDDISCHE SPRACHGESCHICHTE

Versuch einer neuen Grundlegung

Jüdischer Verlag
Frankfurt am Main

Überarbeitete Fassung des erstmals 1988
im Jüdischen Verlag erschienenen Buches

Erste Auflage 1993

Satz und Druck: Wagner GmbH, Nördlingen
Printed in Germany

INHALT

EINFÜHRUNG

Die vorliegende Arbeit sucht einen Beitrag zur Erforschung der in der Wissenschaft als Jiddisch bezeichneten Sprache der Juden in Mittel- und Osteuropa zu leisten. Da der Gegenstand nur sehr wenigen bekannt ist, müssen zunächst einige historische Informationen geboten werden.

Jüdische Ansiedlung in Deutschland ist zuerst im Jahre 321 u. Z. in Köln bezeugt, also in spätrömischer Zeit, doch wissen wir nicht, ob diese Gemeinde und vielleicht auch andere Gemeinden die Völkerwanderung überdauerten. Jedenfalls aber erfolgte ein Zuzug von Juden im 9. Jahrhundert zur Zeit der Karolinger; die ältesten der damals entstandenen Siedlungen befanden sich in der Rheingegend.

Die Juden, die in dieser Zeit in Deutschland seßhaft wurden, übernahmen wie auch in anderen Ländern, in denen sie sich niederließen, die Sprache ihrer Umwelt und gaben binnen kurzem diejenige Sprache auf, die sie mitgebracht hatten. Sie begannen also, sich des Deutschen für die Kommunikation mit der Umwelt und untereinander zu bedienen.

Vermutlich erfolgte die Besiedlung von Westen, und zwar von Lothringen her, doch ist das keine erwiesene Tatsache, sondern nur eine Hypothese, die damit begründet wird, daß die Sprache der Juden im deutschen Sprachraum vor allem in lexikalischer Hinsicht Spuren romanischen Einflusses zeigt. Sie sind allerdings äußerst geringfügig. Der älteste sicher datierbare schriftliche Beleg der Sprache der Juden in Deutschland stammt aus dem 13. Jahrhundert. Ihre Texte schrieben die Juden mit hebräischen Buchstaben, wie sie das in der Regel taten, wenn sie eine der Sprachen ihrer Umwelt übernahmen, denn die Schulbildung, die sie genossen, zielte vor allem darauf ab, daß sie die hebräische Bibel und die hebräischen Gebete lesen lernten. Die Erlernung der hebräischen Schrift führte allerdings nicht zur

Beherrschung der hebräischen Sprache; der Elementarunterricht vermittelte wenig mehr als die Kenntnis der Buchstaben und einer begrenzten Anzahl von Lexemen, die zum Teil auch in die gesprochene Sprache einflossen. Nur wer sich der Wissenschaft widmete, wurde des Hebräischen kundig; das war eine dünne Eliteschicht, der in der Regel nur Männer angehörten.

Die sich verschlechternde gesellschaftliche Stellung der Juden im deutschen Sprachraum führte seit dem 13., vor allem aber seit dem 14. Jahrhundert zu einer starken Migration in östlicher Richtung, besonders nach Polen und Litauen, wo die Lage für Juden zwar nicht ideal, aber doch günstiger war.

Während sonst die Ansiedlung der Juden in einem anderen Land zum sofortigen oder allmählichen Sprachenwechsel geführt hatte, behielten in Osteuropa die Juden ihre mitgebrachte Sprache bei, die sich nun im slawischen Sprachraum weiterentwickelte. Die Gründe dafür, daß die Sprache des Herkunftslandes nicht aufgegeben, sondern bewahrt wurde, sind bisher ungeklärt: Die Tatsache, daß die polnischen Städte zum Teil deutschsprachig waren, daß vor allem die Kaufmannschaft sich des Deutschen bediente, mag zu diesem Phänomen beigetragen haben, erklärt es aber nicht. Denn es gibt noch einen zweiten Fall, in dem Juden die Sprache desjenigen Landes bewahrten, das sie verlassen mußten: Die im ausgehenden 15. Jahrhundert von der Pyrenäenhalbinsel Vertriebenen nahmen ihre spanische Sprache mit und benutzen sie teilweise bis in die Gegenwart in Ländern, in denen Spanisch sonst nicht verwendet wird.

Es ist klar, daß die Sprache der Juden, die weiter innerhalb des deutschen Sprachraums und dabei im Kontakt mit einer deutschsprachigen Umwelt lebten, von der allgemeinen Entwicklung der deutschen Sprache nicht unbeeinflußt blieb. In Osteuropa dagegen wirkte eine andere, vorwiegend nichtdeutsche Sprachumgebung ein, so daß die Sprachentwicklung nun divergent verläuft. Zu der in den europäischen Osten mitgebrachten Substanz, die teils erstarrte, teils in anderer Weise weiterentwickelt wurde als das Deutsche, trat der Einfluß slawischer Sprachen, der nicht nur in der Übernahme slawischer Etyma und in der Entstehung von Lehnübersetzungen bzw. Lehnprägungen besteht, die nicht auf den ersten Blick erkennbar sind, sondern auch syntaktische Strukturen betrifft.[1]

Innerhalb der Sprache der Juden in Osteuropa haben sich Dialektunterschiede herausgebildet. Die insgesamt unerheblichen Differenzen beziehen sich auf Phonemrealisierung, Lexik und grammatische Struktur. In einem der beiden Hauptdialekte wurden durch den Einfluß des Litauischen die im übrigen jiddischen Sprachgebiet üblichen drei Genera auf zwei reduziert. Jedoch sind die Unterschiede nicht so gravierend, daß die Kommunikation dadurch wesentlich erschwert wird. Im Rahmen der hier behandelten Thematik ist auf die Dialekte nicht einzugehen. Ebenso muß es unterbleiben, den komplizierten Zusammenhang von Sprache und Gesellschaft als allgemeines theoretisches Problem zu erörtern: Der innerjüdische Sprachenkampf in Osteuropa, der im 19. Jahrhundert ausbrach, führte dazu, daß denjenigen, die es befürworteten, das Jiddische aufzugeben – sei es zugunsten des Hebräischen, sei es zugunsten der Sprache der jeweiligen Umwelt –, die Verteidiger des Jiddischen entgegentraten. Die verschiedenen Standpunkte beruhen auf unterschiedlichen ideologischen Positionen, und ideologische Momente spielen selbst in die Auseinandersetzungen um die Fixierung einer Norm der jiddischen Sprache hinein.[2]

Der Prozeß der Differenzierung zwischen der Sprache der Juden in Deutschland und in Osteuropa setzte sich allerdings im Hinblick auf die im deutschen Sprachraum lebenden Juden nicht geradlinig fort, denn im 17. Jahrhundert begann ein Rückstrom von Juden aus Osteuropa – besonders im Gefolge der Massaker in der Ukraine im Jahre 1648 – in den deutschsprachigen Raum. Diese Migration wirkte in sprachlicher Beziehung in nicht geringem Maße. Die bis dahin günstige Situation in Osteuropa hatte auch zu einem Aufblühen rabbinischer Gelehrsamkeit geführt, so daß bedeutende wissenschaftliche Zentren entstanden waren, während in Deutschland die ungünstige gesellschaftliche Situation auch in Hinsicht auf das Bildungsniveau der Juden negative Folgen hatte. So ergab es sich, daß die Einwanderer aus dem Osten in den deutschen Gemeinden vielfach als Rabbiner und Lehrer tätig wurden, da sie für diese Aufgaben besser als die übrigen qualifiziert waren. Auf diese Weise hatten sie aber auch einen weitgehenden sprachlichen Einfluß auf die weniger Gebildeten und auf diejenigen, die zu bilden ihre Aufgabe war.

Oluf Gerhard Tychsen, ein bedeutender deutscher Orientalist des 18. Jahrhunderts, Professor an der Universität Bützow in Mecklenburg, konstatiert, »daß jährlich ganze Heere polnischer Schulmeister, ein Auswurf des menschlichen Geschlechts, die wahren Monopolisten aller zu erdenkenden Ungereimtheiten auf deutschen, dänischen, holländischen, auch englischen Boden kommen, und Lehrer der Jugend und des Volkes, auch ihre Richter werden. Diese haben den ganzen Unterricht in Händen, und pflanzen die Unvernunft, kauderwelsche Sprache mit unglaublichem Fortgang fort, sind selbst gar keiner Vernunft fähig, wie ich leider nur gar zu oft die Probe mache« (zitiert nach Hartmann, Bd. I, S. 271).

Im deutschen Sprachraum kam seit der zweiten Hälfte des 18. Jahrhunderts ein Emanzipations- und Assimilationsprozeß in Gang, der auch dazu führte, daß in sprachlicher Beziehung Unterschiede zwischen Juden und Nichtjuden verschwanden, indem die Juden nicht nur die Schrift ihrer Umwelt übernahmen, sondern auch die historisch gewachsenen Besonderheiten ihrer gruppenspezifischen Sprache aufgaben. Von geringfügigen Resten abgesehen, gibt es seit der rechtlichen Gleichstellung der Juden in Deutschland in sprachlicher Hinsicht keine jüdischen Spezifika mehr.

Hingegen hat das osteuropäische Judentum, das in seiner Mehrheit eine nationale und religiöse Minderheit blieb, eine von der Umwelt abweichende, auf dem Deutschen basierende Sprache beibehalten und weiterentwickelt; auch eine große Literatur ist entstanden, die zum Teil Weltgeltung besitzt. Durch den deutschen Faschismus ist diese Kultur in Osteuropa zum überwiegenden Teil ausgerottet worden, aber bereits seit dem vorigen Jahrhundert hat sie sich durch Migrationen auch in anderen Teilen der Erde verbreitet, vor allem in Nord- und Südamerika sowie in Israel. Doch auch in der ehemaligen Sowjetunion und in anderen Staaten Ost- und Südosteuropas leben nach wie vor jiddische Muttersprachler, die jiddische Literatur lesen und schaffen.

Nicht nur die Sprache der osteuropäischen Juden wird als Jiddisch bezeichnet, sondern so nennt man heute auch diejenige Sprache, die die Juden in Deutschland seit dem Mittelalter gesprochen haben.

Die vorliegende Untersuchung befaßt sich sowohl mit der Sprache der Juden in Deutschland im ausgehenden Mittelalter bzw. der beginnenden Neuzeit, genauer in der Zeit des Übergangs vom Mittelhochdeutschen zum Neuhochdeutschen, als auch mit der Sprache eines Textes aus der Zeit der deutschen Aufklärung. Untersucht wird das »Schmuelbuch«, eine epische Paraphrase des biblischen Buches Samuel, das erstmalig 1543/44 in Augsburg gedruckt wurde. Diese aus 1792 Strophen bestehende, mit hebräischen Buchstaben geschriebene Dichtung wird mit der in lateinischer Schrift niedergelegten oberdeutschen Fassung des Paulus Aemilus verglichen, um festzustellen, in welchem Verhältnis beide Texte in bezug auf die Sprache zueinander stehen. Untersucht werden ferner die Memoiren des Aaron Isaak, der 1730 in Treuenbrietzen (Mark Brandenburg) geboren wurde und seine Lebenserinnerungen in den ersten Jahren des 19. Jahrhunderts in Stockholm verfaßte. Dieser Text, dessen Handschrift mir als Fotokopie vorliegt, wird mit einer modernen jiddischen Übersetzung verglichen, um entscheiden zu können, wie Aarons Text im Verhältnis zum zeitgenössischen Deutsch und zum modernen Jiddisch linguistisch einzuordnen ist.
Die Erforschung der jiddischen Sprache und Literatur hat sich erst seit dem Ende des vorigen Jahrhunderts entwickelt. In Deutschland wurde sie durch die Herrschaft des deutschen Faschismus jäh abgebrochen, und mit der weitgehenden Ausrottung der osteuropäischen Judenheit wurden die Zentren der Jiddistik vernichtet. Es besteht also ein großer Nachholbedarf. Darin liegt gewiß eine Schwierigkeit. Es kommt hinzu, daß vergleichende Textuntersuchungen auf dem Gebiet der Jiddistik bisher nicht angestellt worden sind, an deren Ergebnisse ich anknüpfen und deren Methoden ich übernehmen könnte. Die Hauptschwierigkeit besteht darin, daß es für die im deutschen Sprachraum mit hebräischen Buchstaben geschriebenen nichthebräischen Texte weder lexikalische noch grammatikalische Hilfsmittel gibt. Auch das osteuropäische Jiddisch, auf dessen Erforschung sich die Jiddistik in erster Linie konzentriert hat, ist noch nicht zureichend aufgearbeitet: Es gibt kaum Untersuchungen zur Sprachgeschichte; vor allem fehlt ein Wörterbuch, das die Sprachentwicklung berücksichtigt und belegt.

Unter diesen Umständen muß ich mir meinen Weg selbst bahnen, jedoch vorerst auf Verallgemeinerungen verzichten, weil sie leichtfertig wären: Sie könnten oft nicht hinreichend fundiert werden. Alle Aussagen, die als Ergebnisse der Untersuchung formuliert werden, gelten daher ausschließlich für die beiden analysierten Texte, das Schmuelbuch und Aarons Memoiren, sowie für das herangezogene Vergleichsmaterial.
Eine unerläßliche Voraussetzung für die Behandlung der gewählten Thematik ist die Einordnung des Jiddischen, einer germanischen Sprache, in die sogenannten Judensprachen und eine allgemein theoretische Erörterung des Phänomens »Judensprachen«; ferner ist es geboten, die Sprachbezeichnung »Jiddisch« genauer zu untersuchen.

Dieses Buch stellt die überarbeitete Fassung einer Habilitationsschrift dar, die 1987 von der Humboldt-Universität zu Berlin angenommen wurde.
Bezeichnungen werden durch Kursivdruck, Bedeutungsangaben durch halbe Anführungszeichen und Begriffe durch Anführungszeichen markiert.

JIDDISCH IM ENSEMBLE DER JUDENSPRACHEN

Das Jiddische, dem diese Untersuchung gewidmet ist, gehört zu den Sprachen der Juden. Noch zu der Zeit, da es einen jüdischen Staat in Palästina gab, wurde das Hebräische, die ursprüngliche Sprache der dortigen jüdischen Bevölkerung, durch die Verkehrssprache des Vorderen Orients, das Aramäische, zurückgedrängt.

Die hebräische Bibel enthält einige aramäische Partien; die nachbiblische Traditionsliteratur ist großenteils in aramäischer Sprache niedergelegt, so daß die Kenntnis beider semitischer Sprachen bis heute die Basis jüdisch religiöser Bildung darstellt.

Durch die Zerstreuung der Juden in die Länder der antiken Welt im Gefolge des Verlusts der staatlichen Selbständigkeit nach der Zerstörung des Zweiten Tempels (im Jahre 70 u. Z.) kam es in neuen Umgebungen zum Sprachenwechsel. Dieser Prozeß hatte schon vorher durch Auswanderung eingesetzt: Juden hatten in hellenistischer Zeit im griechischen Sprachraum das Griechische übernommen und in Rom später auch das Lateinische. Das Vorhandensein griechischer Literatur, deren Autoren Juden waren, beweist, daß Griechisch die Muttersprache großer jüdischer Gruppen war. Das wichtigste Dokument dieser jüdisch-griechischen Literatur, die Bibelübersetzung (Septuaginta), verdankt ihre Entstehung der Tatsache, daß weite Kreise den Originaltext nicht mehr verstehen konnten.

Im Laufe der Migrationen von der Spätantike an haben die Juden zahlreiche Sprachen der Völker angenommen, in deren Mitte sie lebten. Sofern wir überhaupt Zeugnisse besitzen, zeigen diese, daß sich bei der Übernahme anderer Sprachen durch Juden gruppenspezifische Besonderheiten herausgebildet haben. Die vage Formulierung »Besonderheiten« habe ich absichtlich gewählt, weil offen bleiben soll, wie gravierend die Unterschiede gegenüber der Sprache der Umwelt sind und worin sie bestehen; es muß betont werden, daß jeder Fall anders liegt. Da diese Untersuchung sich nicht mit sämtlichen Judensprachen beschäftigt, kann hier auch nicht die bis heute kontroverse Frage behandelt werden, in welchem Verhältnis sie zu denjenigen Sprachen stehen, auf deren Substanz sie aufbauen. Zwei übergreifende, wenngleich nicht durchgängig zu beobachtende Charakteristika fallen auf:

1. Die überlieferten Texte sind in der Regel mit hebräischen Buchstaben geschrieben, weil Bildung weitgehend mit religiöser Bildung identisch war und jeweils dasjenige graphische System erlernt und angewendet wurde, in dem die heiligen Schriften niedergelegt waren. Das ist keine jüdische Besonderheit, sondern gilt für viele Kulturen: Beispielsweise haben Bekenner des Islam zahlreiche Sprachen, nicht nur semitische, nach dem Vorbild des Koran in arabischen Lettern geschrieben, und die mittelalterliche deutsche Literatur ist nicht mit germanischen Runenzeichen fixiert worden, sondern mit lateinischen Buchstaben, deren sich die Kleriker bedienten. Wenn auch die Grapheme der Sprache äußerlich sind und für ihre Struktur irrelevant, so beansprucht ihre Verwendung doch insofern soziolinguistisches Interesse, als durch die Benutzung eines bestimmten Alphabets der Adressatenkreis der Texte festgelegt ist: Die Verwendung hebräischer Lettern deutet auf gruppeninterne Kommunikation hin. Ausnahmen von dieser Regel sollen nicht übergangen werden: Wir wissen von judenarabischen (und sogar hebräischen) Texten der Karäer in arabischer Schrift[3]; die Bibelübersetzung in Judenspanisch (Ladino) aus Ferrara (1553) ist mit lateinischen Lettern gedruckt.[4]
2. Es zeigen sich lexikalische Besonderheiten. Termini technici der kultischen Sphäre werden aus dem Hebräischen bzw. Aramäischen in den in einer anderen Sprache abgefaßten Text interferiert, sei es in ihrer ursprünglichen, sei es in einer an die Sprache des Textes adaptierten Form. Das Phänomen der Übernahme von Termini aus anderen Sprachen zur Füllung semantischer Lücken ist bei den verschiedenen Fachsprachen geläufig. Ich will weder behaupten, daß alle Bezeichnungen für Denotate aus dem kultischen Bereich aus

dem Hebräischen stammen, noch auch, daß alle hebräischen Wörter, die sich in den Texten finden, sich auf den Kultus beziehen.

Diese übergreifenden Charakteristika allein stellen allerdings zwar einen Unterschied von der Sprache der Umwelt dar, aber sie sagen nichts darüber aus, ob diese Differenz graduell oder prinzipiell ist, ob es sich um verschiedene Sprachen handelt oder ob eine »Judensprache« eine spezielle Erscheinungsform der jeweiligen Einzelsprache ist. Das müßte in jedem Einzelfall nachgewiesen werden, und zwar auf Grund historisch und linguistisch konkreter Analysen. Die Tatsache, daß sich bei jüdischen Bevölkerungsgruppen besondere sprachliche Erscheinungen zeigen, berechtigt nicht zu dem Schluß, daß alle Judensprachen in gleicher Weise zu kategorisieren sind.

Die 1972 in Jerusalem erschienene »Encyclopaedia Judaica« (EJ 1972) beansprucht, den neuesten Stand der Forschung zu spiegeln, und die in ihr vertretenen Thesen werden in der Tat häufig ungeprüft in wissenschaftliche und populäre Literatur übernommen. Um so notwendiger ist es, die für diesen Zusammenhang relevanten Darlegungen kritisch zu untersuchen. Der theoretisch-programmatische Artikel »Jewish Languages« stammt von Birnbaum. Der Autor bietet bewußt keine Aufzählung aller Judensprachen, und hier sollen lediglich einige repräsentative Beispiele angeführt werden: Judenitalienisch, Judenfranzösisch, Judengriechisch, Judenprovenzalisch, Judenspanisch, Jiddisch, Judenarabisch, Judenpersisch. Birnbaum hat eine eigene Terminologie geschaffen: er nennt Judenitalienisch *Italkisch* (abgeleitet vom hebräischen Adjektiv *italkit*, ›italienisch‹), Judenfranzösisch *Zarfatisch* (vom hebräischen *zarfatit*, ›französisch‹), Judengriechisch *Jewanisch* (vom hebräischen *jewanit*, ›griechisch‹) usw.

Der Autor des Enzyklopädieartikels lehnt zu Recht ab, Judensprachen als »jargons«, »corrupted languages« oder »Creolized languages« zu kennzeichnen, da diese Pejorative nicht geeignet seien, das Wesen des Gegenstandes adäquat erfassen zu helfen. Auch die Qualifizierung als Mischsprachen hält er für unangemessen: »The Jewish languages are not more mixed than many other tongues, ranging from English and German to Persian and Turkish« (EJ 1972, Bd. 10, Sp. 68). In einer späteren, ausführlicheren Darstellung betont der Autor, es sei nicht zu ermitteln, wo die Grenze zwischen »reinen« und »gemischten« Sprachen verlaufe, und er fragt, wie viele Sprachen dieser Erde denn eigentlich als »rein« zu qualifizieren seien (Birnbaum 1979, S. 1). In dem von einem Autorenkollektiv unter der Leitung von Serebrennikow verfaßten Werk »Allgemeine Sprachwissenschaft« wird betont: »Es gibt praktisch keine in struktureller und substantieller Hinsicht homogenen Sprachen, die sich isoliert von äußeren Einflüssen entwickeln würden: So kann man ganz allgemein sagen, daß sämtliche Sprachen ›Mischsprachen‹ sind« (»Allgemeine Sprachwissenschaft«, Bd. 1, S. 236). Unter diesen Umständen empfiehlt es sich nicht, den Begriff in der Linguistik zu verwenden.

Mischsprache ist als Lemma in das »Lexikon sprachwissenschaftlicher Termini« aufgenommen worden: »auf *einer* natürlichen Sprache basierende, aber Elemente (vor allem Lexeme) einer oder mehrerer anderer Sprachen in sich aufnehmende Sprache; meist gleichzeitig Vereinfachung der Grammatik. Mischsprachen entstanden als Verkehrssprachen vor allem in Häfen, oft zur Kontaktaufnahme zwischen einem entwickelten Volk und Eingeborenen ...« (»Lexikon Sprachwissenschaftlicher Termini«, S. 150). Als Beispiele nennt dieses Lexikon Pidgin-English, Lingua franca und andere; Jiddisch ist nicht angeführt, und s. v. *Jiddisch* wird diese Sprache nicht als Mischsprache charakterisiert (»Lexikon Sprachwissenschaftlicher Termini«, S. 108). Das Wort *Mischsprache* kann leicht als abwertend empfunden werden, und darum hat Birnbaum recht, diese Bezeichnung als inadäquat zurückzuweisen.

Anfechtbar ist hingegen die Argumentation des Autors dafür, daß die Bezeichnung *Dialekte* abzulehnen sei. Die Frage, ob es im jeweils gegebenen Fall richtiger wäre, von Ethnolekt, Soziolekt, Sondersprache oder Fachsprache zu sprechen, kann vernachlässigt werden, denn es geht um ein Prinzip, nämlich darum, daß nach Birnbaums Meinung eine Judensprache niemals eine – wie immer geartete – Existenzform einer Einzelsprache sein kann. Genau das meint er, wenn er gegen die Qualifizierung als Dialekt polemisiert: »A Jewish structure whose cultural center is Judaism cannot be a dialect of a language which has its focal point in Christian or Islamic culture«

(EJ 1972, Bd. 10, Sp. 68). Hier werden in unzulässiger Weise sprachliche und außersprachliche Kriterien vermengt. Noch deutlicher kommt der Standpunkt des Autors in seinem später erschienenen Werk »Die jiddische Sprache« zum Ausdruck: »Sprache gehört zum Gruppenleben, zum Leben in einer Gemeinschaft. Als die Juden sich in Deutschland niederließen und die deutsche Sprache annahmen, wurde sie dadurch unmittelbar jüdisch – die Sprache einer Gruppe, einer Gemeinschaft: die jiddische Sprache war ins Leben getreten ... Um das Alter des Jiddischen zu finden, haben wir also festzustellen, wann sich die Juden in deutschsprachigen Gebieten ansiedelten.« (Birnbaum 1974, S. 15 f.) Durch diesen ideologischen Ansatz ergibt sich eine Position des Autors, die in Gestalt zweier Thesen zusammengefaßt werden kann:

1. Wo immer Juden in ein Land einwanderten und die Sprache der neuen Umwelt annahmen, haben sie die jeweilige Sprache nicht wie alle anderen Einwohner der betreffenden Region gesprochen, sondern auf eine andere, judenspezifische Weise.
2. Alle Judensprachen sind unterschiedslos Einzelsprachen, da sie nicht Existenzformen »nichtjüdischer« Sprachen sein können.

Als repräsentatives Beispiel soll das »Zarfatische« herausgegriffen werden, dem Birnbaum darum besondere Bedeutung beimißt, weil nach seiner Meinung zarfatischsprechende Juden in deutsches Sprachgebiet einwanderten und bei diesem Personenkreis der Ursprung des Jiddischen anzusetzen sei.

In derselben Enzyklopädie führt der Romanist M. Banitt s. v. Judeo-French aus, »a Judeo-French dialect, with specific Jewish traits« habe niemals existiert (EJ 1972, Bd. 10, Sp. 423 f.). Banitt bestreitet also nicht nur die Existenz der Einzelsprache »Zarfatisch«, sondern auch die einer judenspezifischen Form des Französischen. Wie er darlegt, sprachen die Juden in Frankreich die Dialekte des Gebiets, in dem sie lebten, zu Haus, auf dem Markt, in der Synagoge und in der Schule. Altfranzösisch sei zeitweise Gebetssprache gewesen; rabbinische Diskussionen wurden ohnehin auf Altfranzösisch geführt, und die Aussprache des Hebräischen war gallisiert. Der Verfasser überzeugt, weil er induktiv verfährt; er geht vom überlieferten Textmaterial, nicht von einer Theorie der Judensprachen aus, gegen die er behutsam, aber unmißverständlich polemisiert: »Because of a misleading impression given by the Hebrew script and a false analogy with Yiddish and Ladino – not to speak of a general ignorance of the Old French dialects – a mistaken idea of a distinctive Judeo-French dialect came into being« (EJ 1972, Bd. 10, Sp. 424). Die Widerlegung des Vorurteils wird erhärtet durch die Tatsache, daß die altfranzösischen Glossen, die sich in den Bibel- und Talmudkommentaren – vor allem von Raschi[5], aber auch von anderen – sowie in sonstigen rabbinischen Quellen als Hilfe für das Erfassen schwieriger hebräischer oder aramäischer Texte durch Juden mit altfranzösischer Muttersprache finden, als Fundgrube für reiches Material dieser Sprachschicht des Französischen das Interesse der romanistischen Forschung auf sich gelenkt haben. Der Artikel »Judeo-French« entspricht vollauf dem heutigen Stand der Romanistik, und dennoch geistert die Behauptung, Judenfranzösisch sprechende Gruppen seien in den deutschen Sprachraum eingewandert, durch nahezu die gesamte jiddistische Literatur der Gegenwart. Dadurch geht die Konzeption der Entwicklung der Sprache von Juden im deutschen Sprachraum von falschen Voraussetzungen aus, denn als Juden das Französische annahmen, wurde es dadurch anscheinend *nicht* unmittelbar jüdisch. Auf Judengriechisch, -persisch, -italienisch usw. ist hier nicht einzugehen; die Enzyklopädieartikel zu den einzelnen »Judensprachen«, verfaßt von Spezialisten, widersprechen der ihre Gesamtheit betreffenden Theorie, der Birnbaum weitgehend Geltung verschafft, die er aber nicht als erster vertreten hat. Mieses ist auf diesem Weg vorangegangen. Eine Auseinandersetzung mit diesem Autor wäre nicht mehr lohnend oder im Hinblick auf seine Verdienste sogar taktlos, wenn er nicht bis heute immer wieder als Autorität zitiert würde. Zwar lehnt Mieses Chamberlains These, die Judensprachen beruhten auf einem *rassisch* (Hervorhebung von B. S.) bedingten »Mangel an einem normalen Sprachgefühl« (Mieses 1915, S. 34) ab, aber er hält die, wie er sagt, »jüdischen Dialekte« für weder politisch noch sozial, sondern für ausschließlich religiös bedingt: »Die Juden sind eine besondere Religionsgemeinschaft. So ist es schon von *vornherein* und rein *deduktiv* (Hervorhebungen von B. S.) anzunehmen, daß die Juden sich mundartlich von den Andersgläubigen desselben Territoriums unterscheiden mußten, da sie die Sprachen der Länder, in denen sie lebten, gerade so wie die autochthone Bevölkerung nicht reden konnten« (Mieses 1915, S. 66). »Der Jude (sic! B. S.) modifizierte immer die fremden Sprachen durch Hinzufügung eines ... Zusatzes an hebräischen Sprachelementen, syntaktischen Hebraismen und zuweilen auch hebräischen Sprachformen ...« (Mieses 1915, S. 66 f.). Eben darum habe es bereits in der Antike ein besonderes Judengriechisch und zur Zeit der altfranzösischen Sprachschicht Judenfranzösisch gegeben.

Daß diese »zarfatische Sprache« niemals existiert hat, wurde bereits dargelegt. Bei induktivem Vorgehen, mithin unter Verzicht darauf, von einem System von Vorurteilen her zu deduzieren, erweist sich auch das behauptete antike Judengriechisch als eine durch die Tatsachen widerlegte Hypothese. Gräzistische Forschungen haben hier seit Jahrzehnten Klarheit geschaffen. Bereits 1932 faßte Hans Lewy den neuen Stand der Forschung folgendermaßen zusammen: »Während man früher meinte, daß die hellenisierten Juden ein eigenes Mischidiom geschaffen hätten, das auf der gleichen Stufe wie das spätere Judenspanisch oder Judendeutsch stünde, haben die reichen griech. Papyrus- und Inschriftenfunde in Ägypten gelehrt, daß das angebliche J(udengriechisch) keine Sonderform der griech. Sprache darstellt, sondern vielmehr in seiner Grundstruktur (insbesondere in Wortschatz, Deklination, Konjugation und Syntax) identisch ist mit der ... Koine ... Die häufigen Semitismen der LXX – von denen bereits viele als ›Idiotismen‹ der Koine nachgewiesen werden konnten – erklären sich nicht aus mundartlichen Eigentümlichkeiten, sondern aus den spezifischen Methoden der Übersetzer, die ihre hebr. Vorlagen häufig sklavisch-ängstlich übertrugen und künstlich imitierten, andererseits aber ebenso häufig deren Semitismen milderten und an die Formen der Koine-Sprache anzugleichen suchten. Die Eigentümlichkeit des J. beschränkt sich also auf die Schaffung neuer religiöser Begriffe bzw. Umdeutung alter griech. Wörter zu Termini, die die Inhalte der jüd. Lehren wiedergeben sollten« (EJ 1928-34, Bd. 9, Sp. 551 ff.). Es mußten also semantische Lücken gefüllt werden: Für Denotate eines fest umrissenen Bereichs galt es, Bezeichnungen zu schaffen, die bisher fehlten, weil die Realien nicht bekannt waren. Das entspricht genau der Verfahrensweise beim Entstehen neuer Fachsprachen.[6] Auf die sprachlichen Spezifika der Septuaginta braucht nicht eingegangen zu werden, weil hier die Sonderproblematik von Übersetzungstexten vorliegt. Die von Juden verfaßten originär griechischen Texte verschiedener Funktionalstile und unterschiedlicher Stilschichten zeigen keine Abweichungen von den jeweils parallelen sprachlichen Äußerungen nichtjüdischer Autoren. Sowohl das hellenistische Griechisch, die Koine, als auch das Altfranzösische haben die Juden beim Sprachenwechsel von der neuen Umwelt unmodifiziert übernommen. Unter besonderen gesellschaftlichen und politischen Bedingungen, die in jedem Fall historisch konkret zu untersuchen sind, *können* sich judenspezifische Sprachvarianten oder sogar neue Einzelsprachen im Laufe der Zeit entwickeln, aber sie *müssen* es nicht. Ein zusätzlicher »Fachwortschatz« zur Bezeichnung von Begriffen der jüdisch-religiösen Sphäre mag Texten, in denen eben diese Sphäre thematisiert ist, das Gepräge geben; die sprachliche Struktur indessen wird davon nicht notwendig betroffen.

Wenn Gruppen oder Einzelpersonen durch Wanderung in eine neue Sprachumgebung gelangen und die Sprache ihrer neuen Umwelt annehmen, erlernen sie sie in der temporalen, regionalen und sozialen Existenzform, die von den Gruppen gesprochen wird, mit denen sie Kommunikationsbeziehungen pflegen. Das gilt selbstverständlich auch für die Juden, die im Mittelalter im deutschen Sprachraum ansässig wurden. Die weithin akzeptierte These, daß Juden beim Sprachenwechsel die neue Sprache sofort gleichsam »judaisieren«, ist prekär, weil sie ideologisch gefährlich ist: Sie erinnert in peinlicher Weise an die Phobie, alles, was der Jude berühre, werde eben dadurch gleichsam »durchjudet«, jüdisch »imprägniert«, wie der Schwefelgeruch des Teufels alles durchdringt. Bei dieser Vorstellung, die mit der wissenschaftlichen Erkenntnis historischer Prozesse und linguistischer Befunde nichts gemein hat, handelt es sich um ein qualifiziertes Mythologem. Die Bewertungskomponente – ekler Schwefelgeruch des Satans oder lieblich anheimelnder Duft des gefüllten Fischs der Sabbatmahlzeit – modifiziert diesen Aberwitz nur, ohne sein Wesen zu ändern. Er muß entlarvt und überwunden werden.

Die Formulierung, das, womit ein Jude in Kontakt komme, werde jüdisch »imprägniert«, läßt sich belegen. »Das Wort ›imprägniert‹ entstammt einem dezidiert antisemitischen, von Streicher herausgegebenen Text und stellt allerdings das treffende Verbum zur Kennzeichnung eines Vorgangs dar, der nicht in der Realität, sondern nur als Wahnidee existiert. Es handelt sich um folgende absurde Vorstellung: ›Artfremdes Eiweiß ist der Same eines Mannes von anderer Rasse. Der männliche Same wird bei der Begattung ganz oder teilweise von dem weiblichen Mutterboden aufgesaugt und geht so in das Blut über. Ein einziger Beischlaf eines Juden bei einer arischen Frau genügt, um deren Blut für immer zu vergiften. Sie hat mit dem artfremden Eiweiß auch die fremde Seele in sich aufgenommen ... Der Arier wird mit fremder Art imprägniert.‹[7] Das bedeutet allgemein: Was immer ein Jude berührt bzw. produziert, empfängt dadurch die Wesensmerkmale des Jüdischen« (Simon, M., S. 332).

Daß ein solcher Unsinn keinen Protest, nicht einmal Befremden ausgelöst hat, beruht darauf, daß an der von Streicher sanktionierten Formulierung nur die Zuspitzung und der für ihn und seinesgleichen typische pornographische Einschlag neu waren. Das Mythologem selbst war längst geläufig. Dem kann ich hier im einzelnen nicht nachgehen, doch sollen wenigstens Proben geboten werden. Wenn Treitschke in seinem Aufsatz »Unsere Aussichten« (November 1879) konstatiert, »es wird immer Juden geben, die nichts sind als deutsch redende Orientalen« (zitiert nach Boehlich, S. 14), und in seiner späteren Publikation »Herr Graetz und sein Judentum« (Dezember 1879) diese Behauptung ausdrücklich auf den Historiker Heinrich Graetz bezieht, den er als einen »Fremdling« bezeichnet und dem er das Deutschtum abspricht (vgl. Boehlich, S. 45), so ist der Schritt bis zu dem nationalsozialistischen Postulat, jeder wie immer geartete deutsche Text aus der Feder eines Juden müsse als Übersetzung aus dem Hebräischen gekennzeichnet werden, gar nicht so groß. Vor der Bücherverbrennung am 10. Mai 1933 hatte die Deutsche Studentenschaft einen Feldzug »Wider den undeutschen Geist« veranstaltet. Das aus 12 Punkten bestehende Programm wurde in »Deutsche Kultur-Wacht«, 1933, Heft 9, S. 13 veröffentlicht. Punkt 7 lautet: »... Jüdische Werke erscheinen in hebräischer Sprache. Erscheinen sie in deutsch, sind sie als Übersetzung zu kennzeichnen. Schärfstes Einschreiten gegen den Mißbrauch der deutschen Schrift. Deutsche Schrift steht nur Deutschen zur Verfügung« (Wulf, S. 45). Hinter dieser Forderung steht die irrige Idee, es sei eine jüdische Eigentümlichkeit, hebräisch zu denken. Das ist in Wahrheit eine Überschätzung, denn in europäischen Ländern beheimatete Juden müssen Hebräisch mühselig als Fremdsprache erlernen und erzielen dabei ebenso befriedigende oder unbefriedigende Ergebnisse wie Katholiken, wenn sie sich Latein als Sakralsprache aneignen. Die Vorstellung vom hebräisch denkenden deutschen Juden spukt nach wie vor in den Köpfen auch Wohlmeinender und hat Folgen gezeitigt, die für mein Thema relevant sind: Es werden nämlich, weil ein nebuloser wertender Rassenbegriff zum Überfluß noch mit dem Begriff der semitischen Sprachen vermengt wird, hebräische Strukturen im jiddischen Sprachbau auch dort vermutet, wo in Wahrheit Erscheinungen des Mittelhochdeutschen konserviert oder weiterentwickelt worden sind.

Zwei aussagekräftige Zitate, die die Vorurteilsstereotype zeigen, sind der Studie von Gelber zu entnehmen: Richard Wagner behauptete in seinem Aufsatz »Das Judentum in der Musik« (1849), daß »der Jude die Sprache der Nation spricht, unter welcher er von Geschlecht zu Geschlecht lebt, aber er spricht sie immer als Ausländer« (Gelber, S. 171).

Otto Hauser schrieb: »Nichts scheidet den Juden – jeden Juden – so scharf von dem arischen Deutschen wie seine völlige Unfähigkeit, das Deutsche deutsch zu sprechen und zu schreiben.« (Gelber, S. 171)

Die aus antisemitischer Gesinnung mit der entsprechenden Gehässigkeit vorgetragenen Meinungen von Wagner und Hauser decken sich im Kern in peinlicher Weise mit Birnbaums Anschauung. Diese bedauerliche, mit entgegengesetzten Vorzeichen versehene Übereinstimmung von Antisemiten und jüdischen Apologeten stellt keinen singulären Fall in der Ideologiegeschichte dar.

Barkai konstatiert für den Zeitraum 1896–1914, »daß im Bewußtsein der Zeitgenossen – Juden wie Nichtjuden – erst sehr spät Zweifel an der jüdischen wirtschaftlichen Überlegenheit aufkamen. Der Grund hierfür war die Prominenz einer kleinen

Spitzengruppe jüdischer ›Wirtschaftsführer‹, die sowohl von antisemitischen Demagogen als auch von jüdischen Apologeten als die Repräsentanz jüdischer Wirtschaftstätigkeit schlechthin dargestellt wurde. Dabei wollten die einen die Verjudung der Wirtschaft, die anderen die jüdische Leistung hervorheben. Die Tatsache, daß es sich hier um eine verschwindende Minderheit handelte, die zudem zum größeren Teil dem Judentum völlig entfremdet war, in vielen Fällen ihm auch in religiöser Hinsicht nicht mehr angehörte, wurde dabei geflissentlich umgangen« (Prinz, S. 171).

Daß Klassenunterschiede, Klassenkämpfe auch quer durch die Judenheit gingen, zeigt Prinz: »Wenn Sombart behauptete, daß beispielsweise Schneiderei, Schuhmacherei, Tischlerei, Bauhandwerk zum großen Teil der rastlosen Tätigkeit jüdischer Geschäftsleute ihren Untergang verdanken, so bedeutet das, daß hier Juden auf beiden Seiten kämpften – bei den siegreich vordringenden Großunternehmen sowohl wie bei den unterliegenden Handwerkern« (Prinz, S. 142).

Das seit Beginn unseres Jahrhunderts im Zuge der »Zerreibung des Mittelstandes« ständig anwachsende und mehr und mehr verelendende jüdische Proletariat existierte für die Kämpfer an beiden Fronten nicht. Erst jetzt wird es wieder entdeckt.

Es ist die Aufgabe aller Wissenschaften, die Wahrheit zu ermitteln und, wenn nötig, der communis opinio den Kampf anzusagen, sofern diese statt auf Tatsachen auf Vorurteilsstereotypen basiert. Bezogen auf das hier behandelte Thema, ist zu betonen, daß es irrelevant ist, ob Fehlurteile über die Sprachentwicklung von pro- oder antijüdischer Gesinnung getragen sind.

Wenn, wie Birnbaum und andere Autoren vor und nach ihm meinen, die Sprache von Juden im deutschen Sprachraum eben deshalb, weil es Juden sind, die zum Deutschen übergehen, jiddische Sprache ist, bleibt uneinsichtig, warum Juden im deutschen Sprachraum überhaupt den Sprachenwechsel vollzogen haben, da ja ihre Sprache ohnehin nur gruppeninterner Kommunikation zu dienen hatte. Sie hätten stets Hebräisch als Umgangssprache – nicht nur als Sakral- und Literatursprache – beibehalten können, oder doch die vor der Übernahme des Deutschen verwendete Sprache. Der Übergang zum Deutschen, die sprachliche Angleichung an die Umwelt, ist durch die gesellschaftliche Integration in sie bedingt. Wo der Versuch einer Assimilation an die Umwelt nicht unternommen wurde, hat auch kein Sprachenwechsel stattgefunden; denn nicht immer und überall haben die Juden die Sprache der Länder angenommen, in denen sie lebten: Ladino und Jiddisch haben sich in einer Umwelt erhalten bzw. erst entfaltet, in der nicht Spanisch oder nicht Deutsch als Kommunikationsmittel der Majorität dienten.

Da nach Birnbaum eine jüdische Sprache niemals eine bloße Varietät einer nichtjüdischen Sprache sein kann, ist rätselhaft, wie denn eigentlich das von ihm so genannte »Urjiddisch« entstanden sein kann. (Unter *Ursprachen* versteht man gemeinhin hypothetische Rekonstruktionen nicht mehr existenter, nicht belegter, lange zurückliegender Sprachzustände.) Neue Sprachen entstehen aber durch Ausgliederung aus vorhandenen Sprachen, divergente Weiterentwicklung, Aufnahme anderer Einflüsse usw. Die Annahme, das Urjiddische sei auf geheimnisvolle Weise durch eine Art Urzeugung entstanden, widerspricht allen Gesetzmäßigkeiten historischer Entwicklung.

Über die Sprache der Juden in den ersten Jahrhunderten ihrer Ansässigkeit im deutschen Sprachraum wissen wir nichts: Weder sind Texte von Juden auf uns gekommen noch auch Beschreibungen ihrer Sprache durch Außenstehende. Schriftliche Zeugnisse besitzen wir erst vom letzten Drittel des 13. Jahrhunderts an; sie weisen als sofort ins Auge springende Besonderheit die Verwendung der hebräischen Schriftzeichen auf. Diese Äußerlichkeit ist jedoch nicht das einzige Merkmal, durch das sich die Texte von denen der nichtjüdischen Umgebung unterscheiden: Gelegentlich sind hebräische und vereinzelt auch romanische Lexeme in den seiner Gesamtstruktur nach deutschen Text einbezogen. Was die mündliche Kommunikation betrifft, so haben wir seit dem 16. Jahrhundert Berichte darüber, daß Juden an ihrer Sprache kenntlich waren. Wir können also konstatieren, daß sich nach der Übernahme der deutschen Sprache judenspezifische Besonderheiten herausgebildet haben. So lükkenhaft unsere Kenntnis des historischen und vor allem des sprachhistorischen Prozesses ist, läßt sich auf Grund der Gesetzmäßigkeiten der Dialektik feststellen: Eine besondere jüdische Entwicklung der angenommenen deutschen Sprachsub-

stanz kann nur auf dem Widerspruch zwischen regem Kontakt mit der nichtjüdischen Umwelt und relativer Isolierung innerhalb der eigenen Gemeinschaft beruhen.
Auf deutschem Boden ist also eine Judensprache entstanden. Sie wurde bis ins 20. Jahrhundert hinein als *Judendeutsch* oder *Jüdisch-Deutsch* bezeichnet. So nannte man oft auch die Sprache der Juden in Osteuropa, die sich unter slawischem Einfluß, der sich sowohl in der Lexik als auch in der Grammatik zeigt, weiterentwickelt hatte. Für die osteuropäische jüdische Sprache setzte sich dann die Bezeichnung *Jiddisch* durch, und diese Benennung wurde späterhin auf die Sprache der Juden in Deutschland rückwirkend ausgedehnt, so daß nun auf Grund der offenkundigen sprachlichen Unterschiede der beiden Gruppen zwischen Ostjiddisch und Westjiddisch differenziert wurde. Diese Terminologie ist seit dem Ende des 2. Weltkrieges in der wissenschaftlichen Literatur allgemein üblich. Wenn wir nun davon ausgehen, daß sich im deutschen Sprachraum eine Judensprache herausgebildet hat, die heutzutage als *Westjiddisch* bezeichnet wird – im Unterschied zum Ostjiddischen –, so sind im folgenden zwei Probleme zu behandeln: 1. Was bedeutet das Grundwort *Sprache* in dem Kompositum *Judensprache*? 2. Wie ist die Sprachbezeichnung *jiddisch* entstanden?
Das Wort *Sprache* ist polysem. In der Verbindung mit dem Substantiv *Jude* oder mit dem Adjektiv *jüdisch (Judensprache, jüdische Sprache, Sprache der Juden)* kann *Sprache* in dreierlei Bedeutung verstanden werden: 1. im Sinne von ›Einzelsprache‹; 2. in der Bedeutung ›Existenzform einer Einzelsprache‹, wie es beispielsweise der Fall ist bei Dialekten, Soziolekten, Fachsprachen; 3. im Sinne von ›Art und Weise des Sprechens‹. Es ist, ohne das näher begründen zu müssen, möglich, die dritte der genannten Bedeutungen von *Sprache* nicht weiter zu erörtern, weil die Sprache der Juden, die seit dem Mittelalter in Deutschland existierte und auch nach Osten über den deutschen Sprachraum hinausdrang, nicht nur in mündlicher Kommunikation, sondern auch in ihrer schriftlich niedergelegten Form von den Üblichkeiten der Umwelt abwich. Da ich hier Texte untersuche, geht es um schriftliche Zeugnisse, nicht aber darum, ob es jüdische Sprache als besondere Art mündlicher Sprachrealisierung gab oder gibt. Daher spitzt sich das Problem darauf zu, ob

Sprache der Juden im Fall der nach Deutschland eingewanderten, in Deutschland und dann in Osteuropa lebenden Juden als Einzelsprache oder als Existenzform einer anderen Sprache, nämlich des Deutschen zu verstehen ist.
Was jedoch eine Einzelsprache ist, läßt sich nicht in jedem Falle eindeutig festlegen. »Wieviel Einzelsprachen es auf der Erde gibt, ist wissenschaftlich noch nicht exakt entschieden, da die Abgrenzung zwischen Sprache und Dialekt der vertieften Begründung bedarf. Es fehlen noch exakte Kriterien dafür, ob es sich im konkreten Fall um selbständige Sprachen oder Varianten einer Einzelsprache handelt« (Bondzio, S. 63). Je entfernter Sprachen voneinander sind, desto leichter ist es, sie zu unterscheiden; zahlreiche Merkmale lassen sich unschwer finden, durch die etwa indoeuropäische Sprachen erkennbar sind und die in anderen Sprachfamilien nicht auftreten. Sind jedoch Sprachen innerhalb eines Sprachzweiges sehr nahe miteinander verwandt und die Unterschiede sehr gering, dann ist es oft eine Ermessensfrage, ob es sich um zwei Einzelsprachen handelt, ob eine von ihnen eine Erscheinungsform der anderen ist oder ob beide unter einem gemeinsamen Oberbegriff zusammengefaßt werden müssen. Hier sind dann oft nicht mehr linguistische Kriterien anwendbar, sondern die Entscheidung für eine der genannten Möglichkeiten ist außerlinguistisch, nämlich auf gesellschaftlichen, politischen Erwägungen beruhend. Es handelt sich dann also um Sprachenpolitik, nicht aber um Linguistik. Die Kommunikationsmöglichkeit oder -schwierigkeit zwischen den jeweils beiden Sprechergruppen ist für die Entscheidung nicht ausschlaggebend; so können sich beispielsweise Sprecher des Slowakischen und des Tschechischen leichter miteinander verständigen als Sprecher niederdeutscher und oberdeutscher Dialekte.
Es ist selbstverständlich möglich, daß sich eine Existenzform einer Sprache immer weiter von der Einzelsprache, zu der sie gehört, entfernt, so daß sie unter bestimmten historischen Bedingungen zur eigenen Einzelsprache wird, und das nicht nur auf Grund des Konsenses, sondern auch weil grammatikalische Unterschiede eine linguistische Differenzierung gestatten. Dieser Fall trifft meines Erachtens bei der Judensprache in Deutschland und Osteuropa zu, daß sich nämlich eine eigene Einzel-

sprache entwickelt hat, nachdem sie zuvor eine Erscheinungsform des Deutschen war. Offen bleibt zunächst nur die Frage, wann und wo dieser Umschlag vom graduellen zum prinzipiellen Unterschied vollzogen wurde. Auf das Problem werde ich später zurückkommen, nachdem ich zuvor einiges zur Geschichte der Sprachbezeichnung *jiddisch* gesagt haben werde.

Die Bezeichnung *jiddisch* in ihrer historischen Entwicklung

Die Wortform *jiddisch* ist eine relativ neue Benennung, die in deutschsprachigen Kontexten erst im 20. Jahrhundert auftritt. Sie geht auf die englische Form *Yiddish* zurück, die erst im letzten Viertel des 19. Jahrhunderts belegt ist. Das »Oxford English Dictionary« (OED) bietet als Erstbeleg für *Yiddish* zwei Stellen aus dem 1886 in London veröffentlichten Roman von Sir Walter Besant »Children of Gibeon«, in dem das Wort einmal als Substantiv und einmal als Adjektiv vorkommt. Das OED erklärt *Yiddish* als eine Anglisierung des deutschen *jüdisch*, das eine Verkürzung von *jüdisch-deutsch* darstelle. Diese Erklärung ist insofern ergänzungsbedürftig, als zwar *Yiddish* in der Tat eine Wiedergabe von *jüdisch* in englischer Orthographie ist, aber nicht direkt aus dem Neuhochdeutschen kommt, sondern aus der Sprache der Juden Osteuropas, wo sich durch Entrundung des *ü* die Form *jüdisch* zu *jidisch* gewandelt hatte. Die im 19. Jahrhundert aus dem europäischen Osten auswandernden Juden hatten infolgedessen die Wortform *jidisch* in England bekannt gemacht, und so gelangte sie in einen englischsprachigen Text und wurde dort den Üblichkeiten englischer Orthographie angepaßt, um eine adäquate Aussprache zu gewährleisten: *j* und *sch* wurden durch *y* bzw. *sh* ersetzt, die ihnen im Englischen phonetisch äquivalent sind; durch die Verdoppelung des *d* sollte die Aussprache des vorangehenden Vokals als Monophthong, dem *i*-Laut im Deutschen entsprechend, eindeutig gemacht und die im Englischen naheliegende Diphthongierung ausgeschlossen werden.
Daß es sich in dem Roman von Besant tatsächlich um die erste Verwendung der Form *Yiddish* handelt, erscheint allerdings als

etwas zweifelhaft, wenn man den Text selbst betrachtet und sich nicht mit dem zitierten Beleg begnügt. *Yiddish* wird vom Autor nicht nur an den beiden im OED genannten Stellen benutzt, sondern die erste dieser beiden Stellen, die die substantivische Verwendung des Lexems belegt, findet sich innerhalb des 7. Kapitels des zweiten Buches, und dieses Kapitel trägt die Überschrift »The Professor of Yiddish«. Erst in der zweiten Hälfte des Kapitels taucht im Text *Yiddish* auf und wird dort auch innerhalb der Figurenrede als eine Sprache, in der Polnisch, Deutsch und Hebräisch gemischt seien, erklärt. Bis dahin aber hätte der Leser der damaligen Zeit der Kapitelüberschrift ratlos gegenübergestanden, so daß man doch vermuten könnte, der Autor habe bereits, als er den Roman schrieb, die Kenntnis dieses Wortes bei seinen Lesern vorausgesetzt. Gotthard Deutsch äußert die Vermutung, *Yiddish* sei von dem Schriftsteller Israel Zangwill (1864-1926) geprägt worden, belegt sie jedoch nicht.[8]

Wissenschaftliche Beachtung dürfte allerdings die neue Benennung der Sprache der osteuropäischen Juden erst durch die Verwendung des Wortes *Yiddish* in Buchtiteln gefunden haben: 1898 erschien in New York Harkavys »Dictionary of the Yiddish Language« und 1899 Leo Wieners »History of Yiddish Literature in the Nineteenth Century« (London und New York). Damit verfügte die englische Sprache über zwei auf dasselbe Etymon zurückgehende Lexeme, die *jüdisch* bedeuteten: *Jewish* und *Yiddish*, wobei nun eine semantische Differenzierung einsetzt. *Yiddish* stellt einen Terminus dar, der sich ausschließlich auf Sprachliches bezieht, und zwar nicht allgemein auf Sprachen von Juden, sondern allein auf dasjenige Idiom, das die osteuropäischen Juden benutzten, während *Jewish*, ebenso wie das deutsche *jüdisch*, alles bezeichnet, was auf Juden und Judentum Bezug hat. Diese Differenzierung war im Englischen ein längerer Prozeß, hat sich aber völlig durchgesetzt. Man kann von »Jewish languages« sprechen, und »Yiddish« ist eine von diesen.

Zunächst allerdings wurden neben *Yiddish* andere Bezeichnungen für die Sprache der Juden Osteuropas weiter verwendet. Weinberg weist darauf hin, daß Wiener, dessen Literaturgeschichte anscheinend die Verbreitung von *Yiddish* entscheidend förderte, in diesem Werk – abgesehen vom Titel – nur an zwei Stellen den Terminus *Yiddish* benutzt, sonst jedoch *Judaeo-German* verwendet (vgl. Weinberg, S. 262). Auch Wieners Artikel über Jiddisch in der »Jewish Encyclopedia« (1901-1906) erscheint unter dem Stichwort »Judaeo-German«, und in dieser Arbeit kommt *Yiddish* ein einziges Mal vor: »The ... name ›Jüdisch‹, i. e. ›Jewish‹, has been carried by Jewish emigrants to English-speaking countries, where it has given rise to the form ›Yiddish‹.« Ein Stichwort »Yiddish« existiert in dieser Enzyklopädie nicht. Auch Harkavy hat nach der Herausgabe seines »Dictionary of the Yiddish Language« andere Bezeichnungen verwendet, sowohl in seinen jiddischen Publikationen (vgl. Weinberg, S. 262) als auch als Wörterbuchtitel. So erschien die 6. Auflage seines Wörterbuchs 1910 unter dem Titel »Complete English-Jewish and Jewish-English Dictionary«, und im Jahre 1912 veröffentlichte er ein »English-Jewish Pocket Dictionary«.

Aus dem englischen Terminus *Yiddish* zur Bezeichnung der von den Juden Osteuropas gesprochenen und geschriebenen Sprache ist im Anfang des 20. Jahrhunderts die deutsche Wortform *jiddisch* entstanden. Vom linguistischen Standpunkt mag man bedauern, daß bei dieser Gelegenheit verabsäumt wurde, die Verdoppelung des *d* zu beseitigen, die in die englische Form zur Präzisierung der Lautung des *i* in der ersten Silbe eingeführt worden war, obwohl dadurch die Länge des *i* in der osteuropäischen Ausgangsform *jidisch* durch eine Kürze ersetzt war. Bei der Übernahme des Wortes ins Deutsche hätte eine Lautung, die dem Original entspricht, unschwer wiederhergestellt werden können. Das ist aber nicht geschehen.[9]

Für die Verbreitung des Kunstwortes *jiddisch* als eines auf sprachliche Gegebenheiten bezogenen Terminus im Deutschen hat Salomo Birnbaum einen nicht hoch genug zu schätzenden Einfluß ausgeübt, obgleich er irrt, wenn er behauptet, »der deutsche Name *jiddisch* für das Neuostjiddisch« sei zum ersten Mal in seinem Aufsatz »Jiddische Dichtung« von 1913 verwendet worden (Birnbaum 1974, S. 5), denn bereits Karpeles benutzt das Wort in der 1909 erschienenen zweiten Auflage seiner »Geschichte der jüdischen Literatur«: Auf Seite 452 des zweiten Bandes ist von »Jüdisch-Deutsch (oder Jiddisch)« die Rede.

Aber es ist gewiß, daß die wesentlichen Anstöße und Initiativen von Birnbaum ausgingen, besonders durch die im Jahre 1918 erfolgte Veröffentlichung seiner »Praktischen Grammatik der Jiddischen Sprache«, die noch immer ein unentbehrliches Standardwerk ist und inzwischen in vierter Auflage von 1984 vorliegt.

Das Wort *jiddisch* bezeichnete zunächst ausschließlich die Sprache der Juden Osteuropas. In der Einleitung zu Birnbaums Grammatik heißt es: »Die Ostjuden besitzen eine eigene, die jiddische, d. h. eben jüdische Sprache« (Birnbaum 1918, S. 6). Später jedoch wurde der räumliche und zeitliche Geltungsbereich von *jiddisch* ausgedehnt, indem praktisch die gesamte gesprochene und geschriebene Sprache der Juden, die durch den Kontakt mit einer deutschsprachigen Umwelt nach der Ansiedlung der Juden im deutschen Sprachraum entstanden war, als jiddisch klassifiziert wurde. Ausgenommen wurde nur die Zeit seit der Emanzipation der Juden in Deutschland, in der von Juden Deutsch mit deutscher bzw. lateinischer Schrift geschrieben und den Normen der deutschen Umwelt entsprechend gesprochen wurde.

Maßgeblichen Anteil an dieser Begriffsausweitung hatte Birnbaum, dessen Theorien dadurch besonders wirkungsvoll wurden, daß er der Autor der Artikel »Jiddisch« im »Jüdischen Lexikon« von 1927, in der »Encyclopaedia Judaica« (1932), im Großen Brockhaus (15. Auflage 1931) und in »Religion in Geschichte und Gegenwart« (2. Auflage 1929) ist. Es ist heutzutage weitgehend üblich geworden, *jiddisch* als einen Begriff in diesem umfassenden Sinne zu verwenden und sowohl eine zeitliche Unterteilung in Urjiddisch, Altjiddisch, Mitteljiddisch und Neujiddisch vorzunehmen, als auch räumlich zwischen West- und Ostjiddisch zu unterscheiden. In der chronologischen Einteilung herrscht bei der Festsetzung der Grenzen der einzelnen Etappen keine Einmütigkeit (vgl. Allerhand, S. 25 f., 29, 33 f., 42), und die Existenz einer mitteljiddischen Stufe wird nicht von allen behauptet (vgl. Bin-Nun, S. 61 ff.); allgemein akzeptiert wird jedoch die geographische Trennung in einen östlichen und einen westlichen Zweig, die separate Sprachentwicklung bei den Juden in Deutschland und in Osteuropa.

Im Jiddischen selbst gibt es die Sprachbezeichnung *jiddisch* nicht, weil ja *jiddisch* eine Wortform ist, die über das Englische ins Deutsche gelangte und eine Abwandlung des jiddischen Wortes *jidisch* darstellt. Während das Englische durch die Bildung der Form *Yiddish* zwischen diesem neuen die Sprache bezeichnenden Lexem und *Jewish* begrifflich unterscheiden konnte und sich ebenso auch im Deutschen deutlich verschiedene Begriffsinhalte durch die Verwendung von *jiddisch* oder *jüdisch* bezeichnen ließen, ist diese Differenzierungsmöglichkeit zwischen Sprach- und Gruppenbezeichnung im Jiddischen nicht vorhanden; *jidisch* umfaßt vielmehr beides, der Begriffsumfang des Wortes ist größer; das Lexem entspricht in seiner Verwendung der der meisten Sprachbezeichnungen, wie z. B. *russisch, englisch, deutsch* usw. So nimmt es auch nicht wunder, daß Uriel Weinreich im englisch-jiddischen Teil seines Wörterbuchs unter dem Stichwort *Jewish* zunächst das Äquivalent *jidisch* bietet und dann für Fälle, in denen eine deutliche Abgrenzung von *jiddisch* beabsichtigt ist, die Verwendung der Umschreibung *bai jidn* empfiehlt.

Neben der Wortform *jidisch* existiert als dialektale Aussprache- und Schreibungsvariante die Form *idisch*. Umgangssprachlich wird Jiddisch oft als *mameloschn* (›Muttersprache‹) bezeichnet; das ist der Reflex einer sozialen und sprachlichen Situation, in der Mehrsprachigkeit ein gesellschaftliches Erfordernis darstellte: Es existierte ein gruppeninternes Kommunikationsmittel und eines – oder deren mehrere – für die Verwendung im Verkehr mit der nichtjüdischen Umwelt.

In älterer Zeit hat es auch andere Bezeichnungen für die Sprache der Juden Osteuropas gegeben, auf die ich an anderer Stelle eingehe. Seit dem 19. Jahrhundert ist aber in der Literatur offiziell nur *jidisch* bzw. *idisch* als Benennung der eigenen Sprache üblich.

Im Russischen werden die Juden евреи (›Hebräer‹) genannt; das davon abgeleitete Adjektiv еврейский (›hebräisch, jüdisch‹) bezeichnet alles auf Juden Bezügliche und dient daher auch als Benennung der eigenen Sprache im russischen Sprachraum ansässiger Juden, also derjenigen Sprache, die sie selbst *jidisch* oder *idisch* nennen und die in der internationalen Wissenschaft *Jiddisch* heißt. Dadurch, daß im Russischen auch das Hebräische als еврейский bezeichnet wird, ergeben sich nicht

nur terminologische Schwierigkeiten, sondern auch Mißverständnisse, denn es entsteht der Eindruck, als sei eine semitische Sprache mit einer indoeuropäischen wesensgleich. Darauf weist Tsereteli hin: Er will terminologische Klarheit erreichen und verhindern, daß das Jiddische als eine Entwicklungsstufe des Hebräischen verkannt wird. Bisher wird, um zwischen Hebräisch und Jiddisch zu differenzieren, das Hebräische aller Zeitstufen als древнееврейский (›Althebräisch‹) bezeichnet.
Ist nun aber von modernem Hebräisch die Rede, wird, wie der Autor belegt, die in sich widersprüchliche Benennung современный древнееврейский (›gegenwärtiges Althebräisch‹) gebraucht (vgl. Tsereteli, S. 144).

Jiddisch als Einzelsprache

Nachdem erörtert wurde, was die ursprüngliche Bedeutung des Terminus *jiddisch* darstellt, nämlich eine Sprachbezeichnung, und was in diesem Zusammenhang das polyseme Wort *Sprache* bedeuten kann, läßt sich nun konstatieren, daß das osteuropäische Jiddisch in der Form, wie es in der Gegenwart geschrieben und gesprochen wird, eine Sprache im Sinne von ›Einzelsprache‹ ist. Diese Feststellung erscheint als banal, denn sie wird von niemandem angefochten; aber trotzdem muß sie bewiesen oder zumindest einsichtig gemacht werden, indem diejenigen Charakteristika gezeigt werden, die dieses Idiom vom Deutsch der Gegenwart unterscheiden. Sie genügen meines Erachtens in ihrer Gesamtheit, um die These zu erhärten, daß das moderne Jiddisch aus *linguistischen* Gründen als eine Nah- oder Nebensprache, nicht aber als eine Existenzform des Deutschen anzusprechen ist. Ich gehe also von beiden Gegenwartssprachen aus und werde dann untersuchen, ob es dieselben strukturellen Differenzen sind, die die mittelalterliche und frühneuzeitliche Judensprache vom jeweils gleichzeitigen Deutsch unterscheiden, so daß sich die Klassifizierung des Jiddischen als Einzelsprache auch auf ältere Sprachperioden ausdehnen läßt.
Abgesehen von linguistischen Kriterien lassen sich allerdings auch gesellschaftliche, politische Verhältnisse nennen, die dazu geführt haben, die Eigenständigkeit des Jiddischen als Einzel-

sprache zu behaupten. Man muß betonen, daß das wissenschaftliche Interesse für das Jiddische im 20. Jahrhundert weit größer geworden ist, als es vordem war, und daß die ganze Fragestellung, in welchem Sinne Jiddisch als Sprache zu bezeichnen ist, in früheren Zeiten nicht interessierte.
Diejenigen Juden, die im 19. Jahrhundert aus dem zaristischen Rußland emigrierten und deren Wanderung in englischsprachige Länder auch die Benennung ihrer Sprache als Jiddisch zu verdanken ist, bildeten in Osteuropa eine von der übrigen Bevölkerung geschiedene Gruppe. Sie sprachen eine Sprache, die mit den Sprachen der Umwelt keine dem Laien ersichtliche Verwandtschaft hatte und die sowohl von ihnen selbst als auch von der Umwelt als eine eigene erachtet wurde. Diese Juden, von der Obrigkeit unterdrückt und benachteiligt, lebten vorwiegend in bestimmten Provinzen des Zarenreiches als jeweils geschlossene Gruppen, weil ihnen nur dort eine Ansiedlung gestattet war, so daß sie in diesen Gegenden mancherorts die Bevölkerungsmehrheit darstellten. In der Sprachentwicklung war die Situation in den östlichen Provinzen der österreichisch-ungarischen Monarchie, unerachtet historischer Unterschiede, nicht wesentlich anders. Insgesamt stellte die jüdische Bevölkerung eine ethnische, religiöse und auch soziale – allerdings in sich sehr differenzierte – Minderheit dar, und dieser Minderheitenstatus fand seinen sprachlichen Ausdruck in der Wertung des Jiddischen als einer nationalen Sprache der Juden, wobei es sich ganz selbstverständlich um eben diejenigen Juden handelt, die im osteuropäischen Raum lebten.
Bis ins 20. Jahrhundert hinein hatte allerdings die jiddische Sprache auch bei denen, die sie sprachen, selbst bei den Klassikern der jiddischen Literatur, ein geringes Ansehen; Prestige als jüdische Sprache besaß allein das Hebräische. Auf diese Tatsache weist Alt in seinem Referat auf dem VII. Internationalen Germanisten-Kongreß in Göttingen hin (vgl. Alt, S. 73). Hebräisch diente, auch für den nicht allzu großen Teil der jüdischen Bevölkerung, der es hinreichend beherrschte, nur als geschriebene, nicht aber als gesprochene Sprache. Jüdische Philologie hat sich durch die gesamte Zeit ihrer Existenz bis zu den Anfängen des 20. Jahrhunderts fast ausschließlich mit dem Hebräischen, vornehmlich dem Bibeltext beschäftigt.

Eine bewußte Hochschätzung des Jiddischen als Ausdruck des Denkens und Fühlens von Gruppen, die sich als nationale Minderheiten empfanden und die Jiddisch als ihre nationale Sprache werteten, treffen wir erst um die Wende vom 19. zum 20. Jahrhundert. Diese Tendenzen finden zuerst deutlichen Ausdruck auf der internationalen jiddischen Sprachkonferenz, die 1908 in Czernowitz stattfand und auf der Jiddisch als eine nationale Sprache proklamiert wurde, deren politische, kulturelle und soziale Gleichberechtigung gefordert wurde. Jiddisch ist hier also Ausdruck nationaler Bestrebungen und im Bewußtsein seiner Sprecher eine Einzelsprache. Da dieser Anspruch von der nichtjüdischen Umwelt nicht bestritten wird, ist Jiddisch daher auch im Sinne der Sprachenpolitik als Einzelsprache auf diese Weise anerkannt.
Es gibt in dieser Sprache nicht nur Belletristik aller Genres, sondern auch Zeitungen, wissenschaftliche Abhandlungen, politische Pamphlete usw., da Jiddisch für alle Realitätsbereiche Ausdrucksmöglichkeiten bereitstellt. Es versteht sich, daß Wetterbericht, Backrezept oder kommerzieller Werbetext religiös indifferent sind. Unter diesen Umständen ist »jüdischer Inhalt« kein Kriterium für die Beurteilung der Sprache. Diese Selbstverständlichkeit muß gesagt werden, weil – wie später darzulegen ist – durch das Vermengen linguistischer und inhaltlicher Gegebenheiten Verwirrung gestiftet worden ist.
Selbst in Fällen, in denen Differenzen zwischen Sprachen so gering sind, daß die Entscheidung, ob es sich um Einzelsprachen handelt oder nicht, vom Standpunkt der Linguistik nicht getroffen werden kann, entstehen Einzelsprachen durch bewußte Sprachlenkung und Sprachenpolitik. Träfe das beim Jiddischen zu, dann müßte man die Zeit der Czernowitzer Konferenz als entscheidend für die Konstituierung des Jiddischen als Einzelsprache ansetzen, denn dann wären ganz bestimmte gesellschaftliche Entwicklungen und politische Konstellationen die Bedingung dafür, daß diese Sprache als Einzelsprache zu erachten ist. Man dürfte aber in einem solchen Fall die Epoche der sprachlichen Entwicklung, die zu diesem Zustand führt, nur sehr kurz bemessen; vor der Herausbildung des Kapitalismus in Osteuropa könnte es dann keine jiddische Einzelsprache gegeben haben.

Nur unter der Voraussetzung, daß es vor allem sprachliche Kriterien sind, die Jiddisch als Einzelsprache von Deutsch scheiden, ist es überhaupt sinnvoll, ausgehend von der Gegenwart, die Frage nach der Existenz der jiddischen Einzelsprache in früheren Perioden der Sprachentwicklung zu stellen.
Die Unterschiede des modernen Jiddisch vom gleichzeitigen Deutsch betreffen sowohl die Lexik als auch die Grammatik, ferner das Schriftsystem. Die Phonetik lasse ich weitgehend unbeachtet, da ich mich auf schriftliche Zeugnisse beschränke und da die phonetische Realisierung regional verschieden ist.
Jiddisch wird mit hebräischen Buchstaben geschrieben. Wenn wir einen jiddischen Text mit einem deutschen vergleichen, fällt dieser Unterschied auf den ersten Blick auf. Da das hebräische Alphabet nur von Juden verwendet wird, ist ein Text mit hebräischen Lettern sofort als jüdischer kenntlich. Es ist auch klar, daß der Adressatenkreis, an den sich der Text wendet, Juden sind. Trotzdem kann die Schrift nicht als linguistisches Kriterium dienen. Im Prinzip ist es für eine Sprache gleichgültig, welches Alphabet benutzt wird. Die Einführung der Lateinschrift für das Türkische anstelle des vorher benutzten arabischen Alphabets hat nicht zum Entstehen einer neuen Sprache geführt, ebensowenig wie die Ersetzung der arabischen Schrift für das Tadshikische oder Usbekische durch lateinische und dann kyrillische Buchstaben eine solche Wirkung hatte.
Natürlich weist die hebräische Schrift einen Text als jüdisch aus, doch welche Sprache verwendet ist, läßt sich nur ermitteln, wenn man den Text liest, da Juden viele Sprachen, die sie benutzten, mit hebräischen Buchstaben schrieben. Würde man für das Jiddische Lateinschrift einführen, wie es schon gelegentlich vorgeschlagen wurde, ergäbe sich dadurch kein deutscher Text, sondern er bliebe jiddisch.
Für den Betrachter führt allerdings die ihm unentzifferbare Schrift zu einem Verfremdungseffekt, und er wird von vornherein geneigt sein, alles, was nicht in der ihm geläufigen Lateinschrift geschrieben ist, als fremdsprachig zu klassifizieren; auch mit hebräischen Buchstaben wiedergegebene deutsche Wörter würde er für hebräisch halten.
Das jiddische Wortinventar enthält Lexeme deutscher, hebräischer, romanischer und slawischer Herkunft. Der überwiegende

Teil des Vokabulars entstammt dem Deutschen, und ins Gewicht fällt auch die hebräische Komponente, wozu auch Lexeme aramäischer Provenienz gehören, die das nachbiblische Hebräisch aufgenommen hat. Hebräische Etyma fallen in schriftlichen Zeugnissen dadurch auf, daß sie meist nicht nach den Regeln der jiddischen Orthographie, sondern nach denen der hebräischen, also ohne Bezeichnung der Vokale, auftreten. Die verschiedentlich erhobene Forderung, konsequent der jiddischen Orthographie entsprechend zu schreiben, ohne die Etymologie der Lexeme zu berücksichtigen, ist nur in der Sowjetunion realisiert worden. Nur rudimentär sind einige aus romanischen Sprachen stammende Wörter, während der Anteil des Slawischen am Wortschatz weit größer ist. Slawische Etyma sind für das osteuropäische Jiddisch kennzeichnend, während sie der älteren, im deutschen Sprachraum verwendeten Sprache zunächst fremd sind und nur in geringem Maße durch Einflüsse aus Osteuropa aufgenommen wurden.

Die Lexik ist innerhalb eines Sprachsystems der beweglichste Teil. Selbst im Grundwortschatz einer Sprache, der relativ stabil ist, existieren Synonyma, die es dem Sprecher oder Schreiber ermöglichen, inhaltlich gleiche Aussagen mit unterschiedlichen lexikalischen Mitteln zu realisieren. Welche Möglichkeit gewählt wird, hängt von der Textgattung, der stilistischen Ebene, der kommunikativen Situation und auch vom individuellen Geschmack ab. Diejenigen Bezeichnungen hingegen, die nicht zum Grundwortschatz einer Sprache gehören, Neologismen, fachspezifische Lexeme und Spezialausdrücke von Sondersprachen, mundartliche Wörter und modebedingte Fremdwörter sind weniger stabil als der Grundwortschatz. Grundsätzlich gilt, daß die morphosyntaktische Struktur einer Einzelsprache das Gepräge gibt und sie es ist, durch die sich eine Einzelsprache von einer anderen deutlicher unterscheidet als durch Besonderheiten der Lexik. Zu allen Zeiten haben Sprachen fremdes Wortgut entlehnt, es zum Teil völlig einfunktioniert, zum Teil aber auch als deutlich erkennbare fremde Wörter bzw. Fremdwörter beibehalten, ohne daß dadurch die Identität der Sprache aufgehoben worden wäre.

Daß fremdes Wortgut, selbst wenn es gehäuft auftritt, einen Text nicht zu einem fremdsprachigen macht, soll an einem Beispiel gezeigt werden, das aus der »Rettung der Edlen teutschen Hauptsprache« von Johann Rist (1642) entnommen ist und von Schmidt zitiert wird: »A Tresnoble Damoiselle Adelheit von Ehrenberg, ma trechere maitresse. Meine allerliebste Dame, die große perfection, womit der Himmel selber euwre glorificirte Sehle hat erfüllet, zwinget alle amoureuse Cavalliers, daß sie sich für euwrer hochwürdigen grandesse humliijren und alß unterthänigste gehorsamste Schlaven zu den Scabellen (= Schemeln) euwrer prächtigen Fueße nieder legen. Sie perdonnire mir, allerschönste Dame, daß ich die hardiesse (= Kühnheit) gebrauche, mich jren allerunterthänigsten Serviteur zu nennen: Der grimmige Amor, welchem zu resistiren keine einzige Creatur bastandt (= fähig) ist, hat mich mit einem solchen Titul und Nahmen schon lengst privilegiret, deme sich zu opponiren ich mich viel zu schlecht und gering erkenne« (Schmidt 1967, S. 156f.). Dieser Text zeigt die Überfremdung der deutschen Sprache durch das Französische, eine Ausdrucksweise à la mode, wie sie in der Zeit des Dreißigjährigen Krieges als vornehm und geschmackvoll galt. Doch trotz dieser Häufung französischer Lexeme, die teils in ihrer originalen Gestalt, teils in eingedeutschten, also hybriden Formen erscheinen, bleibt der Text auf Grund seiner grammatischen Struktur deutsch. Würde man die französischen Wörter durch hebräische ersetzen, wäre der linguistische Befund nicht anders.

Daß der Wortschatz des Jiddischen aus Etyma unterschiedlicher Herkunft besteht, ist ein wesentliches Charakteristikum dieser Sprache. Deutsche, hebräische, slawische und die wenigen, nicht ins Gewicht fallenden romanischen Etyma stellen ein Ensemble dar, und alle Wörter sind im jiddischen Kontext *jiddische* Lexeme, unerachtet ihrer Herkunft. Nicht aber darf man die aus dem Hebräischen, Slawischen und Romanischen stammenden Bestandteile des Wortschatzes als fremdes Wortgut auffassen, das einer in ihrem Kern deutschen Lexik aufgepfropft wäre.

Trotzdem hat dieses Faktum dafür, daß Jiddisch aus linguistischen Gründen als Einzelsprache zu erachten ist, keine entscheidende Bedeutung. Wesentlicher ist die Feststellung, daß das aus dem Deutschen stammende Wortgut zum Teil in einer veralteten Form und Bedeutung auftritt, zum Teil Bedeutungen angenommen hat, die dem Deutschen fremd sind. Zu berücksichtigen sind auch Spezifika auf dem Gebiet der Wortbildung. Diese Charakteristika können als Kriterien der Eigenständigkeit des Jiddischen gegenüber dem Deutschen durchaus herangezogen werden; dafür, daß Jiddisch eine Nahsprache des Deutschen ist, nicht aber eine seiner Existenzformen, können sie als Untermauerung dienen, und zwar zusammen mit anderen Begründungen. In der synchronen vergleichenden Betrachtung von modernem Jiddisch und modernem Deutsch fallen also die unterschiedliche Semantik deutscher Etyma und die Besonderheiten der Wortbildung ins Gewicht.

Bedeutsam für das Jiddische ist auch das hebräische Element in semantischer und in grammatikalischer Hinsicht, denn es handelt sich weitgehend nicht um hebräisches Fremdgut, sondern um jiddische Wörter hebräischer Provenienz, die weder semantisch noch morphologisch innerhalb hebräischer Kontexte so verwendet werden können, wie sie als jiddische Lexeme benutzt werden. Diese Erscheinung wird anschließend behandelt. Als Begründung dafür, daß Jiddisch eine Einzelsprache darstellt, ist sie in unserem Zusammenhang insofern nicht ausschlaggebend, als sie Jiddisch vom Hebräischen unterscheidet, während hier die Abgrenzung vom Deutschen zur Debatte steht.

Als entscheidenden Grund dafür, daß das Jiddische eine Nahsprache des Deutschen, eine germanische Einzelsprache darstellt, betrachte ich jedoch unter linguistischem Aspekt die eigene grammatische Struktur des Jiddischen. Sie weicht vom Deutschen in einer Reihe von Erscheinungen ab und folgt einem eigenen Regelsystem. Das betrifft sowohl die Morphologie als auch die Syntax. Oberflächliche Charakterisierungen des Jiddischen, wie sie sich in manchen allgemeinen Nachschlagewerken finden, betonen gerade diese Besonderheit kaum, meist geht es dort um die Auffälligkeit der andersartigen Schrift und um die aus verschiedenen Quellen stammende Lexik. Die gängigen Grammatiken des Jiddischen befassen sich vorwiegend mit der Formenlehre, sie sind jedoch – und das ist völlig legitim – an der Darstellung des Gegenstandes, nicht aber an der vergleichenden Betrachtung interessiert. Die Syntax wird meist sehr kurz und keineswegs erschöpfend behandelt; auf diesem Gebiet steht noch viel Forschungsarbeit aus.

Erika Timm hat in verdienstvoller Weise eine Reihe von Merkmalen zusammengetragen, die die jiddische Grammatik als Regelsystem einer Einzelsprache kennzeichnen (Timm 1986a, S. 22ff.; 1986b, S. 6-14). Auf die Einzelheiten werde ich im Verlauf dieser Arbeit noch eingehen und an Hand eines Textes die von Timm genannten Charakteristika zeigen sowie durch weitere mir als wesentlich erscheinende ergänzen. Im Rahmen dieser theoretischen Einführung wäre eine detaillierte Darstellung fehl am Platze. Es muß aber betont werden, daß gerade im Fall von Sprachen, die einander nahestehen, wie Deutsch und Jiddisch, die linguistische Begründung für die Einzelsprachlichkeit auf dem Vorhandensein aller oder jedenfalls mehrerer grammatischer Unterschiede beruht. Das Vorkommen einer einzigen Besonderheit grammatikalischer Art konstituiert noch keine Einzelsprache; solche Unterschiede kann es auch zwischen Existenzformen *einer* Sprache geben, und wenn sie sich trotzdem als zwei Einzelsprachen konstituieren, dann ist das ein Ergebnis gesellschaftlicher Entwicklung und sprachenpolitischer Erwägungen. Die Akkumulation differierender linguistischer Merkmale, vor allem grammatischer Art, kann zu einem Umschlag von Quantität in eine neue Qualität führen. Für das moderne Jiddisch ist dieser Umschlag zu konstatieren; wie weit er sich historisch zurückverfolgen läßt, ist zunächst eine offene Frage, zu der im weiteren Verlauf meiner Arbeit noch einiges gesagt werden wird.

Das Vorhandensein von Wörtern und Fügungen hebräischer Provenienz ist ein Kennzeichen des Jiddischen und weist diese Sprache als jüdisch aus. Natürlich gibt es auch in anderen indoeuropäischen Sprachen aus dem Hebräischen stammendes Wortgut, das vornehmlich durch die Bibelübersetzungen eingeflossen ist, aber die hebräischen Etyma sind im Jiddischen ebenso häufig, wie sie im Munde von Nichtjuden selten sind. Auch stammen die hebräischen Etyma des Jiddischen vorwiegend nicht aus dem biblischen Hebräisch, sondern aus der nachbiblischen Sprache, so daß sie nicht zur christlichen Tradition gehören. Wenngleich es sich in diachroner Sicht hier um hebräische Bestandteile handelt, sind doch die hebräischen Etyma des Jiddischen nicht hebräisch, sondern eben jiddisch; sie bilden einen integralen Bestandteil jiddischer, nicht aber hebräischer Lexik.

Die komplizierte Dialektik der Sprachentwicklung wird bis jetzt im Rahmen der Jiddistik kaum berücksichtigt. Zwar wird gesehen, daß durch das Vorhandensein hebräischer Elemente die Sprache gewissermaßen »durchjudet« ist, aber es wird nicht berücksichtigt, daß eben diese hebräischen Bestandteile »durchdeutscht«, ja zuweilen fast bis zur Unkenntlichkeit »zerdeutscht« sind. Es genügt nicht, sich mit der Feststellung zu begnügen, dieses oder jenes Lexem gehe auf eine hebräische Wurzel zurück, vielmehr ist zu untersuchen, was aus dieser Wurzel geworden ist und in welchem Verhältnis das Finalprodukt zum hebräischen Sprachsystem steht. Die allgemein übliche Unterlassungssünde in dieser Beziehung führt leicht zu falschen Beurteilungen. Zugespitzt kann man formulieren, daß Jiddistik und Hebraistik den Charakter der auf hebräische Etyma zurückgehenden jiddischen Lexeme in gegensätzlicher Weise beurteilen.
Die Tausende aus dem Hebräischen stammenden Lexeme des Jiddischen würden eine eigene Untersuchung unter dem Gesichtswinkel verdienen, daß eine bereits germanisierte Hebraität mit der deutschen Substanz der Sprache fusioniert ist, durch die diese dann »hebraisiert« wird. Hier können nur einige Beispiele für die Komplexität des Phänomens geboten werden:
Da das Gebiet der Phonetik im Rahmen dieser Arbeit nicht behandelt wird, muß der Hinweis darauf genügen, daß die Lesetradition des Hebräischen im deutschen Sprachraum wesentlich durch die deutsche Phonetik beeinflußt ist. Noch heute ist in Israel bei Einwanderern das jeweilige Herkunftsland an der Aussprache des Hebräischen ablesbar. Für die hebräischen Etyma des Jiddischen ist es besonders kennzeichnend, daß im Hebräischen die Wörter meist endbetont sind, jedoch im deutschen Sprachraum die im Deutschen übliche Betonung übernommen wurde, so daß sich der Ton verlagert. Die Enttonung der Endsilben hat im Jiddischen dann zu Verkürzungen und Verflüchtigungen von Vokalen geführt.
Üblicherweise wird davon gesprochen, daß sich das Jiddische des hebräischen Alphabets bedient, doch ist dabei zu beachten, daß zwar die Buchstaben dieselben sind, daß jedoch eine Eindeutschung erfolgte, indem das Alphabet den Erfordernissen einer indoeuropäischen Sprache angepaßt wurde. Einige Buch-

staben, die in ihrer Lautung in der hebräischen Aussprache der deutschen Juden mit anderen zusammenfielen, wurden eliminiert und nur für die Schreibung hebräischer Etyma beibehalten. Die Buchstaben *Alef* und *Ajin*, die im Hebräischen Konsonanten sind, jedoch Laute bezeichnen, die im Deutschen nicht existieren bzw. nicht in der Schrift ausgedrückt werden, wurden zu Vokalen umfunktioniert; denn das hebräische graphematische System ist bekanntlich eine Konsonantenschrift, die die Vokalisation nicht angibt oder sie höchstens mit Hilfe bestimmter Konsonanten (matres lectionis) andeutet. Die bloße Kenntnis der im Jiddischen verwendeten Schriftzeichen ermöglicht es daher nicht, einen hebräischen Text zu artikulieren.
Hebräische Fügungen werden im Jiddischen oft gemäß der grammatischen Struktur des Deutschen behandelt. Das hebräische Äquivalent für ›Feiertag‹ ist *jaum tauv*, ein Substantiv mit attribuiertem Adjektiv, wörtlich ›guter Tag‹. Davon bildet das Hebräische einen Plural durch die Anfügung von Pluralendungen sowohl an das Substantiv als auch an das Adjektiv; es ergibt sich daher die Verbindung *jomim tauvim* (beide Wörter ursprünglich endbetont, aber im deutschen Sprachraum, durch deutsche Betonungsregeln beeinflußt, häufig auf der Pänultima betont). Um die Übergänge zum Jiddischen zeigen zu können, verwende ich hier die aschkenasische (deutsche) Lautung des Hebräischen, während sonst in wissenschaftlichem Kontext die heute in Israel verwendete sefardische Aussprache des Hebräischen zugrunde gelegt wird, die schon christliche Gelehrte in der Zeit des Humanismus benutzten. Im Jiddischen wird nun unter dem Einfluß des deutschen Kompositums *Feiertag* aus der Fügung *jaum tauv* das Kompositum *jontev* (Betonung auf der ersten Silbe), und an dieses jiddische Kompositum wird nun die hebräische Pluralendung *-im* angefügt. Auf diese Weise entsteht der jiddische Plural *jontoivim* (Ton auf der zweiten Silbe); der hebräische Vokal, der in Deutschland als *au* ausgesprochen wird, hat in Osteuropa die Aussprache *oi*. Für das Jiddische ist *jontoivim* eine korrekte Form, die jedoch mit der Struktur des Hebräischen nichts zu tun hat, denn in den semitischen Sprachen gibt es im Unterschied zum Deutschen keine Komposita.[10]
Ein noch krasseres Beispiel stellt der jiddische Plural *klesmorim*

(Ton auf der zweiten Silbe) dar, weil hier nicht nur eine grammatische, sondern auch eine semantische Eigenentwicklung des Jiddischen vorliegt. Die hebräische Fügung *kli-semer* ist ein sogenannter Status constructus, die Verbindung zweier Nomina, bei der das zweite Glied einen Genitiv darstellt. Die Bedeutung des hebräischen *kli-semer* (Betonung auf der vorletzten Silbe) ist ›Musikinstrument‹, und das erste Glied dieser Verbindung bedeutet ›Instrument‹. Daher kann im Hebräischen auch nur dieses erste Glied im Bedarfsfall in den Plural gesetzt werden, der *kle-semer* heißt. Im Jiddischen ist daraus das Kompositum *klesmer* geworden (vorn betont entsprechend den deutschen Betonungsregeln); von diesem aus einer hebräischen Wortverbindung entstandenen jiddischen Wort bildet man nun mittels der dem Hebräischen entstammenden Pluralendung *-im* die Form *klesmorim* mit Ton auf der Pänultima. *klesmer* hat im Jiddischen nicht die hebräische Bedeutung ›Musikinstrument‹, sondern bedeutet ›Musikant‹ in Analogie zu deutschen Berufsbezeichnungen auf *-er*, wie *Schuster, Schneider* usw. Wann dieser Bedeutungswandel eingetreten ist, ließe sich nur an Hand von historischen Wörterbüchern beantworten, aber es existieren keine. Interessant ist es, daß im Schmuelbuch, einem jüdischen Text, der im 16. Jahrhundert in Augsburg gedruckt wurde und den ich in der vorliegenden Arbeit im einzelnen behandle, das Lexem vorkommt. Es hat aber dort die Bedeutung ›Musikinstrument‹. Die Form ist entsprechend der hebräischen Orthographie כלי–זמר geschrieben und zur Verdeutlichung mit Vokalzeichen versehen; im Jiddischen gibt es sowohl die hebräische Originalschreibung כלי–זמר als auch die Schreibung קלעזמער nach den Regeln jiddischer Orthographie. An diesem Beispiel zeigt sich deutlich die Dialektik von flüchtiger Kenntnis der hebräischen Formenlehre und dem Verlust des Verständnisses für die Struktur der hebräischen Sprache, weil das Denken durch das Deutsche bestimmt war. Für einen hebräischen Muttersprachler ist der Plural *klesmorim* völlig unverständlich; allerdings ist die jiddische Wortbildung und Wortbedeutung in das Hebräisch der Gegenwart unter dem Einfluß des Jiddischen als Terminus für die Künstler, die spezifisch osteuropäisch-jüdische Musik darbieten, aufgenommen worden. Manche hebräische Etyma weisen als jiddische Lexeme eine Bedeutungsverengung gegenüber dem Hebräischen auf: *ßefer*, das hebräisch »Buch« bedeutet, wird jiddisch *(ßeifer)* nur im Sinne von ›Torarolle‹ oder zur Bezeichnung eines Werkes der Traditionsliteratur benutzt; sonst heißt ein Buch *buch*. Während im Hebräischen *schulchon* ›Tisch‹ bedeutet, ist das jiddische *schulchn* nur zur Bezeichnung des Vorlesepults in der Synagoge verwendbar; das Möbelstück heißt jiddisch *tisch*. Hebräisches *maschke* ist ›Getränk‹; jiddisches *maschke* bedeutet ›alkoholisches Getränk‹. *kelev* ist im Hebräischen eine Tierbezeichnung, und zwar ›Hund‹; als Schimpfwort kann das Lexem auch auf Menschen angewendet werden wie im Deutschen. Hingegen hat das jiddische Lexem *keilev* nur pejorative Bedeutung, während die zoologische Bezeichnung *hunt* lautet.

Während im Hebräischen Nomina, die auf *Taw* auslauten, Feminina darstellen, sind die entsprechenden jiddischen Lexeme maskulin; dabei wird in mehrsilbigen Wörtern auslautendes hebräisches *-uß* und *-iß* durch Enttonung unterschiedslos zu *-eß*. So heißt es jiddisch *der briß* (›Beschneidung‹); *der taleß* (›Gebetsmantel‹); *der daleß* (›Armut‹). Im Hebräischen bedeutet *briß* ›Bund‹; das Jiddische verwendet in diesem allgemeinen Sinn *bund*, während *briß* auf die Bezeichnung des Bundesschlusses Gottes mit Abraham, die Beschneidung eingeengt ist, was im Hebräischen nur eine der Wortbedeutungen darstellt. Von dem jiddischen Maskulinum *taleß*, das vom hebräischen *taliß* hergeleitet ist, bildet das Jiddische einen Plural mittels der Anfügung der dem Hebräischen entnommenen maskulinen Pluralendung *-im*, so daß die Form *taleißim* (Ton auf der Pänultima) entsteht. Im Hebräischen erhält das Wort eine weibliche Pluralendung. Synchron betrachtet, ist *taleißim* eine normgerechte jiddische Form, nicht aber fehlerhaftes Hebräisch.

In manchen Fällen sind hebräische Etyma im Jiddischen nicht mehr nach den Normen des Hebräischen geschrieben, sondern nach denen der jiddischen Phonetik. Die in der Sowjetunion durchgeführte Orthographiereform des Jiddischen führt nur konsequent dasjenige weiter, was es auch schon vorher gab, die phonetische Schreibung der jiddischen Lexeme. Das jiddische Lexem *schechtn* (›nach jüdischen Ritualvorschriften schlachten‹) stammt von einer hebräischen Wurzel *sch-ch-t* (›schlachten‹), der die dem Deutschen entsprechende Infinitivendung jid-

discher Verben *-(e)n* affigiert ist, aber das Jiddische fügt in den hebräischen Stamm den Buchstaben *Ajin* als Vokalzeichen für *e* ein und benutzt ein anderes Graphem für den Guttural (hebräisch: שחט, jiddisch: שעכטן). Das jiddische nur prädikativ verwendbare Adjektiv *kalje*, das besonders in der Fügung *kalje machn* (›zerstören‹) vorkommt, dürfte auf ein hebräisches Wort zurückgehen, obgleich auch die Meinung vertreten wurde, es stamme aus dem Slawischen. Bereits in dem Augsburger Druck des Schmuelbuches kommt für ›Zerstörungen‹ das Wort *kaljauß* vor, ein Plural, dessen Konsonanten der hebräischen Norm entsprechen; der Singular *klojo* ist ein hebräisches Lexem mit der genannten Bedeutung. Unterschiedlich ist jedoch die graphische Realisierung im Hebräischen und im Jiddischen: hebräisches כליה steht jiddischem קאליע gegenüber.
Nachdem die Juden aufgehört hatten, Hebräisch zu sprechen, und zur Verwendung anderer Sprachen übergegangen waren, blieb Hebräisch in den Kreisen der Gelehrten als Schriftsprache erhalten, aber die Verwendung des Hebräischen war auf diesen Personenkreis beschränkt. Im Zusammenhang mit meiner Untersuchung ist es nötig, darauf hinzuweisen, daß das Hebräische der jüdischen Gelehrten in Deutschland und Polen dadurch gekennzeichnet ist, daß es viele Interferenzfehler enthält, die darauf schließen lassen, daß die Autoren zwar hebräisch schrieben, aber nicht hebräisch dachten. Gelehrte Literatur, vor allem die zahlreichen rabbinischen Gutachten aus Deutschland und Polen zeigen diesen Tatbestand deutlich. Ich muß mich auf wenige Beispiele beschränken, die falsches Hebräisch aufweisen, das sich nur durch die Polysemie der deutschen Äquivalente erklären läßt. So bedeutet im Deutschen *gegen* sowohl ›wider‹ als auch ›ungefähr‹. Im Hebräischen bedeutet das Lexem *neged* nur ›wider‹; es tritt aber in der genannten Literatur auch im Sinne von ›ungefähr‹ auf. *billig* ist im Deutschen sowohl ›wohlfeil‹ als auch ›dem natürlichen Rechtsempfinden entsprechend‹. Das mittelalterliche Hebräisch bildet nun ein kausatives Verbum zu einem Stamm, der ›billig‹ im Sinne von ›wohlfeil‹ bedeutet. Die Verbform *hausil*, ›etwas billig machen‹, kann daher nur dem Deutschen *verbilligen* äquivalent sein; sie bedeutet aber in mittelalterlichen rabbinischen Texten, die auf deutschem Boden entstanden, ›billigen‹ (vgl. dazu »Encyclopaedia Judaica«

1972, Bd. 16, Sp. 1637). Infolge solcher Interferenzfehler kann man die rabbinische Literatur aus Deutschland und Osteuropa ohne die Beherrschung des Deutschen großenteils überhaupt nicht verstehen.

Das Vorhandensein zahlreicher aus dem Hebräischen stammender Wörter stellt für das Jiddische ein konstitutives Element dar, doch scheinen mir die angeführten Beispiele deutlich zu zeigen, daß das Denken der jiddischsprechenden Juden vom Geist der hebräischen Sprache wenig oder gar nicht beeinflußt war. Selbst das Hebräisch der Gelehrten hatte für diese nicht den Charakter der Muttersprache, sondern entsprach dem Gelehrtenlatein des Klerus, das keineswegs den Geist des antiken Imperium Romanum atmete.

Zu Recht erklärt darum Kutscher, die Behauptung Marks, die jiddische Syntax habe eine hebräische Seele, sei unbewiesen. Kutscher referiert die in der Tat wenig überzeugende Beweisführung Marks, der unter anderem meine, die jiddische Konstruktion *di kale deine* (›deine Braut‹) entspreche der hebräischen Konstruktion *ha-kalo schelcho* (›die Braut von dir‹). Mark habe allerdings eingeräumt, daß es für die Nachstellung des Possessivpronomens auch slawische Vorbilder gibt (Kutscher, S. 275).

Mir würde es wahrscheinlicher sein, hier deutschen Einfluß anzunehmen, denn auch im Deutschen läßt sich das Possessivpronomen nachstellen, wenngleich das nur selten vorkommt. Aber auch für das Jiddische ist die Nachstellung des Possessivpronomens nicht die Regel. Doch das Hebräische drückt das Possessivverhältnis völlig anders aus: Ein Possessivpronomen existiert nicht, sondern entweder erhält das Nomen ein entsprechendes Suffix, oder es wird eine periphrastische Konstruktion verwendet, wie das in dem von Kutscher zitierten Beispiel geschieht. *schelcho* besteht aus dem Relativum *sche* und der Präposition *l*, die in der kasuslosen hebräischen Sprache den Dativ kenntlich macht, mit dem suffigierten Personalpronomen der zweiten Person des maskulinen Singulars; *lcho* heißt hebräisch also ›dir‹, *schelcho* wäre ganz wörtlich ›welche dir (ist)‹. Diese Konstruktion ist aber ganz anderer Art als die jiddische, die angeblich darauf zurückgehen soll.

Jüdisch-deutsch und Jiddisch

Vor dem Aufkommen des linguistischen Terminus *Jiddisch* im 20. Jahrhundert pflegte man die Sprache der Juden in Deutschland meist als *jüdisch-deutsch* zu bezeichnen. Dieser Begriff wurde in der Wissenschaft seit dem 16. Jahrhundert verwendet, wobei es für unseren Zusammenhang ohne Belang ist, daß auch ähnliche, die Begriffsinhalte von *jüdisch* und *deutsch* verbindende Benennungen verwendet wurden, wie z. B. in deutschsprachigem Kontext *Judendeutsch*, in lateinischen Abhandlungen eine Reihe von Kombinationen aus analogen Komponenten, im Englischen *Judeo-German* usw.[11] Die Sprache der Juden in Osteuropa lag zum Teil außerhalb des Interesses der Autoren, sofern sie aber berücksichtigt wurde, versah man sie ebenfalls mit diesem Etikett. Auch wenn man sie häufig mit dem Pejorativum *Jargon* belegte, bedeutete das nur, daß dieses Idiom als verderbtes Deutsch erachtet wurde.

Der Name *jüdisch-deutsch* und seine Analoga subsumiert den Gegenstand in linguistischer Hinsicht unter das Deutsche. Dabei können allerdings höchst unterschiedliche Bewertungskomponenten mitschwingen und jeweils andere Merkmale der Bedeutungen beider Kompositionsglieder realisiert werden. Es muß betont werden, daß das Kompositionsglied *jüdisch* – kontextlos betrachtet – verschiedene Bedeutungsumfänge und -nuancen aufweisen kann, nicht aber einen linguistischen Begriff bezeichnet. In der Verbindung *jüdisch-deutsch* wird unter *jüdisch* nicht auf Juden schlechthin Bezügliches, wo immer sie leben, verstanden, sondern es handelt sich nur um die besondere jüdische Gruppe im deutschen Sprachraum, die Deutsch auf eine ihr spezifische Weise als Kommunikationsmittel benutzte. *jüdisch* kann in der Zusammensetzung mit *deutsch* darum nur als eine soziolinguistische Bezeichnung verstanden werden. Sie hat auch nur dann eine Berechtigung, wenn darunter linguistische Besonderheiten verstanden werden. Die Dialektik von Sprache und Denken darf in linguistischem Kontext nicht dahingehend mißverstanden werden, daß die Denkinhalte es seien, durch die sich Einzelsprachen voneinander unterscheiden. Es ist darum auch erforderlich, festzuhalten, daß in der Zusammensetzung *jüdisch-deutsch* das Kompositionsglied *deutsch* ausschließlich linguistisch, als ein Sprachsystem verstanden werden muß.

In den älteren nichtjüdischen Schriften, die sich mit dem Jüdisch-Deutschen beschäftigen, kommt meist eine Beurteilung zum Ausdruck, die Wagenseil folgendermaßen formuliert: »Mit keiner Sprache sind die Juden jemals /so/ wie man zu reden pflegt/ laͤsterlich/ als mit unserer Teutschen umbgangen/ dann sie haben solcher einen gantz frembden Thon und laut gegeben/ die guten teutschen Woͤrter gestuͤmmelt/ geradbrecht/ verkehret/ neue uns unbekandte erdacht/ wie auch/ unzaͤlich viel Hebreische Woͤrter und Red-Arten in das Teutsch gemischet/ daß solcher gestalt/ wer sie Teutsch reden hoͤret/ nit anderst glaubt/ als/ sie reden pur lauter Hebreisch/ indem fast kein einziges Wort verstaͤndlich fuͤrkommet« (Wagenseil, fol. B I recto). Es wird also ausgesagt, daß die Sprache der Juden zwar Deutsch sei, aber ein verderbtes.

Nur selten wird von älteren nichtjüdischen Autoren nicht von der Verderbtheit der Sprache der Juden gesprochen. Eine weniger abwertende Einstellung kommt in Friedrichs Buch »Unterricht in der Judensprache« zum Ausdruck. Der Autor ist weit davon entfernt, das von ihm gewählte Titelwort *Judensprache* programmatisch im Sinne der Behauptung des Vorhandenseins einer jüdischen Einzelsprache zu meinen, denn in der Vorrede nennt er als seinen Gegenstand die »jüdischdeutsche Sprache«, aber er betont, daß die Juden deutsch sprechen: »Es ist eine wahre Schande ..., daß wir Christen eine Nation, mit welcher wir täglich umgehen, und Verkehr haben, nicht verstehen sollen, so bald sie unter einander ihre jüdischdeutsche Sprache anstimmen, da sie doch unsere Muttersprache selbst sprechen« (Friedrich, unpaginierte Vorrede). Aus dieser Formulierung ist zweierlei ersichtlich: Die jüdisch-deutsche Sprache erachtet der Autor als deutsch, er weist aber außerdem auf die bei Juden vorhandene Diglossie hin, denn sie bedienen sich im Verkehr mit Nichtjuden eines von jüdischen Besonderheiten freien Deutschs.

Soweit mir bekannt ist, vertritt nur der Hallenser Theologe Callenberg, der aus missionarischen Motiven als erster an einer deutschen Universität über die Sprache der Juden Vorlesungen hielt, die These, es handele sich um eine eigene Sprache. Sie sei

»eine vermischte Sprache, die zwar größtentheils aus teutschen, doch aber auch ziemlichen theils aus hebräischen Wörtern bestehet. Es ist hier die Rede von einer mercklichen Vermischung. Eine geringe Vermischung macht keine eigene Sprache« (Callenberg 1733, §§ I-II). Allerdings geht es bei diesem Urteil nur um Lexik, und es wird auch *Sprache* nicht definiert. Über hundert Jahre früher hatte Schadaeus dasselbe Phänomen mit der Bemerkung kommentiert, daß die Verwendung hebräischer Lexeme in der Sprache der Juden so sei, »wie in den deutschen Kanzleien mit den lateinischen oder französischen Worten geschieht ..., welches die Juden zum Teil aus Gewohnheit, zum Teil daß es die Christen nicht verstehen sollen, thun ...« (Schadaeus, S. 64).

Linguistische Kriterien, mit deren Hilfe allein die sprachliche Einordnung des Jüdisch-Deutschen möglich ist, werden bei den Werturteilen der älteren nichtjüdischen Literatur nicht zugrunde gelegt, und es wird auch der Begriff »Sprache« nicht näher definiert. So bezeichnet Selig Jüdischdeutsch als eine »wirklich intricate« Sprache (Selig, S. VI), um dann zu konstatieren, die »Judensprache, oder das sogenannte Jüdischdeutsch ist keine eigene ... Sprache, sondern sie ist vielmehr ein Gemengsel ...« (Selig, S. VIII).

In der nachemanzipatorischen Zeit haben sich auch jüdische Gelehrte im Rahmen der Wissenschaft des Judentums mit den alten literarischen Zeugnissen der Sprache der Juden in Deutschland beschäftigt und die Bezeichnung *jüdisch-deutsch* verwendet. Grünbaum rechtfertigt diese Benennung damit, daß in dieser Literatur »das jüdische und das deutsche Element innig ... verbunden« seien. »Die Form, die Sprache, ist vorherrschend deutsch, der Inhalt ist jüdisch« (Grünbaum 1896, S. 533). Besonders wenn man die ältere Literatur im Auge hat, lasse sich aus dem Material dieser Schluß ziehen, denn »der darin waltende Geist ist jüdisch, namentlich da die meisten dieser Schriften Uebersetzungen oder Reproductionen hebräischer Bücher sind« (Grünbaum 1896, S. 533). Da das Leben der Juden in starkem Maße durch die Religion bestimmt wurde, wie das im Mittelalter und in der frühen Neuzeit auch bei anderen Bevölkerungsteilen der Fall war, ist auch die Literatur durch die unterschiedliche Religion geprägt und bestimmt, so daß sich jüdische und christliche Literatur durch die unterschiedliche Religion voneinander abheben. Dabei ist die Bindung durch das Judentum noch stärker, als das beim Christentum der Fall sein muß, weil die jüdische Identität allein durch die Religion besteht; das Aufgeben der jüdischen Religion führt gleichzeitig auch zum Ausscheiden aus der ethnischen und sozialen Gruppe. Man muß allerdings betonen, daß dem ideologischen Gehalt eines Textes, so bedeutsam er für die konkrete Gestalt der Rede ist, im Hinblick auf die Struktur der Sprache, auf Grund deren die Zuordnung zu einer Einzelsprache erfolgen kann, keine Relevanz zukommt. Ob ein Text deutschsprachig ist oder nicht, hängt nicht davon ab, was mit sprachlichen Mitteln ausgedrückt wird, sondern hier sind allein formale Kriterien ausschlaggebend. Und Grünbaum hat das auch richtig gesehen, indem er die Form als deutsch bezeichnet. Allerdings nennt Grünbaum auch die Sprache der Juden Osteuropas und der nach Nordamerika Ausgewanderten jüdisch-deutsch, erachtet sie also in formaler Hinsicht als deutsch. Daß das moderne Jiddisch als Sprache eine eigene Entwicklung genommen hat und ein Kommunikationsmittel darstellt, das prinzipiell vom Deutschen verschieden ist, wird, wenn man es in formaler Hinsicht als Deutsch bezeichnet, übersehen.

Die Ausführungen jüdischer Gelehrter des 19. und 20. Jahrhunderts über »Jüdisch-Deutsch« zeigen häufig eine apologetische Haltung und die Tendenz, den Assimilationsprozeß dadurch ideologisch zu untermauern, daß sie das Deutschtum der Juden in Deutschland an deren Sprache zeigen wollen. So betont Güdemann nicht nur, daß die deutschen Juden in der Zeit zwischen dem 12. und 14. Jahrhundert »die deutsche Sprache, und zwar ohne Jargon« sprachen (Güdemann, Bd. 1, S. 148), sondern hebt auch den deutschen Charakter der Sprache der Juden Osteuropas hervor: »Der Jargon des Jüdisch-Deutsch oder Judendeutsch ist in der Hauptsache durch die nach dem schwarzen Tode aus Deutschland nach Polen geflüchteten Juden entstanden. Diese behielten ... das Mittelhochdeutsche bei und versetzten dasselbe mit polnischen und hebräischen Ausdrücken« (Güdemann, Bd. 1, S. 148, Anm. 4). Dieses »Mauschel- oder Judendeutsch« (Güdemann, Bd. 3, S. 295), das »im Grunde nichts Anderes ist als ein echter deutscher Dialekt« (Güdemann, Bd. 3,

S. 297), sei, wenn man die hebräischen und polnischen Bestandteile ausscheide, »echtes und reines Deutsch« (Güdemann, Bd. 3, S. 294).

Weinberg weist darauf hin, daß bei Autoren, die in der Zeit des Ersten Weltkriegs in Deutschland schrieben, oft »die wesentliche Deutschheit des Idioms der Ostjuden« betont wurde (Weinberg, S. 263), und nennt in diesem Zusammenhang die Arbeiten von Struck und Löwe; Wohlgemuth bezeichnet in einem Aufsatz, der im Jahre 1916 erschien, die Sprache der Juden in Osteuropa als »ein Reis vom Stamme unserer Muttersprache« (zitiert nach Weinberg, S. 259). In der damaligen politischen Situation entsprachen solche Wertungen objektiv den Interessen des imperialistischen Deutschen Reiches, mit denen sich die Autoren auch subjektiv identifiziert haben mögen.

Demgegenüber nennt der evangelische Theologe Strack sein 1916 erschienenes Wörterbuch der Sprache der osteuropäischen Juden, das ebenfalls den politischen Erfordernissen der Zeit sein Entstehen verdankt, »Jüdisches Wörterbuch«. Durch »die Besetzung von Kongreßpolen, Litauen und Kurland durch Deutschland und Österreich-Ungarn« sei »die Aufmerksamkeit in hohem Grade« auf die »östlichen Juden« gelenkt worden. »Ihre Sprache, (das ›Jiddische‹) ist die Muttersprache von 6 Millionen Menschen ...« (Strack, S. III). Mit der Benennung *jüdisch* soll jedoch anscheinend nicht eine prinzipielle Abgrenzung dieser Sprache gegenüber der deutschen vorgenommen werden, obwohl Strack im Text auch die Bezeichnung *Jiddisch* als Klammerzusatz bietet. *jüdisch* hat einen größeren Begriffsumfang als *jiddisch*, das zur Zeit Stracks ausschließlich als Terminus zur Charakterisierung der Sprache der osteuropäischen Juden diente; *jüdisch* kennzeichnet dagegen die Gesamtheit der Merkmale einer Gruppe, von denen das Sprachliche nur einen Aspekt darstellt. Soll *jüdisch* eine Sprache bezeichnen, dann bleibt offen, ob es sich um eine Einzelsprache handelt und in welcher Beziehung jüdische Sprache zur deutschen steht; auch wenn man von einer Person sagt, sie spreche Sächsisch, wird damit nicht bestritten, daß sie Deutsch spricht, nur wird ein Spezifikum herausgehoben. Daß es Strack nicht um eine deutliche Abgrenzung vom Deutschen ging, kann man daraus sehen, daß er seine ein Jahr später (1917) erschienene Chrestomathie

der Sprache der osteuropäischen Juden »Jüdischdeutsche Texte« nannte.
Im heutigen Jiddisch heißt diese Sprache *jidisch*. (Die erste Silbe ist offen mit langem Vokal; das *d* ist nicht verdoppelt.) Es wird allgemein angenommen, daß die Bezeichnung *jidisch* für die von den Juden gesprochene Sprache in Osteuropa entstanden ist. Dafür gibt es zwar keine Beweise, doch besteht ein hoher Grad von Wahrscheinlichkeit. Innerhalb des deutschen Raumes hatten die Juden vorher ihre Sprache *teutsch* genannt. Man muß bei der Beurteilung der ursprünglichen Bedeutung dieser Benennungen stets der Tatsache eingedenk bleiben, daß die Namen, die die Juden in Mittel- und Osteuropa ihrer Sprache gaben, nicht aus Reflexionen resultierten, denn die Umgangssprache, die man sprach und in der auch Literatur für diejenigen produziert wurde, die keine höhere Bildung besaßen, d. h. nicht in der Lage waren, hebräische Texte zu lesen, war einer wissenschaftlichen Beschäftigung nicht wert, und so wurden auch keine linguistischen Abhandlungen darüber verfaßt.
Auf dem Titelblatt des Erstdrucks des Schmuelbuches vom Jahre 1543/44 findet sich in hebräischen Buchstaben die Angabe: »Das buch Schmuel in teutscher sprach ...«. Der Verfasser bzw. der Drucker bezeichnet also die Sprache, in der das Buch geschrieben ist, als deutsch. Wie ihre nichtjüdischen Nachbarn ihre Sprache *teutsch* nannten, so auch die Juden die ihre. Und die christliche Umwelt erkannte auch an, daß die Juden teutsch sprachen, wenngleich ein ihrer Meinung nach verderbtes Teutsch. Hinsichtlich der Einordnung der Judensprache bestand eine beiderseitige Übereinstimmung. Wenn Juden in Deutschland ihre Sprache *Teutsch* nannten, wie es auf dem Titelblatt des Schmuelbuches und auch sonst sehr häufig zu lesen ist, so darf man diese Bezeichnung nicht programmatisch verstehen als ein Bekenntnis zum Deutschtum; hier wird der Leser einfach darauf hingewiesen, daß das betreffende mit hebräischen Buchstaben gedruckte Buch nicht hebräisch ist, sondern einen Text in der Umgangssprache bietet.
Vom Schmuelbuch hat Paulus Aemilius eine christliche Version verfertigt, die 1562 in Ingolstadt erschien. Dort heißt es im Titel, er habe »die zway ersten Bůcher der Künig ... auß dem Hebraischen bůchstaben ... in vnser Hochteütsch gebracht«.

קנה חכמה

ספר שמואל

דאש בוך שמואל אין טייטשר שפראך הופש
אום בשיידליך איך קורץ ווייליג
דארינן צו לייאן:

דער שמואל אישט דש ערשט טייל בון דען ספר
מלכים דען ענקערט אלש צו איינגנדר בור האבט
איר דש ספר מלכים אום אלונד האב איך דען
שמואל דר צו גדרוקט אלש אין כתב:

גדרוקט אין דער קייזרליכן שטאט אויגשפורג
אים יאר דא מאן צלט דרייא הונדרט אום
ויר אין דער קליינן צאל:

1 Titelblatt der Erstausgabe des
Schmuelbuches, Augsburg 5304 (1543/44)

Weder dem Drucker des Schmuelbuchs noch dem Paulus Aemilius ist es zweifelhaft, daß das Original ein Werk deutscher Sprache ist. Auffällig ist übrigens – und darauf hat meines Wissens bisher niemand hingewiesen –, daß Paulus Aemilius von »unserem Hochdeutsch« spricht und daß er das Possessivpronomen nicht nur auf dem Titelblatt, sondern auch wiederholt in der Vorrede hinzufügt. Es möchte mir scheinen, daß »*unser* Hochdeutsch« als das der Christen zu verstehen ist.

Die Form *teutsch* wandelte sich in Osteuropa durch Entrundung zu *taitsch*. Das Wort hörte jedoch im Laufe der Entwicklung auf, als Sprachbezeichnung benutzt zu werden, und bedeutete nur mehr ›Übersetzung‹ oder ›Bedeutung‹. So wird es auch im modernen Jiddisch ausschließlich verwendet; *fartaitschn* heißt ›ins Jiddische übersetzen‹.

Während in Deutschland die Juden als eigene ethnisch-soziale und religiöse Gruppe in einer deutschsprachigen Umwelt lebten, standen sie in Osteuropa verschiedenen Gruppen gegenüber, die unterschiedliche Sprachen verwendeten. So bot sich zur Bezeichnung der eigenen Sprache an, sie *jüdisch* zu nennen: Wie die Polen polnisch, die Litauer litauisch sprachen, so sprachen eben die Juden jüdisch, d. h. eine für sie spezifische Sprache. Von den in Osteuropa vor allem als Kaufleute in den Städten lebenden christlichen Deutschen waren die Juden als eigene Gruppe ebenso wie von allen anderen geschieden, und sie hatten keinen Anlaß, die Sprachverwandtschaft mit der deutschen Gruppe zu betonen, um sich mit ihr gegen andere Volksgruppen zu solidarisieren.

Andererseits läßt sich aus der Verwendung von *jidisch* als Bezeichnung jüdischer Sprache auch nicht unmittelbar ableiten, daß damit eine bewußte Bestimmung als »nichtdeutsch« vorgenommen werden sollte, denn die Kennzeichnung einer Sprache als jüdisch ist eigentlich eine nicht reflektierte, naive Benennung. Es gibt ja außer den aschkenasischen Juden auch noch andere jüdische Gruppen in der Welt, die sich in Sprachen verständigen, die sich von denen der nichtjüdischen Bevölkerung, in deren Mitte sie leben, mehr oder minder als »jüdische Sprachen« unterscheiden. Auch die aus Spanien vertriebenen Juden bezeichneten ihre Umgangssprache als jüdisch, indem sie sie *Djudesmo* nannten. Seit dem 17. Jahrhundert gab es in den Niederlanden zwei voneinander deutlich separierte jüdische Gruppen, die sefardischen, aus Spanien und Portugal stammenden Juden und die aus Mittel- und Osteuropa eingewanderten aschkenasischen Juden. Beide Gruppen benutzten als internes Kommunikationsmittel ein »jüdisches« Idiom, nur bezeichneten sie als jüdisch im einen Fall eine Sprache, die aus dem Spanischen erwachsen war, im anderen eine, deren Grundlage deutsch war.

Ob und wann die Benennung *jidisch* als ein Bekenntnis zu einer Eigensprachlichkeit von ihrem Benutzer intendiert wurde, ließe sich jeweils nur aus größeren Kontexten erschließen. Für diejenigen Zeiten und Orte, wo die Benennung *jidisch* nicht terminologisiert, sondern unreflektiert benutzt wird, können wir nur linguistische Kriterien dafür heranziehen, wie die Position von »Jidisch« zu bestimmen ist.

Die Ersetzung von *jüdisch-deutsch* durch *jiddisch*

Der linguistische Terminus *jiddisch* für die moderne Sprache der Juden Osteuropas ersetzte den Ausdruck *jüdisch-deutsch*, der zwar vorwiegend die ältere Sprache der Juden der voremanzipatorischen Epoche kennzeichnete und daneben die noch lebendigen Reste dessen, was heute meist *Westjiddisch* genannt wird, der aber auch auf die sprachliche Entwicklung in Osteuropa – außerhalb des deutschen Sprachraums also – angewendet wurde, sofern diese überhaupt von Interesse war und sachlich beurteilt wurde. Schließt man die Sprache der osteuropäischen Juden in den Begriff *jüdisch-deutsch* ein, so wird damit eine Einheit dessen angesetzt, was heute als West- bzw. Ostjiddisch bezeichnet wird, und gleichzeitig wird betont, beides sei Deutsch in einer für die Juden spezifischen Form. Nur dann wurden die Besonderheiten des Ostjiddischen deutlich herausgehoben, wenn man es nicht unter *jüdisch-deutsch* subsumierte, sondern es durch die pejorative Benennung *Jargon* abwertete. Die Verwendung von *jiddisch* als Terminus für die in Osteuropa gesprochene und geschriebene Sprache separiert diese allerdings zunächst als eigene Qualität von *Judendeutsch*, was weiterhin als Benennung für den Rest dienen mußte.

Besonders durch die Aktivitäten Birnbaums ist *jiddisch* als linguistischer Terminus räumlich und zeitlich ausgeweitet worden. Im »Jüdischen Lexikon« (1927-30) bietet Birnbaum unter dem Stichwort »Judendeutsch« nur die Formulierung »unrichtige Bezeichnung für die jiddische Sprache« (»Jüdisches Lexikon«, Bd. 3, Sp. 419), während *Jüdisch-Deutsch* als »nichtjüdische Bezeichnung für die jiddische Sprache« erklärt wird (»Jüdisches Lexikon«, Bd. 3, Sp. 462). An beiden Stellen wird auf den Artikel »Jiddische Sprache« verwiesen.
Zwar hat sich die Meinung, von Anfang an sei die Sprache der Juden als Jiddisch im Gegensatz zu Deutsch zu bezeichnen, niemals so vollständig durchsetzen können, daß nicht gelegentlich Zweifel gegen die umfassende und ausschließliche Verwendung des Begriffs erhoben worden wären, und auch die Einbeziehung der neuzeitlichen in Resten vorhandenen Sprachbesonderheiten bei Juden innerhalb des deutschen Sprachraums in die Einzelsprache Jiddisch als »Westjiddisch« wird gelegentlich abgelehnt; aber insgesamt herrscht die Meinung, daß, wie Beranek es ausdrückte, »die heute übliche Bezeichnung ›Jiddisch‹ ... die mehr oder weniger unpassenden Benennungen ›Judendeutsch‹, ›Jüdisch-Deutsch‹ und ›Jargon‹ verdrängt« habe (Beranek, Sp. 1553). Der bestimmende Einfluß, den Beranek nach 1945 auf die Forschung in Westdeutschland und darüber hinaus ausübte, hat dazu geführt, daß derjenige, der gegen die herrschende Terminologie Bedenken anmeldet, leicht in den Verdacht der Rückständigkeit und Unwissenschaftlichkeit gerät. Auf dieses Problem weist Weinberg hin, der die Verwendung von *Jüdischdeutsch* anstelle der modernen Bezeichnung *Westjiddisch* propagiert und mit sachlichen Argumenten begründet; er stellt auch Äußerungen zeitgenössischer Jiddisten zusammen, daß man nicht jeden im deutschen Sprachraum mit hebräischen Buchstaben geschriebenen Text schon eo ipso jiddisch nennen könne. Aber zweifellos sind diejenigen, die solche Bedenken äußern, gegenwärtig in der Minderzahl, und ihr meist recht vorsichtig formulierter Standpunkt stellt nicht die communis opinio dar (vgl. Weinberg, S. 268 f.). Es ist versucht worden, von dem linguistischen Terminus *jiddisch* ein Substantiv *die Jidden* zu bilden, mit dem die Sprechergruppe gekennzeichnet werden sollte: »Jiddisch sprechende Juden werden ... als Jidden ... bezeichnet«

(Hutterer, S. 308). Diese Form ist anscheinend von Beranek initiiert worden (vgl. Beranek, Sp. 1552 u. ö.), der auch *Jiddentum* verwendet (Beranek, Sp. 1578). Durchgesetzt haben sich diese Bildungen indessen nicht; in neueren Wörterbüchern (z. B. Duden, WDG, HDG) sind sie nicht verzeichnet, und in wissenschaftlicher Literatur sind sie mir sonst kaum begegnet.

Mit der vornehmlich durch die Aktivität Birnbaums bewirkten Ausweitung des mit dem Terminus *jiddisch* Bezeichneten wurde eine Einheit, die vordem Jüdischdeutsch genannt worden war und die dann zunächst durch die Aussonderung der modernen Sprache der osteuropäischen Juden unter der Bezeichnung *jiddisch* gesprengt wurde, wiederhergestellt; allerdings mit einem entscheidenden Unterschied: Nun wurde die Eigenständigkeit und die von Anfang an bestehende Andersartigkeit der Sprache der Juden gegenüber dem Deutschen nachdrücklich behauptet.

Da die Anfänge jüdischer Siedlung weitestgehend im Dunkel liegen, unsere literarischen Quellen verhältnismäßig spärlich sind und erst Jahrhunderte später anzutreffen sind, werden wir beim gegenwärtigen wissenschaftlichen Stand über Hypothesen, wie sich dasjenige entwickelt hat, was heute im umfassenden Sinne Jiddisch genannt wird, nicht hinauskommen. Man muß jedoch betonen, daß die überaus wirksamen Ansichten Birnbaums, die sich ebenso in seinem Artikel »Jiddische Sprache« im »Jüdischen Lexikon« finden, wie sie auch im Grunde unverändert in seinen Werken der siebziger Jahre anzutreffen sind, Hypothesen darstellen, die weder er noch andere bewiesen haben und die zu beweisen darum immer noch ein Desiderat wäre.

Die Meinungen, wann der Beginn des Jiddischen in Deutschland anzusetzen sei, sind unterschiedlich, jedoch werden durchgängig auch die ältesten literarischen Zeugnisse, die uns erhalten sind, also vom Ende des 13. Jahrhunderts an, als jiddische Literatur bezeichnet. Wenn sich Jiddisch, wie meist angenommen wird, allmählich aus dem Deutschen entwickelt und verselbständigt hat und daher die in Deutschland ansässigen Juden sich des Deutschen bedienten, wäre dieser Zustand quellenmäßig nicht belegt.

Bei der Suche nach literarischen Belegen dafür, daß die Juden in

Deutschland Jiddisch sprachen, ist man über das 16. Jahrhundert nicht hinausgekommen. Als ältestes Zeugnis wird die Stellungnahme des Straßburger Geistlichen Elias Schadaeus herangezogen. Dieser christliche Theologe, der sich um die Missionierung der Juden bemühte, ließ im Jahre 1592 als Anhang zu drei von ihm gehaltenen Bekehrungspredigten einige Ausführungen zur Sprache der Juden drucken mit dem Titel »Ein gewisser Bericht von der deutsch-hebräischen Schrift, deren sich die Juden gebrauchen«. Es weist darin auch auf einige Besonderheiten hin, die die Sprache der Juden – »ihr Deutsch« (Schadaeus, S. 64) – auszeichnen. Man müsse wissen, »daß sie fast allesamt auf nürnbergische oder fränkische Art die Vokale grob aussprechen, sonderlich das a fast wie ein o« (Schadaeus, S. 64). Mieses, der in verdienstlicher Weise auf diesen Autor hingewiesen hat, betont mit Recht, daß der christlichen Bevölkerung die Sprache der Juden als sonderbar auffiel: »Das Deutsch der Juden klang den germanischen Christen fremd und wich von der Sprache der Autochthonen stark ab ...« (Mieses 1915, S. 29). Bin-Nun bezieht sich auf dasjenige, was Mieses über die Stellungnahme des Elias Schadaeus berichtet, und folgert daraus in richtiger Weise, »daß es zu Ende des sechzehnten Jahrhunderts ... schon eine allen Juden Deutschlands gemeinsame und nur ihnen eigentümliche Sprache gegeben hat, die anderen unverständlich sein mußte« (Bin-Nun, S. 71 f.). Er zieht daraus allerdings weitergehende Schlüsse, indem er erklärt, es »konnte selbstverständlich der außenstehende Nichtjude leichter beurteilen, ob eine Sprache noch als deutsch (d. h. dem Deutschen verständlich) anzusehen war, als der Jude, dem seine Abweichungen so selbstverständlich geworden waren, daß sie ihm gar nicht mehr aufzufallen brauchten« (Bin-Nun, S. 72). Diese Sprache der Juden sei eben nicht deutsch, sondern jiddisch (vgl. Bin-Nun, S. 72). Mir scheint hier der Beweis in keiner Weise angetreten worden zu sein. Zunächst einmal ist festzuhalten, daß Schadaeus auf jüdische Spracheigentümlichkeiten und Sprachbesonderheiten hinweist, aber nicht etwa erklärt, er könne Juden nicht verstehen. Aufschlußreich ist beispielsweise, daß Schadaeus in der bereits erwähnten Schrift betont, man solle »wissen, daß wie unter uns Deutsche, also auch die Juden, fast ein Jeder seine Art hat zu schreiben, und einer bessere

Schrift macht als der andere, und daß sie, als der Grammatika und Orthographie unerfahren, etwa einen Buchstaben vor den anderen setzen, als ein d für ein t, k für ein g etc., wie gemeine Leute ihr Deutsch schreiben« (Schadaeus, S. 64). Daß er der Verwendung hebräischer Lexeme dieselbe Bedeutung beimißt wie den lateinischen und französischen Wörtern im deutschen Kanzleistil, habe ich bereits in anderem Zusammenhang erwähnt. In der Vorrede zu seinen Bekehrungspredigten berichtet Schadaeus, er habe »fünf Bücher des Neuen Testaments zwar auf unser Deutsch, aber mit hebräischen Buchstaben und jüdischem Current zusammen geordnet« und veröffentlicht (Horning, S. 12), um auf diese Weise die Juden mit der christlichen Lehre vertraut zu machen. Er ging also davon aus, daß bei den Juden eine Diglossie vorhanden war und sie einen solchen Text zu lesen vermochten. Des Schadaeus »Bericht von der deutsch-hebräischen Schrift« war für Christen bestimmt, die jüdische Texte lesen wollten, »welches ohne besondere Mühe in kurzer Zeit geschehen kann« (Schadaeus, S. 58). Fremde Wörter müsse man natürlich in einem Lexikon suchen oder von einem Gelehrten erfragen, und etwas Übung sei auch notwendig. »Wer nun diesen Bericht durchlieset ..., der wird in kurzer Zeit ohne Mühe und Arbeit solches begreifen« (Schadaeus, S. 65). Daß also Schadaeus, im Gegensatz zu Bin-Nun, die Sprache der Juden als eine Sonderform des Deutschen erachtete, ist über jeden Zweifel erhaben.

Ist nun eine Sprache nicht mehr deutsch, wenn sie dem Deutschen unverständlich ist, wie Bin-Nun behauptet? Diese Unverständlichkeit, von der bei Bin-Nun die Rede ist, bezieht sich auf die mündliche Kommunikation. Es ist eine bekannte Tatsache, daß besonders zwischen philologisch ungeschulten Sprechern unterschiedlicher Dialekte oft erhebliche Verständigungsschwierigkeiten bestehen, die bis zum völligen gegenseitigen Nichtverstehen gehen können, sowohl auf Grund der unterschiedlichen Phonetik als auch der abweichenden Lexik. Beispiele dafür gibt es auch im Deutschen, wo ein mecklenburgischer Bauer einen bayrischen kaum oder gar nicht versteht, obwohl beide deutsch sprechen. Auf ein entsprechendes Beispiel für das Französische weist Klare hin: »Bei näherem Hinsehen liegen die Diskrepanzen der kanadischen Varietät des Französischen« vor allem »im Phonetischen«. Sie »führen dazu, daß der Nichteingeweihte eine gewisse Zeit benötigt, um sich in diese Varietät des Französischen außerhalb Frankreichs einzuhören« (Klare, S. 445 f.).

Einen noch älteren Beleg für die Existenz des Jiddischen, der sich bei Paulus Aemilius findet, will Bin-Nun zunächst als zu allgemein beiseite lassen. Bei diesem Autor werde behauptet, daß nach Ansicht der Christen »die Juden noch jetzt hebräisch reden« (Bin-Nun, S. 70 f.). Dieses Zitat entnimmt Bin-Nun nicht dem originalen Text, sondern aus Sekundärliteratur. Er beruft sich auf Mieses, der erklärt, daß die deutschen Christen wähnten, die Sprache der Juden sei hebräisch. Das gehe aus der Vorrede der 1544 von Paulus Aemilius edierten jüdisch-deutschen Bibel hervor (vgl. Mieses 1915, S. 30). Doch auch Mieses stützt sich nicht auf den Text des Paulus Aemilius, sondern auf eine andere Sekundärquelle, nämlich auf die Ausführungen von Grünbaum.[12] Aus Grünbaums Darlegungen glaubt Mieses schließen zu können, daß »die deutsche Sprache der Juden ... dem Ohre der christlichen Eingeborenen wie ein exotisches Idiom« erschien und »sie glaubten, dieses Idiom sei hebräisch« (Mieses 1915, S. 30). Mieses akzeptiert also die Sprache der Juden als eine Existenzform des Deutschen. Nur hat er Grünbaums Darlegungen entweder falsch verstanden oder tendenziös interpretiert. Grünbaum beschreibt ein in der Münchener Staatsbibliothek vorhandenes Buch »Die fünff Bücher Mose, aus dem Hebräischen von Wort zu Wort, nach der jetzigen Juden art, inn die Teutsch Sprach gebracht, un doch mit hebräischen Buchstaben getruckt«, das Paulus Aemilius im Jahre 1544 in Augsburg gedruckt hat. Er berichtet, daß dem Titelblatt dieses Werkes eine hebräische Dedikation nebst deren lateinischer Übersetzung folge und daß darin Paulus Aemilius die Gründe mitteile, die ihn zur Herausgabe dieser Bibelübersetzung veranlaßten: »Es solle«, referiert Grünbaum, »damit der Beweis geliefert werden, daß die Juden keineswegs, wie viele Christen irrthümlich meinen, auch jetzt noch hebräisch sprechen« (Grünbaum 1882, S. 13). Dann wird weiter wörtlich aus dieser Widmung zitiert: »Und da die Thora Mosis das Hauptreligionsbuch der Juden ist, die meisten aber die Sprache dieses Buches nicht verstehen ...« (Grünbaum 1882, S. 13)[13] Es dürfte kein

Zweifel daran bestehen, daß Paulus Aemilius keineswegs behauptet, das Deutsch der Juden scheine den Christen Hebräisch zu sein, sondern daß er darauf hinweist, die Mehrzahl der Juden seiner Zeit verfüge nicht über zureichende Kenntnisse des Hebräischen. Wenn er das mit der Veröffentlichung einer Übersetzung ins Deutsche beweisen will, dann wendet er sich mit diesem Beweis nicht etwa an die Juden, sondern er will es Christen plausibel machen; die lateinische Version der Dedikation konnte ja nur für sie bestimmt sein, auch die hebräische Widmung wendet sich an einen sprachkundigen Christen. Die Christen würden, wenn sie sich die Kenntnis der hebräischen Schriftzeichen aneigneten, den Text lesen und verstehen können, weil er eben kein hebräischer, sondern ein deutscher Text sei. Bin-Nun hat nun die unrichtige Interpretation der Ausführungen Grünbaums nicht nur ungeprüft von Mieses übernommen, sondern folgert aus dessen irrtümlicher Behauptung, Paulus Aemilius habe gesagt, daß die Juden hebräisch sprechen, »die Nichtjuden konnten schon um die Mitte des sechzehnten Jahrhunderts die Juden nicht mehr verstehen, weil sie eine eigene Sprache hatten« (Bin-Nun, S. 72). Im Lichte der von ihm zuvor ausgewerteten Bemerkungen des Schadaeus erachtet er dann die Aussagen des Paulus Aemilius als Beleg für die Existenz nicht etwa des Hebräischen, sondern des Jiddischen als der Sprache der Juden in Deutschland.

Auf der Suche nach dem Erstbeleg für »jiddisch« als Sprachbezeichnung der Sprechergruppe selbst ist man bis zum Jahre 1597 zurückgegangen, wobei recht großzügig darüber hinweggesehen wird, daß die Wortform *jiddisch* nicht nur erst in der modernen Zeit entstanden ist, sondern daß auch im Jiddischen selbst nur *jidisch* oder *idisch* verwendet werden kann, da die Doppelschreibung von Konsonanten, die im Deutschen die Kürze des vorangehenden Vokals anzeigt, im Jiddischen nicht üblich ist. Die jiddische Namensform *jidisch* bezeichnet außerdem nicht nur die Sprache, sondern bedeutet ›jüdisch‹ schlechthin. Die 1597 in Krakau erschienene Ausgabe des zu den Sagen um Dietrich von Bern gehörenden »Sigenot« ist, wie es am Ende des Textes heißt, »aus genumen fun galches un' auf judsch wr taischt«. Diesen Beleg hat zuerst Schtif im Jahre 1924 zitiert (vgl. Weinberg, S. 260); er wird sowohl von Beranek (Sp. 1553) als auch von Bin-Nun (S. 18) und Birnbaum (1979, S. 45 f.) als Beweismittel dafür akzeptiert, daß es sich um eine Übersetzung aus dem Deutschen ins Jiddische handele. Hingegen lehnt Max Weinreich diesen Beleg von 1597 mit gutem Grund, wie ich meine, als unsicher ab (vgl. Weinberg, S. 260). Abgesehen davon, daß es zweifelhaft ist, ob *judsch* im Sinne von ›jiddisch‹ als Sprachbezeichnung zu verstehen ist, ergeben sich in dem zitierten Text weitere Interpretationsprobleme: Das Wort *galches* bedeutet ›Sprache des Klerus‹, also als Sprache ›Latein‹. Das kann aber hier nicht gemeint sein, wie schon Max Weinreich betonte; denn das Original, das diese Krakauer Ausgabe »fer waiber un' meidlich« zugänglich machen wollte, war ein Buch in deutscher Sprache. Daher kann *galches* hier nur ›in lateinischer Schrift‹ bedeuten, und die Tätigkeit des Herausgebers bestand vornehmlich in der Transkription lateinischer Buchstaben in hebräische. Das zweifellos fehlerhafte Textwort *wrtaischt* wird nun allgemein stillschweigend in *fartaitscht* geändert, was im modernen Jiddisch ›übersetzt‹ bedeutet; es wird also der Buchstabe *Tet* eingefügt und damit der Text in einer Weise interpretiert, wie er möglicherweise gar nicht gemeint ist. Es wäre zu erwägen, ob nicht eher *fartoischt* (›vertauscht‹) gelesen werden sollte; eine Korrektur des Buchstaben *Jod* in *Waw*, bei der ja nur der senkrechte Strich etwas verlängert werden müßte (יי = *ai;* וי = *oi* oder *au*), erscheint mir als eine geringere Änderung als das Einfügen eines Buchstabens. Das Fehlen historischer Wörterbücher erlaubt es nicht, die Frage zu beantworten, ob es zu einer Zeit, in der die Sprache in Buchtiteln häufig als *taitsch* bezeichnet wurde und ebenso auch das Deutsch der Christen, das Verb *fartaitschn* existierte und eine Übersetzungstätigkeit von christlichem Teutsch in jüdisches Teutsch bedeuten kann. Mir scheint der Herausgeber des Buches nur sagen zu wollen, daß er die Buchstaben ausgewechselt und dadurch einen für Christen bestimmten Text zu einem jüdischen gemacht habe. Von der Übersetzung aus einer Einzelsprache in eine andere spricht der Herausgeber nicht. Das sagt natürlich nichts darüber aus, ob die beiden Versionen zwei verschiedenen Sprachen zuzuordnen sind; doch das ließe sich nur durch einen Textvergleich feststellen.

Die räumliche und zeitliche Ausweitung des Gebrauchs des Ter-

minus *jiddisch* über den Bereich der modernen Sprache der osteuropäischen Juden hinaus wandelte die Bedeutung zu einem Oberbegriff für verschiedene Stufen und Existenzformen einer Einzelsprache. Deutlich oder auch unausgesprochen umfaßt *jiddisch* aber heute häufig auch außerlinguistische Tatbestände. Wenn Hutterer davon spricht, daß der bayrisch-böhmische Bereich »in seiner Glanzperiode mächtige jiddische Wirtschafts- und Kulturzentren entstehen ließ« (Hutterer, S. 309), dann gibt es für ihn eine jiddische Kultur – nicht nur eine jiddische, d. h. jiddischsprachige, Literatur – und ebenfalls eine jiddische Wirtschaft. Hier werden also semantische Merkmale, die unter anderen in der Bezeichnung *jüdisch* enthalten sind und sich auf nichtlinguistische Phänomene beziehen, in den Terminus *jiddisch* – meines Erachtens zu Unrecht – einbezogen.
Oft gewinnt man den Eindruck, daß das, was durch die Terminologisierung des Adjektivs *jiddisch* im Sinn einer Sprachbezeichnung gewonnen worden ist, dadurch wieder verlorenzugehen droht, daß beim Gebrauch von *jiddisch* außersprachliche Merkmale als Assoziationen mitschwingen, und zwar besonders dann, wenn der Zweiwortausdruck *jiddische Literatur* benutzt wird. Gewiß ist diese Wortwahl legitim, sofern *jiddische Literatur* als verkürzte Formulierung für *Literatur in jiddischer Sprache* interpretiert wird. Doch gehört zum Begriff »Literatur« mehr als die sprachliche Form. So bleibt russische Literatur auch in deutscher Übersetzung noch russisch und wird nicht zu deutscher Literatur, aber bei der Benennung einer Literatur als jiddisch sollte man sich dessen bewußt bleiben, daß *jiddisch* ein Kunstwort zur Kennzeichnung eines linguistischen Sachverhalts darstellt. Die klassische jiddische Literatur des 19. und 20. Jahrhunderts ist jiddisch in ihrer Form und ostjüdisch, nicht aber jiddisch in ihrem Inhalt.
Sofern man sich in dieser Hinsicht nicht um begriffliche Genauigkeit bemüht, gelangt man zu merkwürdigen Ergebnissen. So untersucht Dreeßen die epische Literatur der Juden in Deutschland seit der Mitte des 14. Jahrhunderts und grenzt sie als »Midraschepik« von der christlichen Literatur desselben Genres ab, die er »Bibelepik« nennt. Die jüdische Literatur verwende nämlich nicht nur biblische Quellen, sondern auch die Midraschim, die jüdischen Bibelerklärungen. Es würde zu weit

führen, wenn ich mich an dieser Stelle mit dieser meines Erachtens nicht sehr glücklich gewählten Terminologie auseinandersetzen wollte. Auch in christliche Texte sind Interpretationen eingeflossen, und wenn diese aus dem Neuen Testament stammen, wären sie nur vom Selbstverständnis des Christentums her biblisch zu nennen. Wesentlich ist hier vielmehr, daß der Autor eben dieses Unterschieds wegen die jüdische Epik jiddisch nennt: »Wenn die deutschen Juden im späten Mittelalter soziokulturelle Besonderheiten besaßen und wenn die Midraschepik diese ... spiegelt ..., dann muß man ihre Sprache als jiddisch bezeichnen, mag sich dieses Jiddisch in manchen Texten auch so geringfügig vom Deutschen unterscheiden, daß man es als Variante deutscher Mundarten ansehen könnte« (Dreeßen, S. 95 f.). Bei Erika Timm wird der gleiche Gedanke folgendermaßen formuliert: »In sehr vielen jiddischen Texten noch des 15. Jahrhunderts sucht man nichtdeutsche Elemente in diesen Bereichen (= Syntax, Formen- und Lautlehre B. S.) überhaupt vergeblich« (Timm 1986a, S. 21, 1986b, S. 5). Meines Erachtens kann die Feststellung, daß ein Werk eines jüdischen Autors jüdisch sei, oft durchaus zutreffen; es aber, wenn das der Fall ist, unter Absehung von seiner sprachlichen Form als jiddisch zu bezeichnen kann nur Verwirrung stiften, Wissenschaft sollte sich jedoch um Begriffsklarheit bemühen.

Die Anregung, Texte ihres jüdischen Inhalts wegen als jiddischsprachig zu bezeichnen, geht anscheinend vor allem von Max Weinreich aus, der als das Kennzeichen der Sprache der Juden in Deutschland die »Yidishkayt« nennt, also einen Begriff, der in seiner Verwaschenheit dem »deutschen Wesen« oder der »Francité« ähnelt. »The principal cultural determinant in the history of Yiddish is the fact that Ashkenazic Jewry came into existence as a community defined by yidishkayt. ... yidishkayt shaped not only the conceptual world of the Ashkenazic community but its language as well« (Weinreich, M. 1968, S. 413; zuerst publiziert 1953). Darum haben, wie Weinreich meint, die Juden in Deutschland von Anfang an eine eigene Sprache, eben Jiddisch, gehabt, weil die jüdische Sprache im Unterschied zum Deutschen Ausdruck jüdischen Wesens, von Yidishkayt, sei. Sie selbst wußten zwar nicht, daß ihre Sprache etwas Eigenes war, sondern hielten sie für deutsch; doch das brauche uns nicht zu interessieren. »Linguistic reasons, *applied in retrospect* (Hervorhebung von B. S.), call for the extension of the present-day name of a language over its whole history, regardless of how it was previously called. This has actually happened in the case of most European languages. Likewise, the language of Ashkenazic Jewry has come to be called Yiddish since its inception ...« (Weinreich, M. 1968, S. 386 f.).

Eine solche Sprachbetrachtung, die die historische Entwicklung ausschließlich rückwärts, entgegen ihrem tatsächlichen Verlauf verfolgt und die Gegenwart in die Vergangenheit hineinprojiziert, gelangt zwangsläufig zu unannehmbaren Ergebnissen. Nachträglich könnte man auch Latein als Urfranzösisch oder Urspanisch bzw. Uritalienisch usw. erklären, und schließlich ließe sich jede Einzelsprache bis zur Entstehung menschlicher Sprache überhaupt zurückführen. Könnten wir heute und hier noch wissen, ob wir deutsch sprechen? Vielleicht kommt in einigen hundert Jahren ein Wissenschaftler, der unsere Sprache retrospektiv als Frühform einer jetzt noch gar nicht existierenden Sprache erklärt.

Wenn es linguistische Gründe dafür gibt, daß das moderne Jiddisch eine sich vom Deutschen unterscheidende Einzelsprache ist – und ich meine, daß es dafür Beweise gibt – dann werden die Unterschiede zwischen beiden Sprachen auf Grund synchroner Sprachbetrachtung wahrgenommen. Die diachrone Methode ist in unserem Fall geeignet, festzustellen, ob die Besonderheiten des Jiddischen schon auf früheren Stufen der Entwicklung vorhanden waren. Doch müssen dann die Vorstufen des modernen Jiddisch wiederum synchron mit dem zeitlich entsprechenden Entwicklungsstand des Deutschen verglichen werden, um sehen zu können, ob hier die betreffenden sprachlichen Erscheinungen bereits unterschiedlich sind bzw. ob sie, falls sie vorhanden sind, die Entscheidung rechtfertigen, von zwei Einzelsprachen zu reden. Das aber kann nur durch konkrete Untersuchungen festgestellt werden. Inhaltliche »Yidishkayt« hingegen kann nicht als Kriterium für formallinguistische Zuordnung dienen, denn jüdische Inhalte lassen sich in jeder Sprache ausdrücken, ohne daß dadurch eine eigene Sprache entsteht.

Birnbaum, der die Meinung vertritt, jede Sprache von Juden sei von allem Anfang an als Einzelsprache zu klassifizieren, hat sich gerade des Schmuelbuches bedient, um seine Theorie zu beweisen. Er erklärt daher, die deutsche Version des Schmuelbuchs, die Arbeit des Paulus Aemilius, sei eine Übersetzung aus einer Fremdsprache, nämlich aus dem Jiddischen, ins Deutsche: »Aemilius fertigte nicht einfach eine Umschrift eines mit hebräischen Buchstaben geschriebenen deutschen Textes an – er übersetzte von einer Sprache in eine andere« (Birnbaum 1974, S. 10). Und er geht noch weiter, indem er eine wesentliche Übereinstimmung des Schmuelbuchs mit dem heutigen Jiddisch behauptet: »Wenn wir die von den ... Gelehrten des sechzehnten Jahrhunderts dargestellte Sprache mit dem heutigen Jiddisch vergleichen, so finden wir, daß sie – vom Lautstand und slavischen Element abgesehen – im Wesen vollständig mit ihm übereinstimmt. Das geht auch aus dem Vergleich mit dem damaligen Deutschen hervor« (Birnbaum 1974, S. 9). Für diesen Vergleich stützt sich Birnbaum auf den Originaltext des Schmuelbuchs und die Version des Paulus Aemilius.

Eine eingehende Untersuchung des Schmuelbuchs, ein Vergleich mit der Version des Paulus Aemilius und mit dem modernen Jiddisch bietet sich daher für mich an, und ich werde mich im Verlauf meiner Arbeit mit den Argumenten, die Birnbaum zur Stützung seiner Position vorbringt, noch im einzelnen auseinanderzusetzen haben. Ich hoffe, den Beweis antreten zu können, daß zwar zwischen modernem Deutsch und modernem Jiddisch sprachliche Verschiedenheiten vorhanden sind, die es erlauben, aus linguistischen, nicht nur aus sprachenpolitischen Gründen zwei Einzelsprachen anzunehmen, daß aber der Vergleich des Schmuelbuchs mit dem fast gleichzeitig erschienenen Text des Paulus Aemilius nicht zu den gleichen Resultaten führt.

DAS SCHMUELBUCH UND DIE CHRISTLICHE TEXTVERSION DES PAULUS AEMILIUS – EIN VERGLEICH

Das Schmuelbuch (Buch Samuel) ist eine umfangreiche epische Dichtung, deren Inhalt auf dem Bibeltext, den Midraschim, d. h. den auslegenden und ausschmückenden jüdischen Erklärungen, sowie talmudischem Sagengut basiert. Es ist in der von den deutschen Juden im ausgehenden Mittelalter bzw. in der frühen Neuzeit verwendeten Sprache abgefaßt und mit hebräischen Buchstaben geschrieben. Der erste Druck des Textes erfolgte im Jahre 5304 (1543/44) in Augsburg. Das Versmaß ist die Nibelungenstrophe. Weder der Name des Autors des Werkes noch der des Druckers sind in der Ausgabe vermerkt. Die grundlegenden Forschungen über das Schmuelbuch stammen von Felix Falk, der zunächst im Jahre 1908 einen umfangreichen Aufsatz »Die Bücher Samuelis in deutschen Nibelungenstrophen des XV. Jahrhunderts« in den »Mitteilungen zur jüdischen Volkskunde« veröffentlichte. Falk plante die Herausgabe eines kritischen Textes mit Kommentar, hat seine Absicht jedoch nicht in die Tat umsetzen können. Er ist ein Opfer der faschistischen Verfolgungen geworden und starb in einem Konzentrationslager. Seine wissenschaftlichen Materialien sind allerdings gerettet worden, und so konnte Lajb Fuks im Jahre 1961 Falks Einleitung zur geplanten Ausgabe, seinen kritischen Apparat und die Wort- und Sacherklärungen im Rahmen einer faksimilierten Neuausgabe der Editio princeps publizieren. Eine kritische Ausgabe des Schmuelbuchs ist daher immer noch ein Desiderat.

Seine Ansicht, daß der Text des Schmuelbuches aus der zweiten Hälfte des 15. Jahrhunderts, aus der Zeit des Übergangs vom späten Mittelhochdeutschen zum Frühneuhochdeutschen, stammt, hat Falk schlüssig nachgewiesen. »Sprachschatz und Sprachformen der Dichtung sind bezeichnend für die Übergangszeit des Spätmittelhochdeutschen zum Frühneuhochdeut-

דא קאם גד דער נביא צו דעם קוניג צו לויפן · קוניג איר זולט איין
אום זולט דיא שוייאר קויפן · אום בויאט אין דער שוייאר איין מזבח
דרויט: דער מורט וורט אויך געהאלטן אזו הוט געשפרוכן גוט :

גוט הוט דיא שוייאר צו איינם מקדש גידוכט · אין דער זעלבן שטאט
ווארד יצחק צו אופפר געברוכט · גוט וויל דא האבן איין מזבח רעכט ·
דא ליף באלד קוניג דוד ער אום אל זיין קנעכט :

נון האט דיא זעלבן שוייאר ארונה דער יבוסי איין · אום דער האט
זיך פור בורגן פור דעם מלאך המות דיין · דא ארונה דער יבוסי
הר דוד קומן זאך · מיט אל זיינן קנעכטן נון הארט וויא ער שפראך ·

ער נייגט זיך אום שפראך קוניג ווארום קומט איר הער · ווש וויל
איין הער דער קוניג דש זיין יוא זעלכש מער · דש איר צו אויערם
קנעכט זעלבר אל הער קומט · אידלר קוניג דוד דש עז אונש מארט
פרומט :

דוד שפראך צו ארונה איך בין דארום הער געלויפן · דש איך דיר דיין
גרושי שוייאר אום געלט זול אב קויפן · איין מזבח וויל איך דרין בויאן צו
אונזרם גוט · זוא ווערדן עש ישראל דר לויזט פון דעם טוט :

איין אופפר וויל איך אויך ברינגן דש אונש אין דיזר שוייאר געשעהן · ז
ארונה דער יבוסי בינגר צו דוד צו יעהן · אידלר קוניג דוד דיא
שוייאר זול אויאר זיין · דא הוילצר אום דיא רינדר אום אל דש ויך
איין :

דש וויל איך אויך אלש געבן אידלר קוניג העך · גוט זול אויך בהולדיגן
אונ אויאר בעט געווערן · דא שפראך דער קוניג דוד דש וויל איך
ניט טון · איך וויל אין דיזן זאכן ניכטש געשענקט הון :

איך וויל דירש בצאלן מיט זילבר אזו באר · דר נאך וויל איך אויך
ברינגן צו גוט דש אופפר דאר · ארונה שפראך צו דוד זינט איר ניט
וועלט אנדרש טון · אום פונפציג מארק זילבר זולט איר דיא שוייאר
הון :

דוד קויפט דיא שוייאר אום פונפציג מארק זילבר גלייך · אויך
ברוכט ער זיין אופפר דער אידל קוניג רייך · דא געווערט גוט דען
קוניג אום ישראל צו האנט · דער מורט וואר אויך געהאלטן אין דער
יודן לאנד :

כ

2 Textseite des Schmuelbuchs,
Faksimile des Augsburger Drucks

schen, ebenso die willkürliche Behandlung des Versbaus mit seiner Wortakzent und Quantität außer acht lassenden Silbenzählung und des Reims mit seinen Ungenauigkeiten in Vokalen und Konsonanten« (Schmuelbuch, Bd. 1, S. 7). Als Raum der Entstehung des Textes nimmt Falk das südliche Grenzgebiet der fränkischen Mundart an, »wo diese sich bereits vielfach mit der alemannischen mischt und deren Besonderheiten teilt. Unter der späteren mundartlichen Übermalung der Abschreiber und Bearbeiter ... hat sich die Sprache des Originals erhalten ...« (Schmuelbuch, Bd. 1, S. 9).

Als Autor des Buches gilt ein Mann mit Namen Mosche Esrim Wearba auf Grund der Handschrift des Werkes, die sich in der Pariser Nationalbibliothek befindet (Ms. hébreu 92), in der es am Schluß heißt: »Mosche Esrim Wearba bin ich genant. ich hon das buch gemacht mit meiner hant.« Da die Schlußverse Gedanken aufnehmen, die sich im Anfang des Textes finden, ist es nicht unwahrscheinlich, daß hier wirklich der Name des Autors, nicht aber der eines Schreibers vorliegt, wenngleich letzte Beweise fehlen. Ein Autor dieses Namens ist sonst unbekannt. Rubaschow hat als erster diese Identifizierung vorgenommen und die These aufgestellt, Mosche Esrim Wearba sei kein anderer als der aus der Geschichte bekannte Jerusalemer Rabbiner, der als Sendbote in die Türkei fuhr, um Spenden für die Jerusalemer Armen zu sammeln, und der in Konstantinopel in eine Intrige gegen den dortigen Oberrabbiner verwickelt war (Rubaschow, S. 428 f.). Falk weist die Gleichsetzung des Autors des Schmuelbuches mit dem Jerusalemer Rabbiner als Phantasterei zurück (Schmuelbuch, Bd. 1, S. 5); die Behauptung ist aber von Süsskind wieder aufgenommen und, wie er sagt, in seiner unpublizierten Dissertation (New York 1941)[14] im einzelnen erwiesen worden (Süsskind, S. 462). Außer seiner Tätigkeit als Sendbote der Jerusalemer Gemeinde ist über Mosche Esrim Wearba nichts bekannt. Hinsichtlich der Datierung seines Aufenthaltes in der Türkei schwanken die Angaben: Graetz nennt, gestützt auf eine hebräische Quelle des 16. Jahrhunderts, die Jahre 1487-88 (Graetz, S. 280 und Note 7, S. 444), die alte »Encyclopaedia Judaica« die Zeit zwischen 1470 und 1480 (EJ 1928-34, Bd. 6, Sp. 794), die neue »Encyclopaedia Judaica« bietet das Jahr 1475 (EJ 1972, Bd. 12, Sp. 428).

Moses Esrim Wearba stammte aus Deutschland[15] und war wie viele fromme Juden ins Heilige Land gezogen. Wenn er der Dichter des Schmuelbuches gewesen ist, muß er es vor seiner Übersiedlung nach Palästina verfaßt haben. Auch der Name Esrim Wearba, deutsch ›Vierundzwanzig‹, ist seltsam und ist unterschiedlich gedeutet worden. Entweder ist es ein Herkunftsname und soll sich auf einen Ort »Vierundzwanzig Höfe« in Württemberg beziehen (vgl. EJ 1972, Bd. 12, Sp. 428), oder aber *Vierundzwanzig* bezieht sich auf die Bibel, die nach jüdischer Tradition in vierundzwanzig Bücher eingeteilt wird. Die bei Graetz zitierte Quelle schreibt, Moses habe darum Esrim Wearba geheißen, weil er nur in der Bibel, nicht aber im Talmud bewandert war (Graetz, Note 7, S. 444). Daß *Vierundzwanzig* allerdings eine Art Spottname gewesen sei oder jedenfalls als Verächtlichmachung aufgefaßt werden konnte, ist nicht sehr wahrscheinlich, weil feste Familiennamen nicht obligatorisch waren, anders als später in den östlichen Landesteilen der österreichischen Monarchie unter Joseph II., wo die Juden zur Annahme von Familiennamen gezwungen wurden, deren »Schönheit« oft von der den Beamten bezahlten Geldsumme abhing.

Das Schmuelbuch ist ein außerordentlich populäres Werk gewesen. Es sind von ihm neben der Erstausgabe noch fünf weitere Drucke bekannt, deren letzter im Jahre 1612 erschienen ist. Süsskind bezeichnet das Schmuelbuch als einen Bestseller (Süsskind, S. 465). Das Werk wurde nicht nur gelesen, sondern auch vorgetragen, wie ja auch in der nichtjüdischen Umwelt Heldenepen rezitiert wurden. Daß der Drucker der Augsburger Erstausgabe in seinen das Buch anpreisenden Schlußversen davon spricht, ganz Israel kenne den Nigun, die Vortragsweise des Schmuelbuches, macht das deutlich. Das Schmuelbuch, das im wesentlichen die Taten des Königs David beschreibt, also ein Heldenepos darstellt, bildet ohne Zweifel ein Gegengewicht gegen die bei den Juden durchaus populären deutschen Heldenepen, deren es viele in jüdischen Versionen gibt. Ihnen gegenüber wollte man zeigen, daß die jüdische Tradition gleichwertige Stoffe liefern konnte, um auf diese Weise Einflüssen der Umwelt zu begegnen und das Selbstbewußtsein der verfolgten und benachteiligten jüdischen Gruppe zu stärken. Wir sehen hier eine Tendenz, die der der jüdisch-alexandrinischen Litera-

tur in der Antike ähnelt; damals verfaßte der Dichter Ezechiel Dramen mit jüdischer Thematik als Gegengewicht gegen das heidnische Theater.
Dieser mit hebräischen Buchstaben geschriebene Text des Schmuelbuchs, der für jüdische Leser bestimmt war, diente als Vorlage für das Buch, das Paulus Aemilius 1562 in Ingolstadt publizierte unter dem Titel »Die zway ersten Bůcher der Künig/ wölche Samuelis genandt werden/ in aine schöne form begriffen/ die nit allain dem leser anmůtig ist/ sunder auch den Biblischen Text leichtert/ vnd besser verstehn lernt/ auß dem Hebraischen bůchstaben mit fleiß/ in vnser Hochteütsch gebracht/ durch Paulum AEmilium Romanum, der Hebraischen sprach Professorn zů Ingolstat«.
Das Verhältnis der beiden Texte zueinander bildete im vorigen Jahrhundert den Gegenstand einer scharfen Kontroverse zwischen dem Leipziger Germanisten Friedrich Zarncke und dem Hallenser Literaturwissenschaftler Richard Gosche. Im ersten Heft der von Gosche edierten Zeitschrift »Archiv für Litteraturgeschichte« erschien im Herbst 1869[16] ein Aufsatz von Hermann Lotze unter dem Titel »Zur jüdisch-deutschen Litteratur«, worin die Bedeutung dieses Gegenstandes betont und u. a. auf die poetische Bearbeitung des Samuelbuches hingewiesen wird, die sich an die deutsche Literatur des 14. und 15. Jahrhunderts anlehne (Lotze, S. 91). Lotze zitiert aus dem Schmuelbuch eine längere Passage und benutzt dafür die Baseler Druckausgabe von 1612. In der von Zarncke herausgegebenen Wochenzeitschrift »Literarisches Centralblatt für Deutschland« erschien am 30. 10. 1869 eine ungezeichnete, vom Herausgeber stammende Rezension des ersten Heftes von Gosches Archiv, in der Lotzes Arbeit negativ beurteilt wird. Über Lotzes Ausführungen zum Schmuelbuch sagt Zarncke, es sei nicht einzusehen, »welchen Zweck die Mitteilung einer aus dem Jüdisch-Deutschen zurückübertragenen längeren Stelle eines Gedichts haben soll, dessen Deutsches Original wir besitzen. Nur eine Vergleichung mit diesem Original konnte Werth haben. (...) der Beweis ist noch zu erbringen, daß das Jüdisch-Deutsche etwas Originales von einem Werthe geschaffen habe...« (Zarncke 1869, Sp. 1298). Es ist gewiß eine Ungeschicklichkeit von Lotze oder ein Mangel an Kenntnis gewesen, nicht zu erwähnen, daß die

Die zway ersten
Bücher der Künig / wölche
Samuelis genandt werden / in aine
schöne form begriffen / die nit allain
dem leser anmůtig ist / sunder auch
den Biblischen Text leichtert / vnd
besser verstehn lernt / auß dem He-
braischen bůchstaben mit fleiß / in
vnser Hochteütsch gebracht / durch
Paulum Æmilium Romanum,
der Hebraischen sprach
Professorn zů In-
golstat.

Psal. 33.
Benedeyen will ich den Herren in aller zeit /
allweg ist sein lob in meinem munde.

Gedruckt zů Ingolstat durch Alexan-
der vnnd Samuel Weyssen-
horn gebrüder.

M. D. LXII.

3 Titelblatt des Schmuelbuchs in der Version des Paulus Aemilius, Ingolstadt 1562 (im Original sind wichtige lexikalische Einheiten durch roten Druck hervorgehoben; sie sind hier durch Unterstreichung kenntlich gemacht)

erste Druckausgabe 1544 erschien, doch zeugt Zarnckes Stellungnahme von Unkenntnis und Voreingenommenheit. Gosche hat daraufhin in Heft 4 seines »Archivs« in der Rubrik »Nachträge und Berichtigungen« (Bd. 1, S. 576) darauf aufmerksam gemacht, daß Paulus Aemilius in seinem 1562 erschienenen Buch das Schmuelbuch von 1544 hochdeutsch umgesetzt habe. Damit war aber die Auseinandersetzung keineswegs beendet; vielmehr vertrat Zarncke ausführlich und sehr scharf in einer Sitzung der Kgl. Sächsischen Gesellschaft der Wissenschaften erneut seinen irrigen Standpunkt (Zarncke 1870, S. 212 ff.). Gosche veröffentlichte daraufhin eine Gegenschrift, in der er nachwies, daß das Schmuelbuch von 1544 und der Ingolstädter Druck von 1562 im Verhältnis von Original und Umsetzung in Lateinschrift stünden. Als wesentliches Argument dient Gosche der Titel der Arbeit des Paulus Aemilius: »Die Worte ›in aine schône Form begriffen‹ können sich grammatisch nur auf die Vorlage beziehen, von der es erst weiterhin heißt, daß sie aus dem Hebräischen in's Hochdeutsche übertragen sei« (Gosche, S. 10). Gosche hatte bereits in seinen Nachträgen und Berichtigungen zu Lotzes Artikel darauf hingewiesen, daß Paulus Aemilius in der Vorrede seines Buches diesen Tatbestand ehrlich zugebe.[17] Dort heißt es nämlich: »Hab ich ... die zway ersten Bůcher der Künig/ wôlche Samuelis genandt werden/ in Reümen weiß verfasset/ auß dem Hebraischen bůchstaben/ in vnsere Teütsche sprach zů bringen mir fürgenum̄en ...« (fol. A III). An anderer Stelle der Vorrede sagt der Autor, »das ich mein fürnemmen volbracht habe vnd des bůchlen in vnser hochteütsch aus dem Hebraischen bůchstabē verândert ...« (fol. A IIII).
Grünbaum, der die Kontroverse zwischen Zarncke und Gosche erwähnt, meint, der Leser werde durch diese Formulierungen im »dämmernden Zwielicht erhalten«; es werde nicht klar, ob Paulus Aemilius bloß die Bibel oder eine andere Bearbeitung vor sich hatte (Grünbaum 1882, 16 f.).
Perles urteilt noch schärfer, wenn er erklärt, Paulus Aemilius habe das Schmuelbuch »unter Verschleierung des wahren Sachverhalts und ohne Erwähnung der Augsburger Ausgabe ... in deutschen Lettern zum Abdruck gebracht« (Perles, S. 173); er beruft sich in diesem Zusammenhang auf Gosches »Sendschreiben«, worin zwar die Frage der Priorität geklärt, aber eine sol-

che Behauptung nicht aufgestellt wird. Wenn Süsskind meint, Perles sei derjenige gewesen, der die Abhängigkeit der Version des Paulus Aemilius von dem jüdischen Text in seinen »Beiträgen« bewiesen habe, so irrt er (Süsskind, S. 461, Anm. 12). Perles kommt allerdings das Verdienst zu, als erster nachgewiesen zu haben, daß Paulus Aemilius den jüdischen Drucker des Schmuelbuches, Chajim Schwarz in Augsburg, kannte und sogar mit ihm in geschäftlichen Beziehungen stand (Perles, S. 172 f.). So wurde, meint Perles, Paulus Aemilius mit dem Schmuelbuch bekannt, so daß er es später abdruckte. Allerdings bedarf es eigentlich keiner persönlichen Bekanntschaft, um ein publiziertes Druckwerk in einer anderen, aber nahegelegenen Stadt kennenzulernen.[18]
Paulus Aemilius, der Verfasser der für ein nichtjüdisches Publikum bestimmten Version des Samuelbuches, ist als Jude in Rödelsee, in der Nähe von Würzburg, geboren. Das Jahr seiner Geburt ist unbekannt; es dürfte der Anfang des 16. Jahrhunderts anzunehmen sein. Er betätigte sich zunächst als Abschreiber hebräischer Manuskripte. Während eines Aufenthaltes in Rom im Jahr 1538 ließ er sich taufen. Nach einer Tätigkeit als Drucker und Herausgeber in Augsburg, wo er unter anderem eine Pentateuchausgabe »inn die Teütsch Sprach gebracht, vñ doch mit Hebraischen bůchstaben getruckt« (zitiert nach Falk, S. 111) publizierte, wurde er 1547 Professor für hebräische Sprache in Ingolstadt, »aber nur als protegierter Neophyt, nicht als Kenner seines Fachs« (Gosche, S. 15). 1574 war er damit beauftragt, hebräische Manuskripte und Bücher der Münchener Bibliothek zu katalogisieren.[19] Er starb im Jahre 1575.
Das von Paulus Aemilius 1562 in Ingolstadt publizierte Samuelbuch ist heute sehr selten. Stalla nennt nur ein in London befindliches Exemplar (Stalla, S. 113, Nr. 394). Es existieren aber noch weitere: das von Grünbaum genannte und seinerzeit benutzte der Staatsbibliothek München (Grünbaum 1882, S. 15 ff.)[20], eines der Staatsbibliothek Berlin[21] und schließlich eines in der Österreichischen Nationalbibliothek Wien. Dieses gut erhaltene Exemplar, das ich benutzen konnte, ist anscheinend kaum bekannt, weil es sich schwer auffinden läßt. Da der Autor sich auf dem Titelblatt und in der Dedikation an die

bayrische Herzogin Anna als Paulus Aemilius Romanus bezeichnet, findet sich das Werk in den Wiener Katalogen unter »Romanus«, wo es niemand vermuten würde.
Daß der Ingolstädter Druck vom Augsburger abhängig ist, nicht aber Mosche Esrim Wearba von Paulus Aemilius, läßt sich auch aus dem Ingolstädter Text selbst, nicht nur aus der Interpretation des Titels bzw. der persönlichen Beziehung des Paulus Aemilius zum jüdischen Drucker Chajim Schwarz erweisen, wenn überhaupt ein Beweis dafür notwendig ist, daß einem Werk von 1562 eines von 1544 als Vorlage diente. In der Ausgabe des Paulus Aemilius heißt es im ersten Buch, Vers 454 »Zů Samel dem Naby«, und dazu gibt es eine Randnote »Naby haist ain Prophet oder Prediger«. Die Formulierung entspricht der des Mosche Esrim Wearba (458), während im Bibeltext Samuel nicht als Prophet bezeichnet wird. Im Vers 511 des ersten Buches schreibt Paulus Aemilius: »Ich můst still gedagen«; am Rande wird das Wort *gedagen*, das anscheinend im deutschen Sprachgebrauch nicht mehr üblich war, durch ›schweigen‹ erklärt. Paulus Aemilius hat trotzdem das Wort aus dem Text des Mosche Esrim Wearba (Vers 518) beibehalten.
Ich will hier beide Texte miteinander unter dem Aspekt vergleichen, welche sprachlichen Unterschiede zwischen dem Augsburger Druck von 1544 und dem Ingolstädter von 1562 bestehen, wobei die Tatsache, daß der eine mit hebräischen, der andere mit lateinischen Lettern geschrieben ist, insofern keine Bedeutung hat, als es im Prinzip für eine Sprache gleichgültig ist, welches Alphabet benutzt wird.
Meine Fragestellung soll klären, ob es sich bei dem Werk des Mosche Esrim Wearba und dem von Paulus Aemilius um zwei unterschiedliche, wenngleich einander nahestehende Sprachen handelt oder um zwei Varianten derselben Sprache. Lohnend wäre ein Vergleich auch aus literaturwissenschaftlicher Sicht. Dazu gehören die redaktionelle Bearbeitung, die Frage nach den Motiven für Änderungen der Wortwahl und gelegentlich des Inhalts, für Kürzungen des Textes des Paulus Aemilius, bei dem 139 Verse weniger vorhanden sind als in der Vorlage. Ferner gewinnen unter diesem Aspekt das Problem der Metrik und das Phänomen der Christianisierung des Buches Samuel an Gewicht. Hier können solche Probleme nur gelegentlich und bei-

Das 10. Capitel.

Saul war zům Künig gesalbt.

156.
VNd bald goß er das Oele/
Vber das haubt Saul/
Vnd kust jn von gantzem hertzen/
Vnd wolt im also wol:
Er sprach Gott hat gesalbet/
Saulum den Herren mein/
Vber Jsrael alles/
Soltu ain Künig sein.

Vnd

4 Textseite der Version des Paulus Aemilius

läufig berührt werden. So hat Paulus Aemilius beispielsweise den Vers 793 getilgt, weil er mit 796 identisch ist. Er hat die Verse 987-1019, 1030-1062 und 1091-1131 umgestellt, weil sie nach dem Bibeltext in einen anderen Zusammenhang gehören. Ein solcher literarischer Vergleich beider Texte ist im einzelnen bisher nicht durchgeführt worden und wäre ohne Zweifel eine lohnende Aufgabe.

Das Schmuelbuch umfaßt 1792 Strophen von jeweils 4 Versen und ist fortlaufend gedruckt. An den Text schließen sich ein gereimtes Nachwort des Druckers in acht Versen und eine Anpreisung des Werkes in sechzehn Versen. Das Buch ist mit speziellen von den deutschen Juden entwickelten Typen gedruckt, die von der hebräischen Quadratschrift stark abweichen und nur für nichthebräische Texte verwendet wurden. Häufig werden diese hebräischen Drucktypen als »Weiberdeutsch« bezeichnet.

Demgegenüber besteht die Version des Paulus Aemilius insgesamt nur aus 1653 Strophen, also 139 weniger. Die Ausgabe des Paulus zerfällt in zwei Bücher, die als erstes bzw. zweites Buch der Könige bezeichnet werden. Jedes Buch ist in Kapitel unterteilt, die jeweils eine Überschrift haben, in der auf den Inhalt des betreffenden Kapitels hingewiesen wird. Beide Bücher haben eine separate Strophenzählung. Das erste Buch reicht bis zur Strophe 836 der Vorlage, so daß das zweite mit Strophe 837 beginnt, die als Nr. 1 gezählt wird. Das erste Buch enthält 31 Kapitel, das zweite 24 Kapitel, d. h. die Einteilung des Paulus entspricht den heutigen Bibelausgaben.

Die Strophenzählung des Paulus geht im ersten Buch von 1 bis 811, im zweiten von 1 bis 841, aber diese Zählung ist inkorrekt. In Wahrheit umfaßt das erste Buch 812 Strophen, denn sowohl Strophe 297 als auch 298 ist mit der Nummer 297 überschrieben, so daß alle folgenden Zahlen zu ändern sind. Auch Strophe 311 erscheint doppelt; dieser Fehler gleicht sich dann wieder aus, weil auf Strophe 313 die Nummer 315 folgt und eine Zahl 314 nicht existiert.

Das zweite Buch enthält 841 Strophen; allerdings ist auch hier die Numerierung fehlerhaft: Strophe 92 erscheint zweimal hintereinander; Nr. 519 fehlt, auf Strophe 518 folgt sogleich 520. Daher gleicht sich insgesamt die Zahl der Strophen aus. Paulus

Aemilius hat also in seinem ersten Teil 24 Strophen weniger als seine Vorlage, im zweiten Teil ist seine Fassung um 115 Strophen kürzer.

Verskonkordanzen

Eine Gegenüberstellung der beiden Versionen ergibt folgende Entsprechungen:

Schmuelbuch	Paulus Aemilius
1-42	I, 1-42
43	–
44-196	43-195
197	–
198-249	196-247
250	248, 1-2 & 249, 3-4 (248,3-249,2 fehlt im Original)
251-259	250-258
260	–
261-299	259-297
300-308	297 (richtig 298)-305 (306)
309	–
310-315	306 (307)-311 (312)
316-318	311 (313)-313 (315)
319-507	315 (316)-503 (504)
508, 1-2	504, 1-2 (505)
508, 3-4	–
509, 1-2	–
509, 3-4	504, 3-4 (505)
510-513	505 (506)-508 (509)
514-515	–
516-657	509 (510)-650 (651)
658	–
659-671	651 (652)-663 (664)
672-675	–
676-772	664 (665)-760 (761)
773-779	–
780-782	761 (762)-763 (764)

Schmuelbuch		Paulus Aemilius
783-784		–
785-792		764 (765)-771 (772)
793		Zu Recht getilgt, da im Original identisch mit 796
794		–
795-818		772 (773)-795 (796)
819		–
820, 1-3		796, 1-3 (797)
820, 4-821, 1-3		–
821, 4		796, 4 (797)
822-836		797 (798)-811 (812)
837-928	II,	1-92
929-972		92 (richtig 93)-135 (136)
973-983		–
984-986		136 (137)-138 (139)
987-990		747-750
991		753
992-1010		774-792
1011, 1-2		793, 1-2 (2. Hälfte von Vers 2 geändert)
1011, 3-1014, 2		–
1014, 3-4		793, 3-4 (2. Hälfte von Vers 4 geändert)
1015-1017		794-796
1018		797 (Verse 3-4 inhaltlich geändert)
1019, 1-2		798, 1-2
1019, 3-4		–
1020		139 (140), (Paulus hat zu Recht *Rom* in *Zor* geändert)
1021-1025		140 (141)-144 (145)
1026-1029		–
1030-1031		751-752
1032-1033		–
1034-1036		754-756
1037-1044		–
1045		757 (Vers 1 unter Verwendung von 1044, 4)

Schmuelbuch	Paulus Aemilius
1046	–
1047-1062	758-773
1063-1090	145 (146)-172 (173)
1091, 1-2	673, 1-2
1091, 3	–
1091, 4 a	673, 3 a
1091, 4 b	–
1092-1098, 3 a	–
1098, 3 b-1102	673,3 b-677
1103-1109, 1	–
1109, 2 a	678, 1 a
1109, 2 b-1117, 1 a	–
1117, 1 b-1130	678, 1 b-691
1131, 1	692, 2
1131, 2	692, 1
1131, 3-4	692, 3-4
1132-1133	173 (174)-174 (175)
1134	–
1135-1136	175 (176)-176 (177)
1137-1140	–
1141-1159	177 (178)-195 (196)
1160	–
1161-1199	196 (197)-234 (235)
1200-1201	–
1202-1214	235 (236)-247 (248)
1215-1216	–
1217-1228	248 (249)-259 (260)
1229-1239	–
1240-1249	260 (261)-269 (270)
1250-1253	–
1254-1283	270 (271)-299 (300)
1284	–
1285-1286	300 (301)-301 (302)
1287	–
1288-1305	302 (303)-319 (320)
–	320 (321)
1306-1311	321 (322)-326 (327)

Schmuelbuch	Paulus Aemilius
1312-1332	–
1333-1453	327 (328)-447 (448)
1454	–
1455	448 (449)
1456-1459	–
1460-1511	449 (450)-500 (501)
1512	–
1513-1530	501 (502)-518 (519)
1531-1532	520-521
1533	–
1534-1608	522-596
1609	–
1610-1651	597-638
1652	639 (Verse 3-4 differieren)
1653	–
1654-1663	640-649
1664-1665	–
1666-1688	650-672
1689-1702	693-706
1703	–
1704	707
1705-1706	–
1707-1718	708-719
1719	–
1720-1728	720-728
1729-1730	–
1731	730
1732	729
1733	–
1734-1737	731-734
–	735
1738-1748	736-746
1749, 1-2	–
1749, 3-4	798, 3-4
1750-1792	799-841

Das gereimte Nachwort des Druckers, in dem er Gott dafür dankt, daß er das Buch herausgeben konnte, und die das Werk anpreisenden Abschlußverse fehlen bei Paulus Aemilius und haben keine Entsprechung.

Paulus Aemilius		Schmuelbuch
I,	1-42	1-42
	43-195	44-196
	196-247	198-249
	248, 1-2	250, 1-2
	248, 3-249, 2	–
	249, 3-4	250, 3-4
	250-258	251-259
	259-297	261-299
	297 (richtig 298)-305 (306)	300-308
	306 (307)-311 (312)	310-315
	311 (313)-313 (315)	316-318
	315 (316)-503 (504)	319-507
	504, 1-2 (505)	508, 1-2
	504, 3-4 (505)	509, 3-4
	505 (506)-508 (509)	510-513
	509 (510)-650 (651)	516-657
	651 (652)-663 (664)	659-671
	664 (665)-760 (761)	676-772
	761 (762)-763 (764)	780-782
	764 (765)-771 (772)	785-792
	772 (773)-795 (796)	795-818
	796, 1-3 (797)	820, 1-3
	796, 4 (797)	821,4
	797 (798)-811 (812)	822-836
II,	1-92	837-928
	92 (richtig 93)-135 (136)	929-972
	136 (137)-138 (139)	984-986
	139 (140)	1020 (*Rom* des Originals geändert in *Zor*)
	140 (141)-144 (145)	1021-1025
	145 (146)-172 (173)	1063-1090
	173 (174)-174 (175)	1132-1133

Paulus Aemilius	Schmuelbuch
175 (176)-176 (177)	1135-1136
177 (178)-195 (196)	1141-1159
196 (197)-234 (235)	1161-1199
235 (236)-247 (248)	1202-1214
248 (249)-259 (260)	1217-1228
260 (261)-269 (270)	1240-1249
270 (271)-299 (300)	1254-1283
300 (301)-301 (302)	1285-1286
302 (303)-319 (320)	1288-1305
320 (321)	–
321 (322)-326 (327)	1306-1311
327 (328)-447 (448)	1333-1453
448 (449)	1455
449 (450)-500 (501)	1460-1511
501 (502)-518 (519)	1513-1530
520-521	1531-1532
522-596	1534-1608
597-638	1610-1651
639	1652 (Verse 3-4 differieren)
640-649	1654-1663
650-672	1666-1688
673, 1-2	1091, 1-2
673, 3 a	1091, 4 a
673, 3 b	1098, 3 b
673, 4-677	1098, 4-1102
678, 1 a	1109, 2 a
678, 1 b-691	1117, 1 b-1130
692, 1	1131, 2
692, 2	1131, 1
692, 3-4	1131, 3-4
693-706	1689-1702
707	1704
708-719	1707-1718
720-728	1720-1728
729	1732
730	1731
731-734	1734-1737

Paulus Aemilius	Schmuelbuch
735	–
736-746	1738-1748
747-750	987-990
751-752	1030-1031
753	991
754-756	1034-1036
757, 1	1045, 1 (unter Verwendung von 1044, 4)
757, 2-4	1045, 2-4
758-773	1047-1062
774-792	992-1010
793, 1-2	1011, 1-2 (Vers 2 b differiert)
793, 3-796	1014, 3-1017
797	1018 (Verse 3-4 unterschiedlich)
798, 1-2	1019, 1-2
798, 3-4	1749, 3-4
799-841	1750-1792

Hebräische Elemente im Schmuelbuch und ihre Behandlung in der Version des Paulus Aemilius

Die hebräischen Wörter, die sich innerhalb des Textes des mit hebräischen Lettern geschriebenen Originals des Schmuelbuches finden, zerfallen in zwei Gruppen: Einerseits sind es Namen von Personen, von Lokalitäten, von Völkern und Stämmen, auf der anderen Seite finden sich Lexeme, die Realien bezeichnen. Hier handelt es sich um Nomina, und nur in einem Fall ist eine Tätigkeit durch eine aus dem Hebräischen genommene Verbform ausgedrückt.
Was die Namen angeht, so ist es schon auf Grund der Tatsache, daß es sich beim Schmuelbuch um einen biblischen Stoff handelt, selbstverständlich, daß der Autor die Namen aus Bibel und Midrasch in der dort vorkommenden Form kannte und diese Bekanntschaft auch bei seinem Publikum voraussetzen konnte.

So heißt es in seinem Text selbstverständlich immer *Schmuel*[22], nicht *Samuel, Plischtim*, nicht *Philister, Jeruscholajim*, nicht *Jerusalem* usw. Einmal wird Jakob als *Ja*ᶜ*akauw owinu* (›unser Stammvater Jakob‹: 1652,4) bezeichnet; Moses erscheint 260,3 und 1653,3 als *Mauscheh rabenu* (›unser Lehrer Moses‹). Beides sind übliche Wendungen. Die deutsche Version des Paulus Aemilius hingegen benutzt großenteils Namensformen, die aus der Übersetzungsliteratur stammen. Während das Originalwerk die Namen in ihrer ursprünglichen Gestalt bewahrt, wobei hier unterschiedliche Schreibungen – plene oder defektiv – außer Betracht bleiben, da es derartige Varianten bereits im Bibeltext, aber auch in der nachbiblischen hebräischen Literatur gibt, liefert der Text des Paulus Aemilius eine relativ große Vielfalt der Namensformen und dazu eine Reihe von Irrtümern, auf die im einzelnen noch eingegangen wird. Es gibt allerdings auch einige, wenngleich wenige Fälle, in denen Paulus Aemilius Irrtümer seiner Vorlage korrigiert. Es ist dabei immer zu beachten, daß dem Bearbeiter keine originale Handschrift vorlag, sondern der erste Drucktext, der etwa hundert Jahre nach der Abfassung des Werkes entstand. Ob die Fehler dieses Drucktextes bereits auf eine handschriftliche Vorlage zurückgehen oder durch den Drucker verursacht worden sind, muß offen bleiben. Wenn wir von geringeren Druckfehlern des Originals absehen, wie sie z. B. שְׂכָה statt שׂכ·ה (301,3), חרמן für חרמה (795,1), עתק statt עתך (795,2), אשתוען statt אשתמע (794,1), חדורי und הדורי statt חרודי (1010,1 und 2) darstellen, so fällt ein Fehler des Originaltextes bei der Schreibung von Namen auf, der wohl kaum als Druckfehler zu bezeichnen ist, sondern andere Ursachen hat: Es handelt sich um die Einfügung eines *Waw* als Vokalbuchstaben in Wörter, die im Bibeltext ein Kamaz als Vokalisation haben. So schreibt das Schmuelbuch den Ortsnamen *Beth Sch'an* konsequent בית שאון statt des korrekten בית שְׁאָן (834,2; 883,1; 1686,3); *Goliath* erscheint neben der korrekten Form גָלְיָת auch als גליות (328,3; 333,1; 430,2; 547,1; 1124,1; 1127,4); die einmal im Text erscheinende Stadt Rachal (רָכָל) wird רוכל geschrieben (794,2); der Ortsname Michmas (מִכְמָשׂ), der dreimal vorkommt, wird an zwei Stellen מכמוש geschrieben (200,4; 209,3); der Ort Awel (אָבֵל) erscheint als אובל (1647,1).

Der Grund für diese Erscheinung scheint mir darin zu bestehen, daß hier eine Beeinflussung durch die mit hebräischen Buchstaben geschriebenen deutschen Wörter vorliegt. Deutsches *o* wird durch den hebräischen Buchstaben *Waw* wiedergegeben, die Umschrift durch *Alef* (oft mit daruntergesetztem Kamaz als Vokalzeichen) tritt erst seit dem 18. Jahrhundert auf und hat sich seitdem – auch für das moderne Jiddisch – durchgesetzt. Da nun nach aschkenasischer Aussprache des Hebräischen das Zeichen Kamaz als *o* gelesen wird, während es in der sefardischen Aussprache als *a* realisiert wird, so ist die im Text verwendete Schreibung ein Hinweis darauf, daß die Namen nicht Goliath, sondern Golioß, Rochol, Michmoß, Beß Sch'on auszusprechen sind. *Beß Sch'on* steht im Vers 834 und im Vers 1686 als Reimwort am Ende und reimt sich auf *geton* (גיטון) = ›getan‹ bzw. auf *plon* (פלון) = ›Plan‹.

Gelegentlich, aber nicht immer, findet sich an hebräischen Namen, die im Genitiv stehen, ein suffigiertes *-s*. So enthält der Text die Genitive *Dowids* (דודש z. B. 495,4; 538,4; 540,4; 620,1; 1110,4; 1128,3), *Ammons* (עמונש 1339,1), *Scho'uls* (שאולש 520,1), *Nowols* (נבלש 628,1; 634,1). Meist jedoch wird der Genitiv nicht flektiert. Die Regel sind Formen wie *Schmuel red* = ›Samuels Rede‹ (67,2); *in ... Scho'ul landen* = ›in Sauls Landen‹ (210,1); *Dowid bruder* = ›Davids Bruder‹ (345,1) usw. In der deutschen Wiedergabe durch Paulus Aemilius wird der Genitiv von Namen meistens durch ein suffigiertes *-s* kenntlich gemacht, aber auch hier treten unflektierte Formen auf, so daß die Verwendung unflektierter Genitive kein Spezifikum des jüdischen Textes darstellt. Wir finden bei Paulus Aemilius z. B. in Vers 113,4 *das hauß Aminadab* (es müßte *Awinadab* heißen) entsprechend dem Original (Vers 114,4) statt *das Haus Awinadabs; Abischai Sun Zeruia* (658,1), wie auch der Originaltext (666,1) lautet, anstelle von *Abischai, der Sohn Zeruias; Ebiathar, der ... Sun Achimelech* (552,1-2), was dem Original (Vers 559,1-2) entspricht.

In einem einzigen Fall tritt an einen hebräischen Ortsnamen die deutsche Endung *-er* zur Benennung der Einwohner einer Stadt. So finden wir 69,4 *Afeker lant* (אפיקר לנט), das Gebiet der Einwohner der Stadt Afek; die Übersetzung des Paulus Aemilius hat an dieser Stelle *der Juden land* (68,4).

Die hebräischen Wörter des Textes, die Realien bezeichnen, beziehen sich überwiegend auf den religiösen Bereich, sowohl auf den Kultus der biblischen Zeit als auch den späteren, so daß hier Lexeme vertreten sind, die sich im Bibeltext finden, aber auch solche, die aus Talmud, Midrasch und rabbinischem Schrifttum stammen. Kultus ist hier in weitem Sinne zu verstehen, indem sowohl die Sphäre des Rechts als auch des Brauchtums einbezogen wird. Nur wenige im Text auftretende hebräische Wörter lassen sich in diese Rubrik nicht einordnen. Zunächst seien die auftretenden Wörter des religiösen Bereichs in alphabetischer Reihenfolge (nach dem hebräischen Alphabet) aufgeführt:

אובות	auwauß 709,3; 721,3; 722,1; 724,4; 727,3; 728,3
אובות אונ׳ ידעונים	auwauß un' jid^{c}aunim 708,3
אופנים	aufanim 1701,3
אורים	urim 566,3
אורים אונ׳ תומים	urim un' thummim 237,1; 513,1; 523,1; 547,1; 550,4; 558,4; 562,2; 564,1; 571,3; 717,1; 735,3; 755,3; 877,4; 1064,1; 1436,4; 1671,2
אמן	omen 1792,4
אלפי אמן	alfe omen 1253,4
בית המקדש	beß ha-mikdosch 1154,4; 1464,2; 1741,2; 1790,1
בית מקדש	beß mikdosch 1078,1
גורל	gaurol 167,4; 168,3,4; 237,2; 240,1,2,3,4
גט	get 323,1
גיהנם	gehinaum 1561,4; 1747,4
גלות	goluß 4,4
גר	ger 849,3; 852,4
הקדש	hekdesch 1154,2; 1157,1
חליצה	chalizo 323,3; 948,4; 1247,2
טבילה	twilo 52,3; 496,3; 1241,1; 1243,2; 1247,4; 1248,4; 1249,3
ידעונים	jid^{c}aunim 709,4
יום טוב	jaum tauw 618,3
יום כפור	jaum kipur 651,1
כהונה	kehuno 63,3; 1459,2

	611,1,2; 719,1; 726,4; 733,4; 1082,4; 1083,3; 1084,1,3; 1088,1; 1274,2,3; 1280,3; 1282,1; 1296,1; 1307,1; 1459,3; 1749,1; 1760,1; 1761,3; 1764,2; 1765,1; 1767,1; 1771,1; 1779,1
נביאה	newi'o 36,2
נביאות	newi'uß 38,2; 163,3; 287,1
נביאים	newi'im 37,4; 160,3; 163,3; 470,4; 471,2,3; 472,2,4; 473,2,3; 474,1
נדר	neder 1431,2
ספר מלכים	sefer mlochim 1791,2; Abschlußverse: 3
ספר שמואל	sefer Schmuel Titelblatt; Abschlußverse: 1
ספרים	sforim Nachwort: 7
עבודה זרה	awaudo soro 1337,2
עדות	eduß 1392,4
ערלות	orlauß 929,4
פרעה	par^{c}au 1698,1; 1714,1
צדיק	zadik 1743,1
צוואה	zawo'o 1529,3
קרבן	korbon 50,1,3; 52,2; 121,1; 282,4; 799,3
קריאת שמע	kriaß schma^{c} 337,2
ראש השנה	rausch ha-schono 616,1; 650,4
ראש חודש	rausch chaudesch 485,2
רבי	rabbi 32,1,3; 56,1,2; 58,3
רגל	regel 10,3,4
שבועה	schwu^{c}o 142,4; 1135,1; 1431,2
תורה	tauro 48,3; 468,3; 1630,4; 1708,4; 1709,4; 1733,1; 1745,1
תלמיד חכם	talmid chochom 1480,2
תלמידי חכמים	talmide chachomim 1298,1
תפילה	tefillo 266,4; 1298,4 (an der zweiten Stelle fälschlich תבלה geschrieben)
תפילין	tefillin 846,3
תשובה	teschuwo 1295,3

Dem deutschen Wort *Gott* wird meist *jißborach* (›er sei gepriesen‹) oder *jißborach schmau* (›sein Name sei gepriesen‹) beigefügt, ohne das Metrum zu berücksichtigen, das dadurch gesprengt wird. Vermutlich wurde diese Floskel, die auch in abbreviierter Form auftritt, routinemäßig hinzugefügt, um einer Üblichkeit zu genügen, aber gewiß nicht vorgetragen.

Die Wörter *auwauß* und *jid^{c}aunim*, die im Text sowohl einzeln als auch nebeneinander vorkommen, stellen Termini der altisraelitischen Zauberei dar: Bei auwauß handelt es sich um die Beschwörung von Toten, die über die Zukunft Auskunft geben sollen; jid^{c}aunim sind Wahrsagegeister, die aus dem Mund des Zauberers sprechen. Die jüdische Religion lehnt derartige magische Praktiken strikt ab, so daß die betreffenden Wörter ein Tabu bezeichnen. Der Versuch einer Übersetzung würde dieses Tabu möglicherweise abschwächen. Dazu kommt, daß bis heute die Bedeutungen beider Wörter nicht eindeutig geklärt sind, so daß eine adäquate Übersetzung außerordentlich schwierig wäre.[23] Daß also der Text die biblischen Termini beläßt, ist verständlich. Es wäre jedoch verfehlt, daraus schließen zu wollen, daß diese beiden Wörter zum aktiven Wortschatz der Juden in Deutschland zur Zeit des Entstehens des Schmuelbuches gehört hätten. *aufanim* und ebenso *kruwim* bezeichnen bestimmte Sorten von Engeln; beide Wörter stellen also termini technici dar, die nicht adäquat übersetzbar sind. In die Angelologie gehört auch *mal'ach ha-moweß*, der Todesengel.

Urim und thummim sind Losorakel, die der Hohepriester an seinem Brustschild trägt und befragen kann. Die Wörter sind auch in deutschen Fremdwörterbüchern erfaßt, kommen also in deutschsprachiger Literatur vor. Es handelt sich um im Grunde unübersetzbare termini technici. Als Bezeichnungen für den Jerusalemer Tempel sind *beß ha-mikdosch* bzw. *beß mikdosch* (›Haus des Heiligtums‹) oder bloß *mikdosch* (›Heiligtum‹) Termini, die aus Bibel, Talmud und religiösem Schrifttum allgemein bekannt sind.

gaurol bezeichnet ein Los, das geworfen wird, um eine Angelegenheit zu entscheiden.

get ist ein Terminus des jüdischen Eherechts und bezeichnet den Scheidebrief, den der Mann der Frau ausstellen kann, um die Ehe zu beenden.

Ins Eherecht gehört auch der Terminus *chalizo*. Damit wird eine Zeremonie bezeichnet, die durchgeführt wird, wenn ein Mann die biblisch vorgeschriebene Leviratsehe nicht vollziehen will oder kann und seine verwitwete kinderlose Schwägerin nicht heiratet. Ein deutsches Äquivalent zur Bezeichnung dieses Aktes existiert nicht.

In demselben Zusammenhang des Eherechts steht auch *kallo*, ›die Braut‹. Der Ausdruck ist allgemein geläufig, da die Eheschließung einen religiösen Akt darstellt, der im wesentlichen in hebräischer Sprache vollzogen wird.

ger ist ›der Fremde‹, allerdings in einem insofern eingeschränkten Sinne, als es sich um eine Person handelt, die ständig inmitten von Israeliten lebt, so daß eine Übersetzung ungenau wäre und den Sachverhalt nicht exakt ausdrücken würde. Buber bietet in seiner deutschen Bibelübersetzung *Gastsasse* als Äquivalent. Der Status des Ger ähnelt dem des griechischen Metoiken.

gehinaum ist eine feststehende Benennung der Hölle. *golaß* bezeichnet das Exil, speziell den Zustand der Juden nach der Zerstörung des Tempels in Jerusalem, ihre Zerstreuung über die Welt.

hekdesch ist ein talmudischer Terminus für etwas dem Tempel Geweihtes und bezeichnet auch den Tempelschatz. *twilo* (›Eintauchen‹) ist ein Terminus für ein Bad zur Beseitigung kultischer Unreinheit.

kauhen ist die Bezeichnung für den Priester, also für einen Nachkommen des Aaron. Dazu gehört dann der im Text vorkommende Plural *kauhanim*. Der Hohepriester wird mit dem Terminus *kauhen godaul* bezeichnet. Davon wird an einer Stelle im Text der Plural *kauhanim gedaulim* gebildet, der infolgedessen einem jüdischen Leser oder Hörer des Textes unmittelbar verständlich ist, selbst wenn seine Kenntnisse des Hebräischen gering sind. Von *kauhen* leitet sich *kehuno*, ›das Priesteramt‹, ab. *lewi* ist der Angehörige des Stammes Levi, der Levit, also einer derjenigen, die beim Tempelkult Hilfsdienste leisteten. Der Plural von *lewi* ist *lewiim*. Es handelt sich also um einen festen Begriff, der terminogisiert ist. *lechem ponim* ist ein Terminus für das im Heiligtum auf einem Tisch ausgelegte »Schaubrot«; *misbeach* der Terminus für ›Altar‹.

jaum tauw ist seit der talmudischen Zeit die Bezeichnung für ›Feiertag‹. Auch die im Text vorkommenden einzelnen Feiertage werden verständlicherweise mit ihren hebräischen Namen bezeichnet. Das sind die folgenden: *rausch ha-schono* (›Neujahr‹), *jaum kipur* (›Versöhnungstag‹), *regel* (›Wallfahrtsfest‹), *rausch chaudesch* (›Neumond‹).

mechilo (›Vergebung‹) ist ein in Gebetstexten, vor allem für den Versöhnungstag, sehr geläufiges Wort, das im vorliegenden Text in profanem Zusammenhang verwendet wird. Auch *kaporo* (›Sühnopfer‹), ein Wort aus der nachbiblischen Literatur, stellt einen Terminus dar. In diesen Zusammenhang gehört auch *teschuwo* (›Umkehr‹). *moschiach* bedeutet zunächst ›Gesalbter‹ und dient dann zur Bezeichnung des endzeitlichen Erlösers. Auch das Deutsche kennt dafür kein anderes Wort, sondern hat das hebräische in der Form *Messias* übernommen.

nowi bezeichnet den ›Propheten‹ und stellt einen Terminus dar, ebenso der Plural *newi'im*. Die weibliche Form von *nowi* ist *newi'o*. Zum selben Wortstamm gehören auch *newu'o* (›Prophezeiung‹) und *newi'uß*, eine im talmudischen Hebräisch übliche Form, ›Prophetie‹. *neder* (›Gelübde‹) ist ein Terminus des Rechts, ebenso wie *schwu*^{c}*o* (›Eid‹) und *eduß* (›Zeugnis‹, ›Zeugenschaft‹). Auch *zawo'o* (›Testament‹) gehört in die juristische Sphäre. Als Terminus erscheint das Wort erst in nachtalmudischer Zeit (vgl. Ben Yehuda, Thesaurus s. v.). *awaudo soro* ist ein talmudischer Terminus für ›Götzendienst‹.

orlauß, ein Plural von *orlo* (›Vorhaut‹), ist sowohl durch die Beschneidungszeremonie als auch dadurch, daß ein Talmudtraktat den Namen »orlo« trägt, geläufig. *par*^{c}*au* stellt die hebräische Form des deutschen *Pharao* dar und ist aus Bibel und Liturgie vertraut. *zadik* (›Gerechter‹), an sich ein Adjektiv in der Bedeutung ›gerecht‹, stellt ein ethisches, d. h. religiöses Ideal dar. Eine genaue Entsprechung, die alle Merkmale des Begriffs umfaßt, gibt es im Deutschen nicht. *korbon* (›Opfer‹) ist ein Terminus des Tempelkults. *kriaß schma*^{c} (›das Lesen des Schma^{c}-Gebets‹) ist ein Teil der regelmäßigen Gebete innerhalb des Morgen- und des Abendgebets; es handelt sich also um einen kultischen Terminus der nachbiblischen Zeit. In den Bereich des Gebetsritus gehören auch die Termini *tefillo* (›Gebet‹) und *tefillin* (›Gebetsriemen‹). In diesem thematischen Zusammenhang ist auch *omen*, im Deutschen *Amen*, zu nennen. Die Formulierung *alfe omen* (›vieltausendmal Amen‹) scheint mir eine Gelegenheitsbildung zu sein, da sie in hebräischen Wörterbüchern nicht belegt ist; *rabbi* ist seit der Zeit des Talmuds der

Titel für einen Gelehrten. *talmid chochom* (wörtlich ›Schüler eines Weisen‹), bedeutet seit der talmudischen Zeit ›Gelehrter‹ im Sinne jüdischer Bildung; der Plural ist *talmide chachomim. tauro* (›Lehre‹) ist der Terminus für Bibel, im engeren Sinn für Pentateuch. Die einzelnen biblischen Bücher tragen Namen, die meist mit *sefer* (›Buch‹) zusammengesetzt sind. Im vorliegenden Text kommen vor: *sefer mlochim* (›Buch der Könige‹); das Buch Samuel heißt *sefer Schmuel*. Der Plural von *sefer* ist *sforim* (›Bücher‹), der außerhalb des eigentlichen Textes im Nachwort des Herausgebers vorkommt.
Die nicht in den religiösen Bereich eingeordneten Wörter sind trotzdem meist solche, die dem Autor und auch seinen Lesern bzw. Hörern aus dem religiösen Schrifttum geläufig waren. In manchen Fällen ließen sie sich auch in die Rubrik der in die Sphäre des Religiösen gehörigen Wörter einreihen, weil die Grenzen fließend sind. Zunächst seien die Wörter in alphabetischer Reihenfolge aufgeführt:

אתרוגר	eßrauger	1149,1
בלבול	bilbul	1480,1; 1751,3
גוים	gaujim	24,2; 1633,3
גזירות	geserauß	1582,2
גריעות	gri^{c}uß	1417,2
דבר	dewer	1763,1; 1770,1
דרום	doraum	702,4; 703,1 (2 mal); 762,4
הדיוט	hedjaut	603,3; 921,2
זבל	sewel	1500,4
כליות	kaljauß	264,2
כלים	kelim	758,2; 789,4
כלי זמר	kle semer	400,3; 448,4; 1228,1
כתב	kßow	Titelblatt
לויה	lewojo	1610,2
לשון הרע	loschaun ho-ro^{c}	1609,2
מכות	makaus	951,4
ממזר	mamser	1477,1
מצורע	mezauro^{c}	952,2
מתיר	matir	1135,1
נבל	nowol	1477,1
נבלות	newolauß	53,2

ניגון	nigun	Vers 1 und 4 der Abschlußverse
עלילה	alilo	425,3
פולמוס	pulmos	514,3; 518,4
צורך	zaurech	592,4
צורר	zaurer	1477,1
קרוב	korauw	1617,2
רוצח	rauzeach	1477,1
רכילות	rechilauß	599,4; 683,1; 1609,2; 1729,3
שלום עליכם	scholaum alechem	948,3; 1468,4; 1641,3
שמועות	schmu^{c}auß	1376,2; 1513,3
שעה	scho^{c}o	1619,4
תועבה	tau^{c}ewo	1477,1
תחת	tochas	96,1; 597,4; 1181,2,3; 1182,4; 1622,2
תפיסות	tefisauß	1582,2

eßrauger stellt eine Hybridbildung dar, indem *eßraug*, der hebräische Terminus für die zum Ritual des Laubhüttenfests gehörende Zitrusfrucht, mit der deutschen Endung *-er* versehen ist zur Bezeichnung einer Person; die Bedeutung kann nur hypothetisch aus dem Kontext erschlossen werden.[24]
bilbul bedeutet ursprünglich ›Verwirrung‹. Falk bietet in seinen Erklärungen zum Text die Bedeutung ›falsche Beschuldigung‹. Zwar ist das Wort in diesem Sinne im heute maßgeblichen hebräischen Wörterbuch von Ewen-Schoschan erst für die Zeit von der Aufklärung an verzeichnet, doch gibt der Thesaurus von Ben Yehuda Belege aus dem 16. Jahrhundert, so daß es wohl möglich ist, daß diese Bedeutung in den Sinnzusammenhang von Termini gehört, die Benachteiligungen und Verfolgungen der jüdischen Gruppe bezeichnen. Im Kontext des Schmuelbuches kommt ›Unruhe‹, ›Durcheinander‹ dem Gemeinten am nächsten.
In den Zusammenhang der Verfolgung von Juden gehört *geserauß*, eigentlich ›Verhängnisse‹, dann aber speziell ›judenfeindliche Bestimmungen und Maßnahmen‹. Ferner ist zu nennen *kaljauß* in der Bedeutung ›Zerstörungen‹. Falk will das Wort, einen Plural, vom Singular *kiljo* ableiten und erklärt: »bildlich für das Innerste, Nieren und Herz, ... für die Empfindungen der Gedanken und des Gewissens« (Schmuelbuch, Bd. 2, S. 148).

Das paßt aber nicht in den Kontext. Die Form gehört sicher nicht zum Singular *kiljo* (›Niere‹), sondern zu *klojo* (›Zerstörung‹). Dieses Lexem ist biblisch nicht belegt, kommt aber in der späteren Literatur vor. Allerdings verzeichnen die hebräischen Wörterbücher nur den Singular. Im Text ist das Wort durch Punktierung vokalisiert, so daß die Lesung *kaljauß* eindeutig ist. Nach den Regeln der hebräischen Formenlehre ist diese Vokalisierung schwerlich als korrekt zu bezeichnen, doch sind hebräische Etyma in nichthebräischem Kontext an diese Regeln nicht unbedingt gebunden. Die vom Autor verwendete bzw. vom Drucker so vokalisierte Pluralform stellt einen status constructus dar, dem in einem hebräischen Kontext ein abhängiger Genitiv folgen müßte; warum gerade diese Form benutzt wurde, nicht aber der status absolutus, kann hier nicht erörtert werden. Daß jedoch *kaljauß* üblich war, obwohl die Form in Analogie zu anderen hebräischen Substantiven *klojauß* heißen müßte, unterliegt keinem Zweifel. Im modernen Jiddisch existiert das Lexem *kalje* in einer rein phonetischen Schreibung (קאליע) in derselben Bedeutung, so daß anzunehmen ist, daß hier von dem Plural *kaljauß* ein Singular neu gebildet worden ist, der ein jiddisches Lexem darstellt und keine direkte Beziehung zum hebräischen Singular *klojo* mehr hat. Die phonetische Schreibung deutet darauf hin, daß das Wissen um den etymologischen Zusammenhang nicht mehr vorhanden war. Die Zusammengehörigkeit der jiddischen Wendung *kalje machn* mit der Formulierung *kaljauß machen* im Schmuelbuch erscheint mir als unzweifelhaft.[25]
Weiter sind hier zu nennen *loschaun ho-ro*^{c} (›üble Nachrede‹), *alilo* (›Vorwand‹, ›falsche Beschuldigung‹), *rechilauß* (›Verleumdungen‹) und *tefisauß* (›Einkerkerungen‹). Ferner läßt sich *gri*^{c}*uß* (›Schlechtigkeit‹) in diesen Zusammenhang stellen. Falk fand keine Erklärung und versah in seinen Erläuterungen das hebräische Wort mit einem Fragezeichen.
Als Terminus für ›Nichtjuden‹ erscheint im Text *gaujim*, während für ›Juden‹ das deutsche Wort benutzt wird, sofern nicht von *Jisroel* die Rede ist. Im Vers 1488,4 erscheint die wohl verderbte Form יהדית, die vokalisiert ist, und zwar mit Patach (a) unter dem *Jod*, Chirek (i) unter dem *Dalet* und einer unleserlichen Punktierung unter dem *He*. Diese Punktierung besteht aus

zwei schräg untereinander stehenden Punkten, von denen der obere vielleicht auch ein schlecht ausgedruckter waagerechter Strich sein könnte, so daß entweder *a* oder – falls man zu zwei Punkten einen dritten ergänzen müßte – *u* zu lesen wäre. Ohne auf das Problem einzugehen, liest Falk *jehudiß* (יהודית), indem er in seinen Erläuterungen zur Stelle ein *Waw* als mater lectionis für *u* einfügt. Er übersetzt ›Juden‹, was in den Kontext paßt, jedoch kaum richtig sein kann, weil die Femininform *jehudiß* als ein substantiviertes Adjektiv nur ›Jüdisch‹ als eine Sprachbezeichnung bedeuten kann. Ich vermute daher, daß *jahaduß* im Sinne von ›Judenheit‹ zu lesen ist, was eine Veränderung des Buchstaben *Jod* in *Waw* erfordern würde.
dewer bedeutet ›Pest‹; ein deutsches Äquivalent stand wohl dem Autor nicht zur Verfügung, da *Pest* erst im 16. Jahrhundert aus dem Lateinischen entlehnt wurde (vgl. Kluge s. v.). Das seit dem 14. Jahrhundert auftretende *pestilenzie* läßt sich schwer in einen Vers einpassen. Zudem ist *dewer* nicht nur ein in der Bibel häufig verwendetes Wort, sondern kommt auch im täglichen Gebet und vor allem in der häuslichen Liturgie für das Pessachfest vor, so daß es Lesern und Hörern sicher geläufiger war als ein lateinisches Fremdwort. *dewer* mag aber im Text auch noch aus einem anderen Grunde beibehalten worden sein, der mir größere Wahrscheinlichkeit zu besitzen scheint als sprachliche oder kultische Motive: Es ist naheliegend, *dewer* als einen medizinischen Terminus zu verstehen, da sich im Text noch weiteres medizinisches Vokabular befindet. Die Ausbildung jüdischer Ärzte erfolgte mit Hilfe des Studiums der hebräischen Fachliteratur, so daß von diesen Ärzten die Krankheiten vermutlich mit ihren hebräischen Namen bezeichnet wurden; solche Termini mögen dann auch von ihren Patienten übernommen worden sein, denen die deutschen Benennungen unvertraut blieben. Andere im Schmuelbuch vorkommende hebräische Wörter aus dem Bereich der Medizin sind *mezauro*^{c} (›aussätzig‹), und *pulmos*. Falk hat auf Grund späterer Druckausgaben des Textes darauf hingewiesen, daß anstelle von *pulmos*, einem in der talmudischen Literatur üblichen Fremdwort (von griechisch πόλεμος), *bulmos* (von griechisch βούλιμος, ›Heißhunger‹) zu lesen ist. Der Autor des Schmuelbuches versteht unter *bulmos* allerdings ein Kraut, das diese Krankheit hervorrufe. Es ist daher

anzunehmen, daß er das Wort nicht aus medizinischer Fachliteratur kannte, sondern aus mündlichem Sprachgebrauch. Die Tatsache, daß Paulus Aemilius das Wort *pulmos* seiner Vorlage verstand und mit *Hunger* wiedergab, weist darauf hin, daß ihm und dem Drucker der Augsburger Textausgabe die irrige Aussprache *pulmos* geläufig war.

Ebenfalls durch die Pessachliturgie vertraut war das Publikum mit dem Wort *makauß* (›Plagen‹; eigentlich ›Schläge‹).

doraum bedeutet ›Süden‹. Ein plausibler Grund für die Beibehaltung des hebräischen Wortes ist mir nicht ersichtlich.

hedjaut ist ein im Talmud geläufiges Fremdwort aus dem Griechischen, eine Übernahme von ἰδιώτης (›Laie‹), meist in pejorativer Bedeutung.

sewel ist ein Äquivalent für ›Mist‹. Das Wort tritt im Text mit einem deutschen Genitiv-*s* auf.

kelim bedeutet ›Geräte‹. Die Verwendung des Wortes bei den Juden auch außerhalb eines hebräischen Kontexts mag darauf zurückzuführen sein, daß *kelim* auch einen Terminus für die Gerätschaften des Tempels darstellt.

kle semer steht hier in der Bedeutung ›Musikinstrument‹. Der erste Bestandteil der Wortverbindung ist der status constructus des Plural *kelim*. Die Konstruktion als ganze hat also eigentlich pluralische Bedeutung. In korrektem Hebräisch müßte im Kontext, in dem es sich um ein einzelnes Musikinstrument handelt, wie es im Schmuelbuch der Fall ist, der Singular *kli semer* stehen. An allen drei Stellen des Textes ist das Wort jedoch vokalisiert, und zwar in der Pluralform *kle*. Interessant ist auch, daß an zwei der drei Stellen, nämlich in den Versen 448 und 1228, *kle smar* statt *kle semer* vokalisiert wird. Das entspricht der Aussprache dieser Wortverbindung im modernen Jiddisch als *klesmer*, nur daß im Jiddischen die Bedeutung nicht ›Musikinstrument‹, sondern ›Musikant‹ ist.

kßow in der Bedeutung ›Schrift‹ findet sich auf dem Titelblatt der Augsburger Druckausgabe, ist also eine Zutat des Druckers.

lewojo ist ›Geleit‹. Im engeren Sinne bezeichnet das Wort das Totengeleit und ist als Terminus geläufig.

mamser ist ein Terminus des religiösen Rechts zur Bezeichnung eines Kindes, das einer ehebrecherischen Verbindung entstammt oder von Personen gezeugt ist, deren eheliche Verbindung auf Grund ihrer Verwandtschaft nicht zulässig ist und darum nicht vollzogen werden darf. Im Text des Schmuelbuches steht *mamser* (›Bastard‹) nicht in rechtlichem Sinne, sondern ist Bestandteil einer Aneinanderreihung von Schimpfwörtern; in diesem Zusammenhang werden ferner *nowol* (›Schuft‹), *zaurer* (›Widersacher‹), *rauzeach* (›Mörder‹) und *tau^{c}ewo* (›Abschaum‹) aufgezählt. An anderer Stelle erscheint – von *nowol* abgeleitet – das Wort *newolauß*, ein Plural von *newolo*, in der Bedeutung von ›Niederträchtigkeiten‹. *matir* (›lösend‹) ist ein Partizipium, das im Text in Verbindung mit *sein*, also prädikativ auftritt. Es stellt im Schmuelbuch das einzige Beispiel für die Verwendung hebräischer Etyma zur Bezeichnung einer Tätigkeit dar. Die Verwendung des Wortes erklärt sich daraus, daß dasjenige, was gelöst wird, ein Schwur ist, es sich daher um juristische Terminologie handelt. *nigun*, das nur in den Schlußversen des Druckers vorkommt, ist ein Terminus für ›Melodie‹, ›Vortragsweise‹. *zaurech* ist ein Euphemismus und entspricht dem deutschen ›Notdurft‹. Eine ähnliche euphemistische Umschreibung ist auch *tochaß*, das so oder auch *tochoß* im Text vokalisiert ist, ein Wort, das besondere Beachtung verdient. Es ist auch als *Toches* in die deutsche Vulgärsprache gelangt. *tochaß* ist im Hebräischen eine Pausaform des Wortes *tachaß*. Während im Hebräischen das Wort nur als Präposition in der Bedeutung ›unter‹, ›anstatt‹ oder als Adverb in der Bedeutung ›unten‹, ›unterhalb‹ vorkommt, erscheint es hier als Substantiv in der Bedeutung ›Hintern‹ und stellt den ältesten mir bekannten Beleg für einen derartigen Sprachgebrauch dar. Interessant auch insofern, als anscheinend in keiner europäischen Sprache der Hintere als *der Untere* bezeichnet wird.[26]

korauw bezeichnet ›verwandt‹, ›Verwandter‹.

scholaum alechem (›Friede sei mit euch‹) stellt die übliche Begrüßungsformel dar.

schmu^{c}auß in der Bedeutung ›Nachrichten‹ ist auch in die deutsche Vulgärsprache als *Schmus* gelangt.

scho^{c}o entspricht dem deutschen ›Stunde‹.

Die Gesamtzahl der im Schmuelbuch verwendeten hebräischen Wörter liegt unter hundert. Bei 1792 vierzeiligen Strophen kann man den Anteil hebräischer Lexeme als gering bezeichnen.

Die Lautung der hebräischen Eigennamen im deutschen Text des Paulus Aemilius ist zunächst dadurch gekennzeichnet, daß die Vokale entsprechend der bei den Christen üblichen sefardischen Aussprache wiedergegeben sind; das Zeichen Cholam erscheint daher als *o*, Kamaz als *a*. Viele Namen erscheinen in eingedeutschten Formen, so z. B. *Anna* statt *Chana, Jerusalem* statt *Jeruschalajim, Saul* statt *Scha'ul, Jordan* statt *Jarden, Egypten* statt *Mizrajim, Samuel* statt *Schmuel, Philister* statt *Plischtim* und andere. Neben *Adomy* und *Adami* kommt auch die eingedeutschte Form *Adamitter* für ›Edomiter‹ vor (I, 513).
Die zahlreichen Druckfehler in der Schreibung von Eigennamen aufzuzählen wäre kleinlich und auch unergiebig; es genügt festzuhalten, daß gerade in dieser Hinsicht der Druck besonders unsorgfältig ist, was aber weniger dem Autor als dem Drucker zur Last zu legen ist.
Auffällig ist die Vielfalt der Schreibung bei einem und demselben Namen: Bei eingedeutschten Namen finden wir neben *Samuel* häufig die Form *Samel*. Neben *Jerusalem* kommen vor *Hierusalem* (1203,3 = II, 236), *Rusalem* (1188,1 = II, 223), *Jherusalem* (1022,1 = II, 141). *Saul* erscheint auch in der lateinischen Form *Saulus*, und beide Formen werden dekliniert. So haben wir den deutschen Akkusativ *Saulen* (I, 291), den lateinischen Dativ *Saulo* (I, 153; I, 156), den Vokativ *Saule* (I, 170). Neben *Philister* finden wir mehrfach *Pflister* und *Phlister*; an einer Vielzahl von Stellen ist dafür ungenauer *Hayden* gesetzt. Für das hebräische *Jischai* schreibt Paulus Aemilius meist *Jesa* oder *Jessa*; daneben finden sich auch *Jesse* (I, 294; II, 737) und *Isa* (I, 283). Der Ortsname גת wird meist mit *Gath* wiedergegeben, daneben kommen die Formen *Gaath* (II, 125), *Gadt* (I, 516), *Gatha* (II, 125; II, 681), *Gathe* als Dativ (I, 682 und 683) vor. Für den Ortsnamen מחנים gibt es vier verschiedene Umschriften: Neben der Form *Machanaim* (viermal) erscheinen *Machenaim* (zweimal), *Mahemaim* (einmal) und *Manaim* (einmal).
Manche fehlerhafte Namensschreibungen entnimmt Paulus Aemilius seiner Vorlage: So finden wir die Namen *Alisa* (II, 142) entsprechend der Vorlage אֱלִישַׁע (1023,2; Vokalisierung im Text) und an derselben Stelle *Nephes* entsprechend der Vorlage נפש, während die Namen אלישוע (Elischu^{c}a) bzw. נפג (Nefeg)

lauten müßten. Elifelet ben Achasbai wird in der Vorlage als *Elifelet der* חַסְנִי wohl irrtümlich bezeichnet (1014,3); dementsprechend heißt es auch bei Paulus Aemilius *Alipholet der Hasiny* (II, 793).

Demgegenüber gibt es auch Berichtigungen der Vorlage. So findet sich in der Vorlage יפגיע (Jafgia) anstelle von יפיע (Jafia; 1023,3); dafür bietet *Paulus* Aemilius *Japhia* (II, 142). Anstelle des korrekten חרודי (Charodi) hat die Vorlage חדורי (Chadori; 1010,1) und הִדורי (Hidori; 1010,2), während Paulus Aemilius *Herodi* bzw. *Hirodi* schreibt (II, 792). Hiram, der König von Tyrus, wird in der Vorlage als König von Rom (רום) bezeichnet (1020,1); das ändert Paulus Aemilius richtig in *Zor*, den hebräischen Namen der Stadt Tyrus (II, 139).

Es sind aber bei Paulus Aemilius auch Fehler vorhanden, die nicht aus seiner Vorlage stammen und auch nicht als bloße Druckfehler zu erachten sind. So erscheint anstelle des Baches Beßor (בשור; 788,1) die Form *Geschur* (I, 767), der Name einer Landschaft am oberen Jordan. Der älteste Sohn Davids, Amnon, wird von Paulus Aemilius an zwei Stellen Amon genannt (II, 79 und 370). Statt *Jisreel* findet sich bei Paulus Aemilius *Israel* (I, 646); hier hat die Vorlage allerdings anstelle des korrekten יִזְרְעֶאל eine fehlerhafte Konsonantenschreibung und dazu noch eine falsche Vokalisierung, nämlich יִזְרָעֶל (653,3). Anstelle von *Elieser* findet sich bei Paulus Aemilius der Name *Elasar* (II, 750). Der Ammoniterkönig Chanun erscheint durchgängig als *Amon* (an sechs Stellen). Anstelle von שובי (Schowi; 1538,1) schreibt Paulus Aemilius *Schucki* (II, 526). Die Stadt Michmas (מִכְמָשׂ), die im Text dreimal vorkommt (200,2 und 4; 209,3) und die die Vorlage an zwei Stellen (200,4; 209,3) מכמוש schreibt, weil nach aschkenasischer Aussprache *Michmos* gelesen wurde, nennt Paulus Aemilius durchgängig *Michmasch* (I, 198 und 207; auch I, 199, wo die Vorlage statt dessen *Gilgal* bietet).

Der Name יתרי erscheint bei Paulus Aemilius innerhalb einer Strophe einmal als *Ithry* und einmal als *Irrich* (II, 797). Die Stadt גבעה (Giw^{c}a) wird meist bei Paulus Aemilius in der Schreibweise *Giba* geboten, daneben erscheinen auch die Formen *Gibo* (einmal) und *Gibea*, eine im Deutschen übliche Namensform (einmal); an zwei Stellen jedoch schreibt Paulus

Aemilius fälschlich *Gilboa* (II, 54; zweimal). Der Name סבכי (Sibchai), der dreimal vorkommt, wird einmal einigermaßen adäquat mit *Sibehay* wiedergegeben (II, 686), doch im Anfang derselben Strophe findet sich die Namensform *Sibehori* und unmittelbar davor die Variante *Sibenhay* (II, 685). Nabal wird von Paulus Aemilius durchgängig *Nabol* genannt; Absalom erscheint entweder als *Absalon* oder als *Absolon*, wobei auch beide Formen in derselben Strophe vorkommen (II, 568).

Von den S. 86 ff. zusammengestellten hebräischen Wörtern werden bei Paulus Aemilius *jaum kipur*[27] und *orlauß* nicht wiedergegeben, es fehlen also Äquivalente. Auch *omen* erscheint an der betreffenden Stelle nicht, wenngleich es in der im deutschen Sprachgebrauch allgemein üblichen Form *Amen* dem Paulus Aemilius natürlich nicht unbekannt ist und er es als Abschluß des Werkes unter den letzten Vers seines Textes setzt. *alfe omen* tritt schon deshalb nicht auf, weil die ganze Strophe, in der die Formulierung vorkommt, von Paulus Aemilius ausgelassen wird.

auwauß wird von Paulus Aemilius durch *zauber* bzw. durch *zauberey* wiedergegeben; für *jid^c^aunim* erscheint bei ihm *schwartz-künstler*; für das Wortpaar *auwauß un' jid^c^aunim* findet sich *den schwartzen künstleren. aufanim* bietet Paulus Aemilius nicht, sondern ersetzt diesen im Deutschen unüblichen Terminus durch das bekanntere *Seraphim*, während er *kruwim* in der im deutschen Kontext üblichen Form *Cherub* beibehält.

mal'ach ha-moweß wird durchgängig durch *Engel* wiedergegeben, am Rande ist an der ersten Stelle, wo der Terminus auftritt (II, 821), der erklärende Vermerk: »Verstehe den Engel des todts/ dann die Hebreer halten darfür/ das ein jedlicher Engel sein aigē ampt hat Besich das Erst bůch Moysi am 18. cap.«

urim und thummim werden auf sehr unterschiedliche Weise von Paulus Aemilius in seinem Text wiedergegeben: *Priester klaider* (I, 508), *hailthumb* bzw. die Schreibungen *hailthum̄, hailtumbe, heilthumb* (I, 516, 540, 543, 557 [zweimal], 705, 723, 743; II, 41, 146, 655); zwei Stellen bieten *heilig heilthumb* (I, 555, 564). Der Text wird von Paulus Aemilius durch die Verwendung des Wortes *hailthumb*, das ›Sakrament‹ bedeutet, christianisiert. Es erscheint mir allerdings als zweifelhaft, daß seinen Lesern dadurch das Verständnis erleichtert wird, weil »Sakrament« –

nicht nur aus historischen Gründen – meist schlecht in den Kontext der betreffenden Sätze paßt. Ein anderer christianisierender Anachronismus ist die Wiedergabe durch *Chorreck* (I, 551); an einer Stelle erfolgt eine freie Wiedergabe, indem für den Satz »sein rat was so gut … als urim un' thumim wenn man sie zu sagen bat« die Formulierung »Der rath der war so gůte/ …/ Als ainer ain Propheten/ Vmb Rath zů sagen bat« eintritt (1436 = II, 430). Während der Originaltext die Wortverbindung als Terminus verwendet, verzichtet die Version des Paulus Aemilius auf die Einheitlichkeit, so daß eine Entterminologisierung erfolgt. Eine solche Erscheinung ist auch sonst zu beobachten, sie wird natürlich nur dort manifest, wo die Häufigkeit des Vorkommens Varianten ermöglicht.

Für *beß ha-mikdosch* und *mikdosch* tritt bei Paulus Aemilius meist *tempel* ein (II, 165, 739, 829, 839); daneben erscheinen *Tempel Gottes* (II, 190), *hauß* (II, 167), *heilig hauß* (II, 169) und der Dativ *heiligkaite* (II, 453).

Für *gaurol* steht überall *loß*; der terminologische Charakter des Lexems ist also beibehalten.

Anstelle des hebräischen *get* schreibt Paulus Aemilius *testament* (I, 319), eine Fehlübersetzung, die im Kontext jedoch sachlich vertretbar ist. Es handelt sich hier um einen bedingten Scheidebrief, den nach talmudischem Recht ein Mann ausstellt, wenn er in den Krieg zieht oder sich sonst in Gefahr begibt, und der nur gültig wird, wenn er bis zu einem festgesetzten Zeitpunkt nicht zurückkehrt. Die Frau hat dann keine Schwierigkeiten, eine andere Ehe einzugehen. »Sein Testament machen« im Sinne von ›seine Angelegenheiten ordnen‹ ist daher eine Wiedergabe, die lange Erläuterungen erspart.

Der eherechtliche Terminus *chalizo* wird an jeder der drei Stellen, an denen er vorkommt, anders übertragen: als *zanck* (I, 319), *vil greinens* (II, 267) und durch eine Umschreibung, die im Gegensatz zu den beiden eben genannten Stellen wenigstens sinnvoll ist, nämlich *nit will der mañ* (II, 111).

kallo ist korrekt durch *braut* (I, 413) bzw. *Brawte* (I, 415) übersetzt.

Der im Schmuelbuch an zwei Stellen vorkommende Terminus *ger* wird von Paulus Aemilius nur an einer Stelle durch *knecht* frei wiedergegeben (II, 16).

Für *gehinaum* schreibt Paulus Aemilius *grund der hellen* (II, 745); die zweite Stelle der Vorlage bleibt unberücksichtigt.
Der Begriff des »goluß«, des Exils, das durch das Kommen des Messias beendet werden soll, indem die Juden in das Land Israel zurückgeführt werden, wird im Text des Paulus Aemilius christianisiert: Bei ihm heißt es *jetzunden* (I, 4); der irdischen Welt wird das jenseitige Glück im Himmel gegenübergestellt.
Anstelle von *hekdesch* bietet Paulus Aemilius *dem Tempel stewer* (II, 190) bzw. ungenauer *Tempel* (II, 193).
Bei *twilo*, das auf sehr unterschiedliche Weise wiedergegeben wird, geht die kultische Bedeutung in der Version des Paulus Aemilius völlig verloren. Als Äquivalente werden geboten: *bad* (I, 51; II, 267, 268, 269), die Christianisierung *beicht* (I, 492), die verbalen Umschreibungen *sich ... badet hat* (II, 263) und *sich machen schon* (II, 261); an der letztgenannten Stelle findet sich allerdings eine lange Randnote, in der erklärt wird, »... das sy sich hat wǒllē schǒn machen/ vnd baden nach irer blůmen«, wobei auf das 12. Kapitel des 3. Buches Mosis verwiesen wird, woraus hervorgeht, daß es sich um die Reinigung einer Frau nach ihrer Periode handelt.
kauhen wird an den meisten Stellen durch *Priester* wiedergegeben (I, 512, 514, 552; II, 41, 155 [zweimal], 448); aus metrischen Gründen erscheint I, 743 *der gůt frum̄ Priester* und II, 444 *der frumme Priester*; I, 543 finden wir *hoch Priester*; I, 233 und 235 *Propheten* (Dativ); I, 546 begegnet die Christianisierung *Pfaff*. Der Plural *kauhanim* wird konsequent als *Priester* beibehalten; an einer Stelle erscheint *Priesterschafft* (I, 777). Für *kauhen godaul* findet sich im Regelfalle *hoher Priester* (I, 5, 6, 25, 31, 34, 48, 58, 64, 65, 72, 80, 509 [zweimal], 513, 515, 541) bzw. *hoch Priester* (I, 22). Daneben erscheinen die folgenden Wiedergaben: *groß Priester* (I, 19), *Priester* (I, 52), *dem ǒbersten Priester* (I, 539, 540); I, 47 steht *sein maister*, I, 46 *der alte man* und I, 233 *Prophete*. Ein Äquivalent für den Plural *kauhanim gedaulim* ist nicht vorhanden. Für das Priesteramt, *kehuno*, erscheint die Formulierung *vom hohen ampt der Priesterschafft* (I, 62). *lewi* und *lewiim* behält Paulus Aemilius als Terminus in der Form *Leuit* bzw. *Leuiten* bei.
lechem ponim wird richtig als *gschaw brot* wiedergegeben. Für *misbeach* erscheint durchgängig *Altar* (II, 773 *Althare*).

Die Wiedergabe des einmal vorkommenden *jaum tauw* ist *fest*. Das jüdische Neujahrsfest, *rausch ha-schono*, ersetzt Paulus Aemilius durch einen christlichen Feiertag und wählt dafür *Pfingsten*. Durch diese unsinnige Wiedergabe bringt er sich insofern in Schwierigkeiten, als er den Versöhnungstag, *jaum kipur*, der nur wenige Tage nach dem Neujahrsfest begangen wird, aus seinem Text streichen muß. Im Kontext geht es um eine Person, die zu Neujahr erkrankte und am Versöhnungstage starb. Da Paulus Aemilius kein auf Pfingsten unmittelbar folgender Feiertag zur Verfügung stand, heißt es bei ihm anstelle des Versöhnungstages *Er lag ... nit lange* (I, 644). *regel* erscheint etwas ungenau als *fest*; *rausch chaudesch* wird korrekt als *New monat* verdeutscht.
mechilo erscheint bei Paulus Aemilius richtig als *verzeihung*. Da *kaporo* in der Vorlage in übertragenen Bedeutungen auftritt, gibt Paulus Aemilius es dem jeweiligen Kontext gemäß wieder: II, 477 heißt es bei ihm *sitzen in der prů* (in der Vorlage ist die Bedeutung ›für jemanden leiden‹); II, 732 wird *zu nichte werden* als adäquate Wiedergabe geboten. *teschuwo* wird von Paulus Aemilius nicht durch ein Substantiv wiedergegeben, sondern verbal ausgedrückt. Während die Vorlage berichtet, daß König David »große teschuwo tet«, also Buße tat, schreibt Paulus Aemilius, daß König David »gar feintlich vmb jn thet«, eine meines Erachtens schwer verständliche Ausdrucksweise (II, 309).
moschiach, das in der Vorlage dreimal vorkommt, erscheint bei Paulus Aemilius nur einmal und wird durch den Akkusativ *Messiam* (I, 45) wiedergegeben. Von der Möglichkeit einer christianisierenden Umdeutung in »Christus« wird kein Gebrauch gemacht.
Für *nowi*, das sehr häufig im Text vorkommt, wird in den allermeisten Fällen *Prophet* bzw. *Prophete* gesetzt. Einmal heißt es aus stilistischen Gründen *der alte* (I, 286); an einer Stelle wird der hebräische Terminus als *Naby* beibehalten und mit den Worten »Naby haist ain Prophet oder Prediger« am Rande erklärt. Ich werte diese Tatsache als einen immanenten Beweis dafür, daß Paulus Aemilius vom Schmuelbuch abhängig ist, nicht aber umgekehrt, wie das im vorigen Jahrhundert von Zarncke gegen Lotze und Gosche behauptet wurde.[28] Auch der Plural *newi'im* wird im Regelfall durch *Propheten* wiedergege-

ben. An einer Stelle erscheint stattdessen *frumb leüt* (I, 37), und noch schwächer ist die Übersetzung *gsellen* (I, 469), wenngleich sie im Kontext unmißverständlich ist. *newi'o* kommt einmal vor und wird korrekt mit *Prophetin* übersetzt (I, 36). Für *newu'o* erscheinen verschiedene Übersetzungen: Neben *Prophezey* (I, 290, 469) bzw. *Prophecey* (I, 723) und *Propheceyhung* (II, 740) finden wir *Gottes gaist* (I, 34), *Geist Gots* (II, 741), *Geiste* (II, 737, 806), *geist* (II, 740); eine einheitliche Übersetzung liegt also nicht vor. *newi'uß*, ein Abstraktum mit kollektiver Bedeutung, von dem daher kein Plural gebildet werden kann, wird von Paulus Aemilius an jeder der drei Stellen, an denen das Wort vorkommt, unterschiedlich übersetzt; *all warhait* (I, 38), *Prophecey* (I, 162) und *wissen* (I, 285). *neder* kommt in der Vorlage nur einmal vor; Paulus Aemilius setzt dafür *glübdnuß* (II, 425); auch die Vorlage wechselt im Ausdruck ab und bietet im folgenden Vers derselben Strophe *gelobnis* (1431,3). Das einmal auftretende Wort *eduß* gibt Paulus Aemilius korrekt durch *zeügnuß* wieder (II, 386), während für *schwu*^{c}*o* einmal *ayd* (II, 425), an anderer Stelle *trewen* (Dativ Sing.) steht (I, 141). *zawo'o* wird korrekt durch *Testament* übersetzt (II, 517).

awaudo soro kommt nur einmal im Text vor; im Zusammenhang handelt es sich um den Kopf eines Götzenbildes. Paulus Aemilius ersetzt den hebräischen Begriff durch das farblose *bildlein* (II, 331).

par^{c}*au* wird bei Paulus Aemilius zu *Pharo* (II, 702, 715); die Verkürzung des Wortes *Pharao* zu *Pharo* mag metrische Gründe haben.

zadik wird wenig adäquat übersetzt: An die Stelle der Formulierung der Vorlage *bin ich ein zadik* tritt bei Paulus *Mein sünd sein mir verzigen* (II, 741).

korbon wird an allen Stellen konsequent als *opffer* übersetzt. Für *kriaß schma*^{c}, das christlichen Lesern zweifellos unverständlich bliebe, wird das allgemeinere Verbum *betten* gesetzt. *tefillo* wird an beiden vorkommenden Stellen durch *betten* wiedergegeben (I, 264; II, 312). In der Vorlage kommt auch das deutsche Wort *gebet* vor (1298,2). Anstelle von *tefillin* setzt Paulus Aemilius etwas völlig anderes, nämlich *ringe* (Nominativ sing.) (II, 10).

Für *rabbi* wird durchgängig *maister* verwendet (I, 32, 55, 57).

talmid chochom wird adjektivisch mit *wol geleerte* (II, 469) übersetzt; für *talmide chachomim* wird *die alten vnd geleerten* (II, 312) geboten.

Der Terminus *tauro* wird von Paulus Aemilius unterschiedlich übersetzt: *weißhait* (I, 47), *leges* (I, 464), *gsatz* (II, 710), *gsatz Moysi* (II, 617), *rechte* (Plural) (II, 709).

Für *sefer mlochim* benutzt Paulus Aemilius die Formulierung *das dritte bůche* (II, 840) gemäß der christlichen Üblichkeit, das Buch Samuel und das Buch der Könige als vier Königsbücher zusammenzufassen.

Es versteht sich von selbst, daß die hebräische Beifügung zum Wort *Gott*, *jißborach* (›er sei gepriesen‹) oder *jißborach schmau* (›sein Name sei gepriesen‹), bei Paulus Aemilius unberücksichtigt bleibt.

Es sei darauf hingewiesen, daß an zwei Stellen *got* des Originals durch *Christus* ersetzt wird (II, 719, 735).

Von den hebräischen Wörtern der Vorlage, die nicht kultische Realien bezeichnen[29], gibt Paulus Aemilius die folgenden nicht wieder: *loschaun ho-ro*^{c}, *matir*, *zaurech*, *zaurer*, *rauzeach*, *scho*^{c}*o*, *tau*^{c}*ewo* und das außerhalb des eigentlichen Textes stehende *nigun*.

eßrauger, das im Kontext als *neuer eßrauger* vorkommt und wohl als eine spöttische, ironische Anrede zu verstehen ist[30], wird durch eine deutsche Wendung ersetzt, indem es bei Paulus Aemilius heißt *new kramer* (II, 185).

Als Übersetzung für *bilbul* erscheint *rumor* (II, 469, 800), was akzeptabel ist. *geserauß*, das im Text nur einmal vorkommt und an der Stelle neben *tefisauß* steht, wird von Paulus Aemilius durch *krieg* übertragen, *tefisauß* durch *hader* (II, 570). *krieg und hader* paßt in die historische Situation des Buches Samuel durchaus, während *geserauß un' tefisauß* eine Modernisierung, einen Bezug auf die Judenverfolgungen in der Diaspora darstellt.

kaljauß, im Kontext des Originals *kaljauß machen*, gibt Paulus Aemilius richtig durch *zů nichte machn* (I, 262) wieder. Für *alilo* erscheint *vrsach* (I, 421); *rechilauß*, das das Original an vier Stellen verwendet, wird nur an zwei Stellen wiedergegeben: I, 592, wo der Sinn verbal durch *versagen*, was im Frühneuhochdeutschen noch wie auch im Mittelhochdeutschen ›verleumden‹ bedeutet, korrekt wiedergegeben ist; an anderer Stelle (I, 673) ist die Übersetzung durch *vil schwatzens* ungenauer. Als Äquivalent für *gri^c^uß* erscheint *boßhait* (II, 411).

Für das hebräische *gaujim* bietet Paulus Aemilius *Hayden* (I, 83; II, 620), was für antike Verhältnisse, unter denen die Handlung spielt, korrekt ist.

Hebräisches *dewer* wird durch frühneuhochdeutsches *sterb*, im vorliegenden Falle durch den Akkusativ *sterben* (II, 812, 819), das ›Pest‹ bedeutet, adäquat ausgedrückt. Das deutsche Äquivalent für *mezauro^c^* ist *aussetzig* (II, 115). Für *pulmos* steht richtig, wie bereits erwähnt[31], *hungers* (Genitiv Sing.). Die Strophe 514 ist von Paulus Aemilius ausgelassen, so daß bei ihm nur eine Stelle vorkommt (I, 511). Für *makauß* erscheint *vnglück* (II, 114).

doraum gibt Paulus Aemilius nur an zwei Stellen wieder. Während er einmal das korrekte Äquivalent *mittag* bietet (I, 690), setzt er dafür im zweiten Fall *auffgange* (I, 750), ohne daß einsichtig ist, warum bei ihm vom Osten und nicht vom Süden die Rede ist.

hedjaut gibt Paulus Aemilius nur an einer Stelle wieder, und er bietet für *rechter hedjaut* die freie Formulierung *schlechter Hauptmañ* (II, 85).

Für hebräisches *sewel*, das im Rahmen einer Redensart auftritt, findet sich bei Paulus Aemilius *birn* (II, 489). Die Vorlage bietet den Satz *ist nit eins sewels wert*, also wertlos; das wird wiedergegeben durch *Ist nit ainer birn werdt*.

kelim wird durch *ristung* (I, 746) bzw. *rüstung* (I, 768) übersetzt.

kle semer wird durchgängig mit *harpffen* wiedergegeben (I, 396, 444; II, 259).

lewojo überträgt Paulus Aemilius verbal durch *bleitet* (II, 597).

Für *mamser* erscheint *bößwicht* und an gleicher Stelle für *nowol schelm* (II, 466); *newolauß* wird mit *boßhait* übersetzt (I, 52).

Für *tochaß* erscheint bei Paulus Aemilius nur an zwei Stellen ein Äquivalent, und zwar wird es adverbial durch *hinden* wiedergegeben (I, 95; II, 609).

korauw wird richtig übersetzt: Für *der korauw mein* der Vorlage schreibt Paulus Aemilius *vom gschlechte mein* (II, 604).

scholaum alechem wird unterschiedlich übersetzt: einmal wört-

lich als *Frid sey mit dir* (II, 628), daneben durch *sey Gottwilkumb* (II, 457) und *biß Gott willkum̄* (II,111).
schmu^c^auß wird durch *mer* übersetzt (II,370, 501). Es sei erwähnt, daß *mer* auch zum Wortinventar der Vorlage gehört (vgl. z.B. 469,1; 833,4; 940,3).

Weitere Entlehnungen in beiden Textfassungen

Der Text des Schmuelbuches enthält einige Fremdwörter, die aus romanischen Sprachen stammen, aber in den meisten Fällen dem Deutschen angepaßt sind. Die Zahl dieser Wörter ist sehr gering, und die Lexeme treten auch nur vereinzelt im Text auf.
Es geht hier – wenn wir von einer Ausnahme absehen – nicht um die Vielzahl romanischer Lexeme, die generell in das Mittelhochdeutsche, besonders auf Grund des französischen Kultureinflusses auf die deutsche Feudalgesellschaft, eingeflossen sind[32], sondern um andere Wörter, die dem Schmuelbuch und anderen jüdischen Texten eigentümlich sind, die aber in der Version des Paulus Aemilius nicht auftreten.
Im Laufe der Entwicklung sind die meisten romanischen Etyma geschwunden, aber noch im modernen Jiddisch gibt es ein romanisches Element, das allerdings auf wenige Lexeme beschränkt ist. Hinsichtlich der romanischen Bestandteile des Jiddischen meint Birnbaum, sie seien historisch durch die Wanderungsbewegung von Juden aus Frankreich nach Deutschland zu erklären. Er bezeichnet die romanischen Bestandteile des Jiddischen als »zarfatisch«, ein von ihm aus dem hebräischen *zarfat* (›Frankreich‹) gebildetes Wort. Zarfatisch sei diejenige Sprache gewesen, die die Juden in Frankreich gesprochen haben, und das Vorhandensein »zarfatischer« Lexeme in der Sprache der Juden in Deutschland ist Birnbaum ein Beweis dafür, daß die Einwanderung der Juden nach Deutschland von Westen, nicht aber von Süden, geschweige denn von Südosten erfolgte (vgl. Birnbaum 1974, S. 25 f.; 1979, S. 67). Mit der Hypothese des »Zarfatischen« habe ich mich bereits auseinandergesetzt[33].
Daß die Juden in den deutschen Sprachraum von Westen her kamen, ist durchaus möglich. In der Tat gab es Wanderungen von Juden aus Frankreich nach Deutschland, aber auch von

Italien nach Deutschland und umgekehrt. Doch unbewiesen ist Birnbaums These, daß die Migration aus Frankreich nach Deutschland an sprachlichen Einflüssen abzulesen sei, daß nämlich die romanischen Wörter, die sich bei den deutschen Juden nachweisen lassen und die zum Teil im modernen Jiddisch erhalten geblieben sind, aus den Landschaften stammen, die westlich von Deutschland liegen, weil die Wortformen französisch bzw. – wie Birnbaum es will – zarfatisch seien, nicht aber anderen romanischen Sprachen, wie z. B. dem Italienischen, entstammen. Zudem läßt sich aus der Übernahme romanischer Wörter nur auf kulturelle Einflüsse schließen, nicht aber notwendigerweise auf Migrationsbewegungen. Auch das Mittelhochdeutsche enthält zahlreiche französische Etyma, deren Existenz sich gewiß nicht durch die Einwanderung von Personen französischer Muttersprache erklären läßt, sondern aus dem kulturellen Gefälle; und das bestand auch hinsichtlich der Juden in Deutschland gegenüber denen in Frankreich und Italien.

Mir kommt es hier darauf an zu zeigen, welche romanischen Lexeme im Schmuelbuch auftreten, ohne daß ich gewillt bin, daraus so weitreichende Folgerungen zu ziehen, wie es Birnbaum getan hat. Das romanische Wortinventar des Schmuelbuches besteht aus drei Substantiven: *prisant* (647,3); *past* (146,4; 486,3; 614,2); *onkel* (164,3) und vier Verben, die durch die deutsche Endung *-en* eingedeutscht sind: *leien* (337,2 und Titelblatt); *preien* (284,3); *benschen* (884,1; 1370,3); *ansposen* (418,1) bzw. *antsposen* (929,4).

prisant findet sich im Mittelhochdeutschen als *prêsant, prîsant, prêsënt* und ist auch im Neuhochdeutschen erhalten. Paulus Aemilius ersetzt es durch das deutsche *geschencke* (I,640). Im modernen Jiddisch ist das Wort als פרעזענט erhalten.

past hat die Bedeutung ›Mahlzeit‹ und entspricht daher dem italienischen *pasto,* das durch den Abfall des auslautenden Vokals dem Deutschen angeglichen wird. Wie Perles gezeigt hat, besteht keinerlei Zweifel, daß *past* (auch *post*) aus dem Italienischen stammt (Perles, S. 159)[34]. Paulus ersetzt *past* durch *malzeit* (I,145), *Gasterey* (I,482) und *pancket* (I,607).

Von besonderem Interesse ist das Vorkommen des Wortes *onkel.* Nach den Angaben der deutschen Wörterbücher ist dieses

Lexem erst seit dem Ende des 17. Jahrhunderts aus dem Französischen eingedrungen (vgl. Kluge s. v.). Das Mittelhochdeutsche kennt nur *ôheim* als Mutterbruder und *veter* als Vatersbruder. Auch aus der Literatur der Juden in Deutschland ist mir kein anderes Beispiel für das Vorhandensein des Wortes *onkel* bekannt; und in den Sprachbeschreibungen wird nirgends diese Tatsache erwähnt. Nichtsdestoweniger tritt hier dieses Wort in Deutschland auf und wurde gewiß auch verstanden. Sollte dieser Sprachgebrauch wirklich ausschließlich auf die Juden beschränkt geblieben sein? Ich bezweifle dies, doch bedarf das Problem weiterer Untersuchung, die in diesem Rahmen nicht erfolgen kann. Das moderne Jiddisch kennt *onkel* nicht, vielmehr wird *feter* verwendet. Auch Paulus Aemilius ersetzt *onkel* durch *vetter*.

leien ist wahrscheinlich eine Ableitung von dem aus dem Französischen ins Mittelhochdeutsche eingegangenen Substantiv *leie* in der Bedeutung ›Art und Weise‹. Im modernen Deutsch hat sich *lei* in Verbindungen wie *allerlei, mancherlei* erhalten. *leie* ist nun die Art des Vortrages eines Textes, das Verbum *leien* bedeutet daher ›lesen‹ im Sinne eines Vortrages nach festen Regeln (vgl. Grünbaum 1882, S. 31 ff.). Im Kontext des Schmuelbuches ist die Rede von *kriaß schma*^{c} *leien,* vom Vortrag eines Gebetstextes. Paulus Aemilius ersetzt den ganzen Ausdruck durch *betten.* Auf dem Titelblatt des Schmuelbuches heißt es: »das buch Schmuel in teutscher sprach hüpsch un' bescheidlich auch kurz weilig darinen zu leien«. Da das Epos nach einer bestimmten Weise vorgetragen wurde, paßt auch in diesem Falle für *leien* die Bedeutung ›nach bestimmten Regeln lesen‹. Im osteuropäischen Jiddisch ist *leien* zu לייענען (leienen) geworden und bedeutet schlechthin ›lesen‹. Die beiden Belegstellen im Schmuelbuch erlauben keine Aussage darüber, ob schon hier *leien* in umfassenderer Bedeutung verstanden werden kann. Es sei aber darauf hingewiesen, daß der Autor auch das Lexem *lesen* benutzt. So sagt er Vers 1540,4: »als wir es in diesem buch hon gelesen«.

preien ist eine Übernahme des altfranzösischen *preier* (modern *prier*); die französische Endung *-er* ist durch das deutsche *-en* ersetzt. Im Kontext kommt das Wort als 3. Person sing. mask. des Präsens einmal vor: *er preiet* (284,3) in der Bedeutung ›einladen‹; Paulus Aemilius übersetzt mit dem Präteritum *er lůd* (I,282). In deutschen Wörterbüchern ist das Lexem nicht aufgeführt. In jüdischen Texten ist es geläufig (vgl. Grünbaum 1882, S. 35), allerdings im osteuropäischen Jiddisch nicht erhalten.

Ein spezifisch jüdisches Lexem ist das Verbum *benschen,* das im Schmuelbuch an zwei Stellen vorkommt: 884,1 finden wir den Infinitiv *benschen;* 1370,3 die 3. Person sing. des Präsens *benscht.* Das deutsche Äquivalent ist *segnen,* und so gibt auch Paulus Aemilius das Wort wieder. Daß sich *benschen* vom lateinischen *benedicere* herleitet, ist nicht zweifelhaft; unklar ist jedoch der Weg, auf dem es in die jüdischen Texte gekommen ist, denn die Form stimmt mit keiner in romanischen Sprachen üblichen überein. Die bisher vorgebrachten Erklärungen vermögen nicht zu befriedigen. Birnbaum *konstruiert* eine »zarfatische« Form *bendicer,* »die die Entwicklung vom lateinischen *benedicere* zum französischen *bénir* nicht mitgemacht hatte, sondern die lateinische Form fortsetzte« (Birnbaum 1974, S. 26; ebenso 1979, S. 67). Er folgert aus diesem Einzelbeispiel »die Existenz eines Jüdischlateinischen«, das er in seinem Werk von 1979 als »Latinic« bezeichnet. Diesen Versuch muß man als ein reines Phantasieprodukt bezeichnen. Die uns erhaltenen lateinischen Texte von Juden sind mit lateinischen Buchstaben geschrieben, manche auch mit griechischen. Sie unterscheiden sich in keiner Beziehung von anderen lateinischen Texten, und von einem »Judenlatein« kann nach dem heutigen Stand der Forschung nicht die Rede sein. Auch Grünbaums Zusammenstellung verschiedener romanischer Entwicklungsformen von lateinisch *benedicere* hilft wenig. Er meint, *benschen* komme nicht direkt von *benedicere,* »sondern von einer späteren Umbildung dieses Wortes, vielleicht vom altspanischen beneicer, oder vom portugiesischen benzer, provenzalisch benezir, benesir, beneir, franz. bénir« (Grünbaum 1882, S. 225, Anm. 4). Dadurch ist aber nichts erklärt. Im modernen Jiddisch ist das Wort gängig und erscheint als בענטשן (bentschn). Es wäre zu erwägen, ob das *sch* in *benschen* aus romanischer Sprachentwicklung zu erklären ist oder eher aus deutscher. Die Verwendung des hebräischen Buchstabens ש läßt offen, ob es sich um *sch* oder um stimmloses *s* handelt, so daß es nicht unbedingt auszuschließen ist, daß ursprüngliches *benßen* im Frühneuhoch-

deutschen zu *benschen* geworden ist, doch bedarf diese Frage weiterer Klärung und kann hier nicht entschieden werden. Perles (S. 113 ff.) verweist für *benschen* auf ein hebräisch-deutsches Glossar, das handschriftlich in München vorhanden ist (cod. hebr. 63), eine Bearbeitung eines hebräisch-italienisch-arabischen Glossars. Die Handschrift stammt von etwa 1550, geht aber auf einen älteren Text zurück, der vom Druck des hebräisch-italienisch-arabischen Glossars von 1488 unabhängig ist. Dieses Glossar dürfte aus Süditalien stammen, denn sonst wäre die Angabe arabischer Äquivalente überflüssig gewesen. Es ist vermutlich kurz nach der Vertreibung der Juden aus Frankreich im Jahre 1395 entstanden, da in der Einleitung darauf Bezug genommen wird. Unter dem Lemma ברך (segnen) finden wir das italienische Äquivalent בינידסר, das Perles in בינידסרי = benedicere verbessert. Das deutsche Glossar »liebt es überhaupt Fremdwörter, namentlich seiner italienischen Vorlage nachgebildete Vokabeln zu gebrauchen« (Perles, S. 129), und ersetzt בינידסר durch בענשען. Perles hält diese Stelle für den ersten bekannten Beleg für *benschen*.
Von Interesse scheint uns zu sein, daß der Buchstabe ס des italienischen Wortes durch ש ersetzt ist, das in deutschen Wörtern für *s* und für *sch* verwendet wird, so daß hier eine ursprüngliche Aussprache *benßen* möglich ist. Auch Mieses vermutet italienische Herkunft; für seine Etymologie, *benschen* gehe auf das italienische *benedicite* (›Tischgebet‹) zurück, spricht die Tatsache, daß *benschen* zunächst ›Das Tischgebet verrichten‹ bedeutet. Der Dentallaut *sch* oder *tsch* wäre nach dieser Deutung bereits aus dem Italienischen übernommen und nicht erst innerhalb des deutschen Raumes aus *ß* entstanden (Mieses 1924, S. 238).
ansposen bzw. *antsposen* hat die Bedeutung ›verloben‹. Wir finden im Text des Schmuelbuches den Infinitiv *ansposen* (418,1), den Paulus Aemilius durch *vermehlen* wiedergibt, und das Perfektpartizip *antspost* (929,4), das von Paulus Aemilius auf Grund einer Änderung des Textes nicht berücksichtigt wird. Es besteht kein Zweifel, daß in diesem Wort eine romanische Weiterentwicklung des lateinischen *spondere* enthalten ist. Ins Mittelhochdeutsche ist dieses Etymon in seiner altfranzösischen Form eingedrungen, so daß wir *spunzieren, sponzieren* oder

sponsieren finden. Das kann aber nicht die Ausgangsform für *ansposen* darstellen. Perles hat zweifellos recht, wenn er italienisches *sposare* zugrunde legt (Perles, S. 129). Er verweist auf das bereits genannte hebräisch-italienisch-arabische Glossar, in dem hebräisches ארס (›sich verloben‹) durch אספוסארי (asposare) wiedergegeben wird; die Münchener Handschrift des hebräisch-deutschen Glossars bietet dafür *antsposen*. Zunz gibt einen Beleg aus einem Rechtsgutachten des Jakob ben Moses Halevi Möllin aus Mainz, der als maßgebliche rabbinische Autorität seiner Zeit zu erachten ist (geb. ca. 1360, gest. 1427) und der in dem Gutachten *antsposen* als ›Verlobung‹ erklärt (Zunz, S. 456, Anm.).[35] Keinerlei Erklärung ist mir für die Vorsilbe *an-* bzw. *ant-*, möglicherweise auch *en-* oder *ent-*, bekannt, und so ist es unmöglich zu entscheiden, ob es sich um ein deutsches Präfix handelt oder nicht, wenngleich ich es annehmen möchte.

Von den romanischen Wörtern des Schmuelbuches werden von Birnbaum die folgenden als »zarfatisch« bezeichnet: *past, leien, preien, benschen* und *ansposen* (Birnbaum 1974, S. 25 f.; 1979, S. 67). Von diesen stammt allerdings anscheinend nur *preien* aus dem Französischen, ein Wort, das im Mittelhochdeutschen nicht begegnet.

Es sei an dieser Stelle darauf hingewiesen, daß es auch bei Paulus Aemilius ein romanisches Wort gibt, das sich in seiner Vorlage nicht findet und in der bei ihm auftretenden Form weder mittelhochdeutsch noch frühneuhochdeutsch belegt ist: Paulus Aemilius verwendet im Vers I, 523 (= 530 der Vorlage) das Wort *Buffan*, das er anscheinend bei seinen Lesern als nicht bekannt voraussetzt, denn er erklärt am Rande: »Buffan haist ain schalcks narr im Welschen.« *buffan* ist ohne Zweifel das italienische *buffone*, das für das frühe 15. Jahrhundert im Deutschen in der Form *wuffûn* belegt ist.[36] Während es für die Germanistik selbstverständlich ist, aus dem Text des Paulus Aemilius zu erweisen, daß es im Deutschen auch die Form *buffan* gibt, die damit belegt ist, pflegt man aus dem Auftreten romanischer Wörter in jüdischen Texten zu folgern, daß diese eben keine deutschen Texte seien. Man kann ein solches Herangehen nicht anders denn als ideologisch motiviertes Vorurteil bezeichnen.

Ein anderes von Paulus Aemilius in den Text eingebrachtes fremdes Wort ist *sickhla* (II,404), das auch in der Form *Sickla* (II,677) vorkommt. Die Vorlage (1410,3 bzw. 1102,1) bietet *pfunt*. Da aber die Aussage, Absaloms Haar habe zweihundert Pfund gewogen, unglaubwürdig ist, korrigiert Paulus Aemilius entsprechend dem Bibeltext, wo von zweihundert Schekel die Rede ist, und vermerkt am Rande: »Sicla/ ist vns nit gewiß zů wissen wie schwer das gewesen ist.«
Eine Entlehnung stellt auch das nur in jüdischen Texten vorkommende Wort *schechten* dar, das einmal im Schmuelbuch vorkommt (31,4). Das Wort, ein terminus technicus für rituelles Schlachten, ist vom hebräischen Stamm שחט abgeleitet, der ›schlachten‹ bedeutet. Die Schreibung ist aber nicht in der originalen Form beibehalten, sondern der Aussprache angepaßt worden, indem ע als Vokalzeichen für *e* eingefügt, ח durch das für deutsches *ch* übliche כ ersetzt worden ist. Paulus Aemilius gibt dafür *schlachten*.
Schließlich sei noch auf das einmal vorkommende Wort *neboch* in der Bedeutung ›leider‹ hingewiesen (1313,4). Bei Paulus Aemilius ist die Strophe nicht vorhanden. Die Etymologie von *neboch*, das als *nebbich* in die niedere deutsche Umgangssprache eingegangen ist und als ein ursprünglich jüdisches Wort gilt, ist völlig dunkel. Man hat Rückführungen auf slawische, deutsche und hebräische Wörter versucht, ohne überzeugende Beweise liefern zu können. Wir müssen uns gegenwärtig damit abfinden, daß das Problem ungelöst ist.

Probleme der Phonetik

Über die phonetische Realisierung des mit hebräischen Lettern geschriebenen Textes des Schmuelbuchs wird sich vermutlich eine genaue Aussage niemals machen lassen, da gesprochenes Wort vor der Erfindung von Tonträgern nicht exakt überliefert werden konnte. Es ist anzunehmen, die jüdische Ansiedlung sei in der Weise zustande gekommen, daß die Juden als Individuen oder Gruppen aus anderen Ländern nach Deutschland einwanderten. In der neuen Umgebung gaben sie ihre mitgebrachte Sprache auf, die nun nur noch als ein Medium für die Verständigung untereinander hätte benutzt werden können, und nahmen die Sprache der neuen Heimat an. Daher liegt es nahe zu vermuten, daß sie das Deutsche in phonetischer Hinsicht so erlernten, wie sie es von denen hörten, in deren Mitte sie lebten. Wie es noch heute bei Personen zu beobachten ist, die ihren Wohnsitz in ein Land verlegen, in dem eine andere Sprache gesprochen wird, kann die erste Generation die Tatsache, daß sie für die Kommunikation mit der neuen Umwelt eine Fremdsprache erlernen muß, in phonetischer Hinsicht kaum jemals völlig verbergen, doch ist der fremde Akzent, der durch die Sprachüblichkeiten der Muttersprache bedingt ist, bei der folgenden Generation schon nicht mehr oder kaum noch merklich. Bei der Generation der Enkel ist er dann völlig verschwunden, und wenn es sich ergibt, daß sie die ursprüngliche Sprache ihrer Großeltern erlernen, so pflegen sie diese nicht akzentfrei, sondern beeinflußt durch ihre eigenen Sprechgewohnheiten zu artikulieren.

Diesen Tatbestand wird man auch für die Juden in Deutschland zu der Zeit, als das Schmuelbuch verfaßt wurde, annehmen dürfen, wofern keine triftigen Gründe für das Gegenteil vorgebracht werden können. Güdemann betont – allerdings für das 12. bis 14. Jahrhundert –, daß die Juden »die deutsche Sprache, und zwar ohne Jargon« sprachen, und begründet diese seine Ansicht damit, daß »in gehässigen Liedern und Schriften dieser Zeit den Juden der Jargon nicht vorgeworfen wird, was der Fall gewesen wäre, wenn sie einen solchen gesprochen hätten« (Güdemann, Bd. 1, S. 148 und Anm. 4).

Ebenso urteilt Leopold Zunz, bei dem es heißt: »In den früheren Jahrhunderten hatten die Juden in Deutschland keine andere Sprache als die ihrer christlichen Landsleute geredet ... Allen bis gegen Schluß des Mittelalters verfaßten Dokumenten zufolge, standen die deutschen Juden in der Sprache – bis auf einzelne Redeweisen und hier und da die Aussprache – den deutschen Christen gleich. Aber schon im 16. und noch stärker in den beiden folgenden Jahrhunderten bildete sich der Dialekt der Juden zu einem eigenen sogenannten Jüdisch-Deutschen aus, in welchem hebräische, eigene jüdische und veraltete deutsche Ausdrücke in gleicher Menge vorhanden waren.« (Zunz, S. 452 f.)

Auf den ersten Blick scheint dieser Zunz und Güdemann gemeinsamen Meinung, die Sprache der in Deutschland ansässigen Juden sei Deutsch gewesen, die Gegenüberstellung der ersten zwanzig Verse des Schmuelbuches und der Version des Paulus Aemilius zu widersprechen, die Birnbaum liefert, indem er die beiden Texte Zeile für Zeile untereinander abdruckt (Birnbaum 1979, S. 49). In unserem Zusammenhang genügt es, um ein Bild zu gewinnen, aus Birnbaums Werk zwei Strophen, d. h. die ersten acht Verse des Epos, zu reproduzieren:

Vers 1
vér mit gancym hércyn   zéin zin hoot gykért
Welcher von gantzem hertzen   Sein siñ vnd mů̊t hat khert

Vers 2
cu unzerym liibyn héryn   vi oft ér in dernẹrt
Zů̊ vnserm lieben Herren   Der alle welt erneert

Vers 3
zéin gynood un[t] (zéin) zixerhaait   nox nii gylaag
Sein gnad vnnd grosse gů̊te   Noch nie ernider lag

Vers 4
er hilfyt zéinyn knéxtyn   és zéi naxt oder tag
Er hilffet seinen knechten   Es sey nacht oder tag

Vers 5
zéin lob kan niimant éndyn   vẹder frou nox man
Sein lob kan niemandt enden   Weder fraw noch der man

Vers 6
doorum zol man śvéigyn   vén man és nit foléndyn kan
Darumb so soll man schweigen   Weil mans nit wenden khan

Vers 7
ér hoot uns gyholfyn   oft ous unzer nọọt
Er hat vns offt geholffen   Auß aller vnser not

Vers 8
un[t] hoot uns for gébyn   unzer zünd un[t] (unzer) mistoot
Vnd hat vns auch vergeben   Vnser groß missethat[37]

Während Birnbaum den Text des Paulus Aemilius in der Form reproduziert, in der er gedruckt vorliegt, bedient er sich für die Wiedergabe des originalen Schmuelbuches einer Umschrift, die die phonetische Realisierung des Textes zeigen soll, der ursprünglich mit hebräischen Buchstaben gedruckt ist. Durch dieses Verfahren erreicht es der Verfasser, zwischen dem Original und der Version des Paulus Aemilius Differenzen zu zeigen, die es vermutlich gar nicht gibt. Der unbefangene Leser bekommt beim Vergleich der beiden Texte den Eindruck, als bestünden zwischen ihnen außerordentlich gravierende Unterschiede in der Aussprache. Birnbaums Transkriptionen haben nicht erst heute Befremden ausgelöst. Bereits 1913 hat Brody in einem Zeitungsartikel von einem »orthographischen Hokuspokus« gesprochen.

Es soll in diesem Zusammenhang davon abgesehen werden, die Frage zu erörtern, aus welchen Gründen Paulus Aemilius an verschiedenen Stellen vom Wortlaut seiner Vorlage abgewichen ist. Eine solche Untersuchung hätte nicht nur Probleme der Metrik zu beachten, sondern auch die zeitliche Differenz zwischen beiden Texten zu berücksichtigen, die zwar bei den Druckausgaben nur knapp zwanzig Jahre beträgt, aber in Wahrheit größer ist, da das Schmuelbuch auf ältere Handschriften zurückgeht und ihnen verpflichtet ist, während Paulus Aemilius einen für seine Zeit modernen Text liefert. Dazu kommt noch der Individualstil und der persönliche Geschmack. Daß Paulus selbstverständlich im Original vorkommende hebräische Wörter, die seine Leser nicht verstanden hätten, durch deutsche ersetzt, habe ich schon in anderem Zusammenhang erörtert; in den hier zitierten Zeilen findet sich kein Beispiel dafür. Welche Gründe auch immer Paulus Aemilius – abgesehen von der Ersetzung hebräischer durch deutsche Wörter – bewogen haben, den Text seiner Vorlage umzugestalten, wie weit sie im Einzelfall sachlich bedingt und seine Änderungen im Interesse seiner Leser notwendig waren, steht in diesem Zusammenhang nicht zur Debatte, sondern ausschließlich die unterschiedliche Wiedergabe identischer Wörter mit Hilfe lateinischer Buchstaben, wie sie sich in Birnbaums Vergleich beider Texte findet.

Was zunächst die Konsonanten betrifft, so erscheint im Transkriptionstext *c* als Wiedergabe desjenigen Lautes, der bei Paulus Aemilius *tz* oder *z* geschrieben wird: Vers 1 *gancym = gantzem, hércyn = hertzen;* Vers 2 *cu = zů*. Der mit hebräischen Buchstaben gedruckte Text des Schmuelbuches hat hierfür den Buchstaben *Zade,* der phonetisch dem deutschen *z* völlig entspricht. Eine verbindliche Transkription des Hebräischen gibt es nicht: im Rahmen des vorliegenden Textvergleichs ist es jedenfalls ratsam, die Lautwerte hebräischer Buchstaben analog zu denen der Grapheme im Deutschen zu kennzeichnen, um die vorhandene Übereinstimmung deutlich zu machen.

Das deutsche stimmhafte *s* erscheint in Birnbaums Umschrift als *z:* Vers 1 *zéin = sein; zin = siñ;* Vers 2 *unzerym = vnserm;* Vers 3 *zéin = sein;* Vers 4 *zéinyn = seinen; zéi = sey;* Vers 5 *zéin = sein;* Vers 6 *zol = soll;* Vers 7 *unzer = vnser;* Vers 8 *unzer = vnser.*

Mit Hilfe des Buchstabens *z* transkribiert Birnbaum das hebräische *Sajin,* das phonetisch dem deutschen stimmhaften *s* entspricht.[38]

Stimmloses *s* wird durch *s* wiedergegeben: Vers 8 *mistoot = missethat.*

Für deutsches *sch* erscheint die Umschrift *ś:* Vers 6 *śveigyn = schweigen.*

Das deutsche *w,* für das im Schmuelbuch ein doppeltes *Waw* geschrieben wird, während das einfache *Waw* als Vokalzeichen dient, transkribiert Birnbaum mit *v:* Vers 5 *vẹder* entspricht *weder* der Schreibung des Paulus Aemilius.

x verwendet Birnbaum für den ach-Laut, der im Text des Paulus Aemilius als *ch* erscheint und im Original des Schmuelbuches durch *Chaf* ausgedrückt wird: Vers 3 *nox = noch;* Vers 4 *knéxtyn = knechten; naxt = nacht;* Vers 5 *nox = noch.*

Da es in Texten mit hebräischen Buchstaben nicht üblich ist, Konsonanten zu verdoppeln, um den vorangehenden Vokal als kurz zu kennzeichnen, finden wir Vers 1 *zin = siñ,* Vers 2 *héryn = Herren;* Vers 6 *zol = soll.* Während bei Paulus Aemilius Schreibungen mit einfachem Konsonanten vorkommen, wo nach heutigen Regeln verdoppelt werden müßte (z. B. Vers 5 *kan, man;* Vers 6 *khan*), und Verdoppelungen, die heute unüblich sind (Vers 4 *hilffet;* Vers 7 *geholffen*), werden im Schmuelbuch alle Konsonantenverdoppelungen vermieden.

Relativ erhebliche Unterschiede gibt es zwischen Vokalen, die sich im Text des Paulus Aemilius finden, und den Transkriptionen, die für den Wortlaut des Schmuelbuches benutzt werden. Birnbaum versucht nämlich, die Vokalzeichen des Originals in einer phonetischen Umschrift wiederzugeben. Auf diese Weise entsteht aber ein Schriftbild, das von dem der Version des Paulus Aemilius in erheblichem Maße abweicht und beim Betrachter den Eindruck sprachlicher Unterschiede zwischen beiden Texten hervorruft, die in dieser Kraßheit zweifellos nicht vorhanden sind.

Bekanntlich werden in den semitischen Sprachen – abgesehen vom Äthiopischen – die Vokale nicht oder nur andeutungsweise graphisch realisiert, da sich für denjenigen, der die betreffende Sprache beherrscht, die richtige Vokalisierung aus dem Konsonantengerüst folgerichtig ergibt, wenngleich es Zweifelsfälle geben kann. Ein Punktierungssystem legt die genaue Vokalisierung fest, wird aber relativ selten verwendet. Normalerweise werden Texte unpunktiert geschrieben und gedruckt. Für die Schreibung indoeuropäischer Texte mit hebräischen Buchstaben werden für die fehlenden Buchstaben *Alef, Waw* und *Jod* benutzt, die schon in der unvokalisierten Schreibung des Hebräischen als sogenannte matres lectionis Hinweise auf die notwendige Vokalisierung geben, sowie der Kehllaut *Ajin,* der einen in indoeuropäischen Sprachen nicht vorhandenen Laut bezeichnet und daher zu einem Vokalbuchstaben umfunktioniert wurde. Daneben macht das Schmuelbuch gelegentlich auch von den Vokalpunkten des Hebräischen Gebrauch. *Alef* wird als Graphem für den Vokal *a* benutzt, *Waw* für *o* und *u, Jod* für *i* und gelegentlich für *e; Ajin* bezeichnet den Vokal *e.* Kurzes *a* und *e* werden häufig unbezeichnet gelassen. Deutsche Diphthonge und Umlaute werden durch Kombinationen aus *Waw* und *Jod* umschrieben (*ä* wird durch *Ajin* ausgedrückt).

Die graphische Realisierung der Vokale ist im Deutschen recht ungenau; durch dasselbe Graphem werden qualitativ und quantitativ unterschiedliche Laute bezeichnet. Was die Quantität der Vokale angeht, läßt sich Länge durch Dehnungs-*h,* durch Verdoppelung des Graphems (bei *a, e, o)*, durch Anhängen eines *e* an *i* anzeigen; Kürze kann durch Verdoppelung des folgenden Konsonanten ausgedrückt werden. Oft bleibt aber die Quantität der Vokale ungekennzeichnet. Die Qualität der Vokale (gespannt – ungespannt) läßt sich aus der Schreibung der Wörter nicht ersehen. Mit Hilfe der hebräischen Buchstaben ist die Wiedergabe deutscher Vokale noch ungenauer. Nicht nur werden *u* und *o* graphisch nicht unterschieden, es fallen auch *e* und *ä* prinzipiell zusammen sowie – jedenfalls im Schmuelbuch – *eu, au, ö* und *ü;* Längen und Kürzen können nicht graphisch unterschieden werden, abgesehen von der Möglichkeit, kurzes *a* und *e* in der Schreibung nicht zu berücksichtigen.

In den acht Versen, die Birnbaums Umschrift des Schmuelbuches illustrieren sollen, – insgesamt hat der Autor fünf Strophen transkribiert – wird der *a*-Laut durch *aa* oder durch *a* wiedergegeben: *aa* steht für einen langen, dunklen (gespannten) Vokal, der im Text des Schmuelbuches immer durch *Alef* realisiert wird; *a* gibt den kurzen *a*-Laut wieder, der teils mit *Alef* geschrieben, teils im Text unbezeichnet ist.

Für die *e*-Laute verwendet Birnbaum die Umschriften *e, é* und *ẹ*. *e* bezeichnet das kurze, ungespannte *e;* es tritt im Originaltext graphisch nicht in Erscheinung. *é* ist das lange, gespannte *e,* das im Original mit *Ajin* geschrieben ist. *ẹ* wird verwendet, wo das Original den Laut durch *Jod* kennzeichnet und in Vers 2 beim Wort *dernẹrt* zusätzlich mit dem Vokalzeichen *Zere* (langes *e*) punktiert. Auch hier handelt es sich um ein langes *e,* und ich vermag keinen phonetischen Unterschied zwischen *é* und *ẹ* zu erkennen. Für den Schwa-Laut, einen unbetonten Murmelvokal, der im Deutschen durch *e* wiedergegeben wird, setzt Birnbaum das Graphem *y,* und gerade dadurch wirkt sein Text für einen deutschen Leser sehr fremd. Das Original kennzeichnet den Laut in der Endsilbe nicht, während in Vorsilben – wie *ge* – ein *Jod* geschrieben wird.

Für *i* erscheinen in der Umschrift *i* für den kurzen, ungespannten und *ii* für den langen, gespannten Vokal. Warum allerdings phonetisch *vi* (Vers 2) von *nii* (Vers 3) unterschieden wird, ist nicht einleuchtend. Das Original kennzeichnet jedes *i* durch den Buchstaben *Jod.*

o, oo und *ọọ* erscheinen für den kurzen bzw. den langen *o*-Laut.

Einen phonetischen Unterschied zwischen *oo* und *ọọ* kann ich indessen nicht wahrnehmen.
In Vers 7 und Vers 8 reimen sich *nọọt* und *mistoot*. Das Schmuelbuch gibt jedes *o* durch den Buchstaben *Waw* wieder. Daher scheint mir die Transkription *doorum* (Vers 6) ein Irrtum zu sein, denn das Original hat keinen Vokalbuchstaben. Bei Paulus Aemilius weist übrigens der Reim *not – missethat* darauf hin, daß er anscheinend das *a* wie *o* gesprochen hat; das scheinen auch die Juden getan zu haben, was durch die Schreibung *hot* mit *Waw* als Vokalbuchstaben für deutsches *hat* nahegelegt wird.
In den betrachteten acht Versen werden alle *u*-Laute durch *u* wiedergegeben, womit der kurze Laut transkribiert wird (die Umschrift *cu* in Vers 2 ist daher wohl ein Irrtum, da das *u* gewiß lang ist). Langes *u* drückt Birnbaum durch *uu* aus (Vers 14 *Śmuuyl* = *Schmuel*). Das Original schreibt den Buchstaben *Waw* für alle *u*-Laute.
Von den Umlauten kommt in den ersten acht Versen nur das kurze *ü* vor, das mit *ü* transkribiert ist.
Der Diphthong *au* erscheint als *ou;* das Original benutzt die Kombination von *Waw* und *Jod*.
Der Diphthong *ei* wird mit *éi* wiedergegeben, an einer Stelle allerdings mit *aai* (Vers 3: zixerhaait); einen phonetischen Unterschied zwischen *éi* und *aai* gibt es wohl nicht. Das Original benutzt für den Diphthong *ei* eine Schreibung mit zwei *Jod*.
Würde man den Text des Paulus Aemilius nach den von Birnbaum zugrunde gelegten Prinzipien transkribieren, so ergäbe sich eine weitgehende Übereinstimmung beider Texte in phonetischer Hinsicht, die durch Birnbaums Gegenüberstellung fast völlig unsichtbar gemacht wird.

Die Sprache des Schmuelbuchs

Meist wird in den frühen von Christen stammenden Beschreibungen der Sprache der Juden auf die Besonderheiten hingewiesen, die für Juden spezifisch und charakteristisch seien. Solche sprachlichen Eigentümlichkeiten werden in den Darstellungen meist als Zeichen dafür angeführt, daß diese Sprache verwildert und verderbt sei. Die Angaben, die dies bezeugen sollen, beschränken sich im wesentlichen auf die Lexik, auf einzelne abweichende Wortformen und auf die Aussprache. Demgegenüber scheinen die syntaktischen Abweichungen, die besonders im modernen Ostjiddisch zu konstatieren sind, in der Sprache der Juden innerhalb des deutschen Sprachgebiets – und gerade diese bildete das Beobachtungsmaterial – keine Rolle gespielt zu haben, denn derartige Erscheinungen sind Nichtjuden nicht aufgefallen.

Wenn wir hier von der Verwendung hebräischer Lexeme absehen, die natürlich ein Spezifikum darstellt, das in der Sprache von Nichtjuden nicht zu verzeichnen ist – ausgenommen einige Wörter, die auch in die deutsche Allgemeinsprache eingegangen sind –, bleiben einige Bildungen, die deutschen Ursprungs sind, sich aber im Deutschen nicht oder nur dialektal erhalten haben.

Solche Besonderheiten weist auch das Schmuelbuch auf, wenn wir es mit dem modernen Deutsch vergleichen. Es soll hier untersucht werden, ob sie auch für die Zeit des Drucks, also die Mitte des 16. Jahrhunderts, als judenspezifisch zu bezeichnen sind, indem derartige Erscheinungen mit der Sprache der Version des Paulus Aemilius verglichen werden.

Allgemein wird seit Buxtorfs Beschreibung der Sprache der Juden (1609) festgestellt, daß das pluralische Personalpronomen der ersten Person *wir* durch die Form *mir* ersetzt ist (Buxtorf, Wagenseil, Callenberg, Chrysander, Selig, Friedrich). Anstelle der deutschen Vorsilbe *er-* pflegt die Form *der-* zu erscheinen (Buxtorf, Wagenseil, Callenberg, Chrysander und spätere). Anstelle von *also* wird von Juden die Form *aso* verwendet (Wagenseil, Callenberg, Chrysander), *as* anstelle von *als* (Chrysander); statt *nicht* erscheint *nit* (Chrysander); *heint* wird statt *heute* benutzt; *Gelernter* tritt an die Stelle von *Gelehrter* (Chrysander); *dasig* (also *der dasige*) wird statt *derselbe* gesagt (Buxtorf, Chrysander).

Wir verzichten in diesem Zusammenhang auf die Behandlung von Problemen der Phonetik, da wir es mit schriftlichen Zeugnissen zu tun haben, aus denen phonetische Abweichungen nur in geringem Grade ersichtlich sind. Wenn zum Beispiel darauf hingewiesen wird, Juden artikulierten den Diphthong *ei* als *a*, wie schon Chrysander bemerkt und als Beispiel unter anderen *Schweif* bietet, das als *schwaaf* realisiert werde (Chrysander 1750a, § V, IIII), so ist das gewiß eine richtige Beobachtung, denn auch das moderne Ostjiddisch – jedenfalls der u-Dialekt, der vor allem in Polen gesprochen wurde – zeigt diese Besonderheit; indessen tritt sie orthographisch nicht in Erscheinung. Aus dem Text des Schmuelbuches könnten solche Spezifika der Aussprache nur aus Reimen erschlossen werden, die in graphischer Hinsicht als unrein zu bezeichnen wären, wenn also ein Wort, das mit zwei *Jod*, dem Graphem für den *ei*-Laut, auf ein anderes mit *Alef*, dem Zeichen für *a* gereimt wird. Derartige Fälle ließen sich indessen nicht finden. Der Wandel von *ei* zu *a* ist also zu einem Zeitpunkt eingetreten, als er die Orthographie nicht mehr beeinflussen konnte.

Die Form *mir* anstelle von *wir* treffen wir im Schmuelbuch häufig. Eine vollständige Anführung von Belegstellen ist bei einem so oft vorkommenden Wort überflüssig, da sie nicht erhellend wäre. Darum seien als Beispiele nur geboten: 28,4; 1053,4 (zweimal); 1590,3; 1590,4; 1591,1. Wir finden im Text allerdings auch die Form *wir*, also beide Formen sind im Schmuelbuch mehrfach belegt. *wir* erscheint zum Beispiel 806,1; 854,1; 1625,2. Wenn man die Stellen, an denen das Schmuelbuch *mir* bietet, mit den von Paulus Aemilius gewählten Wiedergaben vergleicht, so läßt sich feststellen, daß er manchmal *mir* durch *wir* ersetzt, so 28,4; 1053,4 = II,764 bei Paulus (an der zweiten im Vers vorkommenden Stelle); 1590,4 = II,578. Es erscheint aber auch bei Paulus die Form *mir:* 1053,4 = II,764 (erste Stelle); 1590,3 = II,578; 1591,1 = II,579. Allerdings ersetzt Paulus ein im Original vorhandenes *wir* nicht durch *mir*, sondern beläßt das mundartliche *mir* nur unter dem Einfluß des Originaltextes. Auf diese Weise ist jedoch das Vorkommen von *mir* anstelle von *wir* für einen frühneuhochdeutschen Text belegt.

Die Verwendung der Vorsilbe *der-* bei Verbalkomposita bzw. deren Ableitungen findet sich im Schmuelbuch durchgängig anstelle von *er-*. Wenige Beispiele genügen hier: 1,2 *der nert;* 62,2 *der schlagen;* 62,4 *der schreken;* 78,4 *aus der wēlt.*[39] Paulus verwendet dagegen durchgängig, sofern der Wortlaut bei ihm derselbe ist, die Vorsilbe *er-:* 1,2 = I,1 *erneert;* 62,2 = I,61 *erschlagen;* 62,4 = I,61 *erschrecken;* 78,4 = I,77 *außerwelt.* Die Vorsilbe *der-* kommt in seinem Text nirgends vor. Ahldén weist darauf hin, daß Formen mit Dentalanlaut, die im Althochdeutschen unbekannt sind, erstmalig in mittelhochdeutschen Quellen des 12. Jahrhunderts auftreten. Aber auch für die frühneuhochdeutsche Literatur kann er ein reiches Material liefern; für das 14. und 15. Jahrhundert gibt es zahlreiche Belege, und zwar sowohl ober- als auch mitteldeutsche.

Da das Schmuelbuch vermutlich im 15. Jahrhundert verfaßt wurde, ist die Verwendung des Dentalanlauts durchaus legitim. »Die Schreiber und Drucker des 16. und 17. Jhs. bringen weit seltener als die des vorhergehenden Jhs. d-Formen zu Papier…« (Ahldén S. 95). Trotzdem gibt es auch aus dem 16. Jahrhundert eine Reihe literarischer Belege, einzelne auch aus dem 17. Jahrhundert. Erst seit dem 18. Jahrhundert ist der Dentalanlaut nur noch mundartlich; in der Literatur treten derartige Formen nur auf, wenn bewußt Mundart verwendet wird. Die Verwendung von *der-* anstelle von *er-* ist für die Zeit, in der das Schmuelbuch gedruckt wurde, daher eine veraltende, jedoch noch keine veraltete Form, deren Verwendung für den Drucker des Schmuelbuches um so näher lag, als er ja eine ältere Vorlage druckte. Die Ersetzung von *der-* durch *er-* im Text des Paulus Aemilius ist als Modernisierung zu werten, doch beide Formen sind für Zeit und Ort berechtigt, besonders in einem volkstümlichen Text, den das Schmuelbuch ja darstellt. Im Jiddischen hat sich *der-* für *er-* erhalten und ist die allein gültige Form geblieben.

Beide Formen *aso* und *also* treten im Schmuelbuch auf, ohne daß man sagen könnte, die eine oder die andere würde bevorzugt. *also* erscheint beispielsweise 17,3; 530,2; 940,1; 1411,1. *aso* finden wir 20,4; 200,1; 301,1; 1283,1. Paulus Aemilius verwendet hingegen die bairisch mundartliche Form *aso* nicht.

Für *als* kommt im Schmuelbuch oft das mundartliche *as* vor; es ist häufiger als das hochsprachliche *als*. Beispiele für *als:* 940,1; 1436,4; 1540,4. Beispiele für *as:* 8,3; 87,2; 390,2; 530,2; 1577,3. Bei Paulus Aemilius kommt die mundartliche Form *as* nicht vor. Im modernen osteuropäischen Jiddisch gibt es nur die Form *as;* aus *aso* ist *asoi* geworden.

Die Verwendung der Form *nit* anstelle von *nicht,* die Chrysander für Juden typisch zu sein scheint, ist sicher kein Spezifikum der Judensprache, sondern des Oberdeutschen. Sowohl das Schmuelbuch verwendet *nit* als auch Paulus Aemilius.

Im Vergleich zur Version des Paulus Aemilius ist auch die Verwendung von *heint* für *heute* im Schmuelbuch nicht auffällig. Beide Texte bieten beide Formen: Vers 669,1 des Schmuelbuches hat *heut* und ebenso Paulus an der entsprechenden Stelle (I,661 = *heüt*); 736,3 (bzw. Paulus I,724) findet sich *heint*. Im modernen Jiddisch ist *haint* die alleinige Form geworden.

Die Verwendung von *lernen* in der Bedeutung ›lehren‹ ist im Frühneuhochdeutschen durchaus verbreitet und stellt keine jüdische Besonderheit dar. Auch Paulus verwendet *lernen* in diesem Sinne, und zwar auf dem Titelblatt: »... aine ... form/ die ... den Text ... verstehn lernt ...«; als weiteres Beispiel sei Vers 35,1 genannt, wo beide Versionen in dieser Hinsicht übereinstimmen. Es findet sich bei Paulus auch die Form *leeren* (I,115), wo das Original (116,3) *lernen* schreibt. Die Textänderung stellt in diesem Fall eine berechtigte Korrektur dar, denn der Originaltext reimt hier *lernen* auf *kehren*. Dieser fehlerhafte Reim dürfte auf den Drucker zurückzuführen sein, dem anscheinend *lernen* die vertraute Form war und der sie darum auch dort verwendet hat, wo sie den Reim zerstörte. Das moderne Jiddisch kennt *lehren* nicht und verwendet dafür *lernen*. Man kann daher diese Stelle als ein Spezifikum der Sprache der Juden ansehen, indessen bleibt die Verwendung von *lernen* für ›lehren‹ durchaus im Rahmen der allgemeinen Sprachüblichkeit der Zeit.

dasig als ein spezifisch jüdisches Demonstrativpronomen kann hier unberücksichtigt bleiben, da das Wort im Schmuelbuch nicht verwendet wird. Im modernen osteuropäischen Jiddisch ist *der dasiger* üblich, doch im Frühneuhochdeutschen ist das Lexem durchaus belegbar (vgl. Kluge s. v.).

Bereits Buxtorf (S. 667) weist auf die Verwendung von *un* anstelle von *und* bei Juden hin. Es ist wohl anzunehmen, daß er mit dieser Beobachtung für seine Zeit recht hat, sofern sich diese Besonderheit auf die Aussprache bezieht, denn im modernen Ostjiddisch ist deutsches *und* sowohl in der Aussprache als auch in der Schreibung zu *un* geworden. Die Schreibung mit hebräischen Buchstaben trug allerdings dieser Aussprache viele

Jahrhunderte keine Rechnung, denn *un* wurde in den Drucken als Abbreviatur gekennzeichnet. Meist wurde hinter die Buchstaben ein Schrägstrich gesetzt, es gab auch – vornehmlich im 19. Jahrhundert – die Üblichkeit, den Buchstaben *Nun,* für den es im hebräischen Alphabet eine besondere Finalform gibt, nicht mit dieser zu schreiben, sondern die sonst übliche Buchstabenform zu benutzen, um zu zeigen, daß das Wort nicht mit *n* endet. Die Schreibung von *un* mit einem *Schluß-Nun* hat sich erst im Anfang des 20. Jahrhunderts durchgesetzt. Gelegentlich gibt es auch ältere Drucktexte, die die volle Form *und* verwenden: 1717 wurde in Hanau »Eine schöne neue kuriose Aktion von König David *unt* Goliath ha-Plischti« gedruckt[40], in Amsterdam erschien 1780 »Errettung der Juden durch Esther *und* Mordechai«.[41] Das Schmuelbuch verwendet anstelle des Schrägstrichs einen vertikalen Strich in der Größe der Buchstaben, kennzeichnet also die Form *un* deutlich als Abkürzung. Auch Paulus Aemilius schreibt oft *vn̄,* entsprechend den damaligen Üblichkeiten in deutschen Drucken, wenngleich er häufiger das Wort ausschreibt. Hinsichtlich der Schreibung entspricht also das Schmuelbuch den deutschen Drucken. Daß Juden bereits damals *un* sprachen, ist durchaus möglich. Wir besitzen nicht nur das Zeugnis Buxtorfs, das allerdings etwas jünger ist, sondern auch einen fragmentarischen Druck des Romans »Paris un Viene« in der Version des Elia Levita, Verona 1594, wo *un* mit *Final-Nun* geschrieben, also nicht als Abbreviatur gekennzeichnet ist.[42]

Zu den Abweichungen der Version des Paulus Aemilius vom Originaltext des Schmuelbuches, die Birnbaum als Beweis dafür erachtet, daß Paulus eine Übersetzung aus einer anderen Sprache vornahm, gehören außer der Eliminierung hebräischer Wörter, die einem nichtjüdischen Leserkreis unverständlich sein mußten, noch eine Reihe weiterer Änderungen. Birnbaum nennt die Ersetzung von Wörtern deutschen Ursprungs durch andere deutsche Wörter, andere Formen desselben Lexems, Hinzufügungen von Wörtern. »Where words were added they seem nearly always to fall into the category of substitution for an archaic German element, in order to modernize the rhythm which had by then become too archaic for the German reader.« (Birnbaum 1979, S. 50). Die Beispiele aus den ersten Strophen

des Schmuelbuches vermögen indessen schwerlich zu überzeugen.
Unter den Änderungen, bei denen archaische deutsche Wörter durch andere ersetzt werden, führt Birnbaum die folgenden auf: (Ich beschränke mich hier auf eine Auswahl und berücksichtige vorwiegend die ersten acht Verse, die ich weiter oben wiedergegeben habe; auf Birnbaums Transkriptionsweise verzichte ich und verwende zur Erleichterung des Verständnisses eine der modernen deutschen Orthographie angepaßte Schreibung.)

Vers 1	*wer*	wird ersetzt durch *welcher*
	mit	wird ersetzt durch *von*
Vers 2	*wie oft er ihn*	wird ersetzt durch *der alle welt*
Vers 3	*sein*	wird ersetzt durch *grosse*
	sicherheit	wird ersetzt durch *guͤte*
Vers 6	*vollenden*	wird ersetzt durch *wenden*

Unter diesen Beispielen verdient allein die Ersetzung von *sicherheit* durch *guͤte* Beachtung; die anderen Wörter sind nicht ausgewechselt, um den Text zu »übersetzen«. Die Verwendung von *sicherheit* zur Bezeichnung einer Tätigkeit oder Wirkung, nicht aber einer Eigenschaft oder eines Zustandes, also nicht des Sicherseins, sondern der Sicherheit gebenden Wirksamkeit, ist gewiß ungewöhnlich und entspricht nicht dem Gebrauch der neuhochdeutschen Zeit. Daraus könnte man aber nur dann den Schluß ziehen, daß es sich um ein speziell jiddisches Lexem handelt, wenn sich hier der Ausgangspunkt für eine gesonderte Entwicklung zeigte, wenn also entweder *sicherheit* in dieser Bedeutung im Jiddischen fortlebte oder wenn wenigstens das Suffix *-heit* oder *-keit* – denn heute wird im Jiddischen *sicherkeit* verwendet – etwas anderes als Zustand oder Eigenschaft bedeutete. Das ist jedoch nicht der Fall; daher können wir das Wort im Originaltext des Schmuelbuches nur für eine veraltete Form oder für eine Eigenwilligkeit der Vorlage des Druckers ansehen. Übrigens bietet auch die Pariser Handschrift des Originals *güte* statt *sicherheit.*[43]
Für die Verwendung anderer Formen desselben Lexems bei Paulus Aemilius sollen jetzt einige Beispiele aus Birnbaums Zusammenstellung angeführt werden:

Vers 1 und 8	*hot*	ersetzt durch	*hat*
Vers 2	*der nert*	ersetzt durch	*erneert*
Vers 6	*dorum*	ersetzt durch	*darumb*
Vers 8	*vor geben*	ersetzt durch	*vergeben*
	mistot	ersetzt durch	*missethat*

Daß ein Text in hebräischen Buchstaben die Wörter phonetisch wiedergibt, nicht aber den Üblichkeiten zeitgenössischer deutscher Rechtschreibung verpflichtet ist, bedarf keiner Erklärung und Rechtfertigung. Auch Paulus hat, wenn er auch *hat, darumb* und *missethat* schreibt, nicht *a* gesprochen, sondern *o*, denn er reimt *missethat* auf *not* (Vers 7 und 8), er schreibt auch *o* für *a: gethon* (Vers 15), das er auf *lan* reimt. Die Vorsilbe *der-* ist zwar veraltend, aber, wie bereits ausgeführt, noch verbreitet, *mistot* ist allerdings archaisch, hat sich aber auch im Jiddischen nicht behauptet. Zusammensetzungen mit *miß-* gibt es im modernen Jiddisch nicht.
Die Hinzufügungen, die Paulus Aemilius vornimmt, sind wohl kaum ein Beweis für eine Übersetzertätigkeit. Ich kann auch Birnbaum nicht zustimmen, daß der Rhythmus des Textes für den deutschen Leser zu archaisch war und darum modernisiert werden mußte. Selbst wenn das der Fall wäre, gerieten dadurch Original und Bearbeitung nicht in das Verhältnis von Ausgangs- und Zielsprache. Die Verse des Originals sind zweifellos in sehr vielen Fällen verbesserungsbedürftig. Nicht nur gibt es unreine oder gar völlig falsche Reime, sondern auch in metrischer Hinsicht ist der Text oft sehr unvollkommen. Das Schmuelbuch ist in seiner sprachlichen Form kein großes Kunstwerk, jedenfalls in der Fassung, die die Erstausgabe von 1544 bietet. Diese Einschränkung mache ich darum, weil wir nicht wissen, wie die Vorlage, die der Drucker benutzte, ausgesehen und wie treu und richtig er sie abgedruckt hat. Wir besitzen vom Schmuelbuch nur zwei Handschriften, die aber nicht die Vorlagen des Drucktextes darstellen können, da sie zum Teil völlig andere Strophen bieten.
Die Tätigkeit eines Bearbeiters, wie es Paulus Aemilius war, unterscheidet sich von der eines Druckers im Herangehen an sein Material. Es ist durchaus einleuchtend, daß der Drucker, der ja in der damaligen Zeit sehr weitgehend in die Gestaltung

der Texte einzugreifen pflegte, doch oft geneigt ist, Wörter beizubehalten, die zwar nicht mehr sprachüblich, aber noch verständlich sind. Besonders trifft das bei poetischen Texten zu, bei denen Eingriffe zugleich auf Rhythmus und Reim Rücksicht nehmen müssen; hier mußte sich dann der Drucker gleichzeitig künstlerisch betätigen, um solchen Anforderungen gerecht zu werden, während sich ein Prosatext leichter ändern läßt. Dadurch erklären sich aber meines Erachtens viele Archaismen, die der Text enthält. Paulus Aemilius hingegen war in einer anderen Situation, er stand dem ihm vorliegenden Text reservierter gegenüber und war von vornherein zu Änderungen verpflichtet: Er mußte hebräische Wörter durch deutsche ersetzen und, da er den Text für christliche Leser gestalten wollte, einige christliche Inhalte hineinbringen. Darum war er ohnehin zu Eingriffen genötigt und nahm Änderungen vor, die aber zum großen Teil auf ästhetische Erwägungen zurückgehen. Dazu gehört auch die Verbesserung von Reim und Rhythmus.

Es gibt allerdings eine Reihe lexikalischer Besonderheiten des Schmuelbuches, die Birnbaum nicht erwähnt, die aber Beachtung verdienen. Zunächst will ich hier einige in der Sprache der Zeit nicht mehr übliche Adjektive nennen: Das Schmuelbuch bietet nicht nur *lebendik* (44,1), sondern auch analoge Bildungen, die im Neuhochdeutschen nicht vorhanden sind. So finden wir im Text *stechendig* (674,4) und *auf nemendig* (913,3). Paulus Aemilius behält nur *lebendig* bei mit Betonung auf der ersten Silbe. Die Strophe 674 ist in seiner Version ausgelassen, so daß für *stechendig* kein Äquivalent vorhanden ist; statt *auf nemendig* heißt es bei ihm *glückhafftig* (II,77). Im Mittelhochdeutschen gibt es zahlreiche Adjektive auf *-ic,* die aus Präsenspartizipien, die auf *-ende* ausgehen, gebildet sind. Nur *lebendig* ist von diesen im Neuhochdeutschen erhalten geblieben; die Betonung verschob sich auf die vorletzte Silbe, doch erst im 18. Jahrhundert hat sich diese Neuerung restlos durchgesetzt (vgl. Kluge s. v.). Hier kann man fraglos eine Besonderheit der Sprache der Juden konstatieren, in der eine im Neuhochdeutschen nicht mehr produktive Bildungsweise beibehalten wurde. Im neueren Jiddisch ist dieses Muster zur Bildung von Adjektiven sehr geläufig geworden, allerdings lautet die Endung nicht *-ik,* sondern *-dik*. Das dürfte darauf zurückzuführen sein, daß deutsche Adjektive wie *lebendig* nicht mehr als eine Zusammensetzung aus *lebend + ig* aufgefaßt wurden, sondern aus *leben + dig*. So werden aus Substantiven – ob es sich um deutsche oder hebräische Etyma handelt – durch die Suffigierung von *-dig* zahlreiche Adjektive gebildet, wie z. B. *regenboigendik, wolkendik, eiterdik, winterdik, schabbeßdik* (›sabbatlich‹), *jontevdik* (›feiertäglich‹). Im Schmuelbuch treten jedoch ausschließlich Formen auf, die aus Präsenspartizipien gebildet sind, also deutsche – wenngleich archaische – Formen. Diese Partizipialform ist im Jiddischen die Regel geworden: Dem deutschen *-end* entspricht jiddisch *-endik*, d. h. *stehend* entspricht *schteiendik; lebend* ist jiddisch *lebendik*. Daneben gibt es im Jiddischen noch eine Form, die auf *-edik* ausgeht: Außer *schteiendik* haben wir auch *schteiedik*, neben *trogndik* die Form *trogedik* usw. *schteiendik* heißt ›etwas, was gerade steht‹, während *a schteiediker lomp* die Bedeutung ›Stehlampe‹ hat, ›eine Lampe, die zum Stehen bestimmt ist‹; *trogndik* ist ›jemand, der etwas trägt‹, während *trogedik* die Bedeutung ›schwanger‹ hat. So sind die Partizipialformen, die wir im Schmuelbuch finden, auch jiddische Formen, wenn wir die historische Entwicklung rückwärts verfolgen, doch für den historischen Verlauf können wir nur konstatieren, daß es sich noch um deutsche Bildungen mit der Endung *-ik* handelt, nicht aber um die Endung *-dik*.

Zahlreich sind im Schmuelbuch Verbalnomina mit der Endung *-ung*. Dazu gehören *beßrung* (103,3), *der barmung* (1770,4), *eilung* (1515,1), *rochung* (415,3; 420,3), *ru'ung* (72,4), *wartung* (1042,2). In seinen Erklärungen erläutert Falk solche Lexeme, indem er ihre modernen deutschen Äquivalente und die entsprechenden mittelhochdeutschen Formen bietet. Das ist für den Benutzer der Ausgabe hilfreich, solange bei ihm dadurch nicht der Eindruck erweckt wird, das Schmuelbuch enthalte mittelhochdeutsche Formen. Falk hat aus sehr begreiflichen Gründen darauf verzichten müssen, der frühneuhochdeutschen Entwicklung der Wörter nachzugehen, denn das Mittelhochdeutsche ist lexikographisch besser aufgearbeitet als das Frühneuhochdeutsche. Man muß bedenken, daß Falk für seine Arbeit das Deutsche Wörterbuch der Brüder Grimm nur in unfertigem Zustand zur Verfügung stand; heute sind die Lexeme meist mit Hilfe des DWB auch im Frühneuhochdeutschen belegbar.

Für *beßrung,* das hier die Bedeutung ›Entschädigung‹ hat, bietet Paulus Aemilius *verehrung* (I,102). Von der Sache her ist die Änderung nicht nötig, da *beßrung* in der genannten Bedeutung frühneuhochdeutsch belegt ist; *verehrung* bedeutet indessen ›Ehrengabe‹, ›Geschenk‹. Anstelle von *der barmung* verwendet Paulus *erbarmung* (II,819). Aber auch die so spezifisch jüdisch anmutende Form *derbarmung* ist in der sogenannten ersten deutschen Bibel, ca. 1466 in Straßburg gedruckt, zu belegen (vgl. Ahldén, S. 59). Während es im Original *in eilung* heißt, verwendet Paulus das Adverb *eilends* (II,503). *rochung* wird von Paulus an der ersten Textstelle durch *abbruch* ersetzt (I,411), an der zweiten Stelle benutzt er *rechung* (I,416). Falk korrigiert in seinen Erläuterungen zu Strophe 415 *rochung* in *rechung;* ich möchte aber wegen des zweimaligen Vorkommens der Form nicht einfach einen Druckfehler annehmen, sondern eher die phonetische Wiedergabe einer mundartlichen Variante von *rachung*. *ru'ung* wird von Falk als spezifisch jüdisches Lexem bezeichnet (Schmuelbuch, Bd. 2, S. 137), jedoch ist das Wort noch im 16. Jahrhundert auch in nichtjüdischen Texten nachweisbar. Landau bietet einen Beleg aus der 1523 in Augsburg gedruckten Psalmenübersetzung des Kaspar Amman (Landau, S. 60), so daß im Hinblick auf Ort und Zeit der Entstehung des Schmuelbuches das Wort nicht judenspezifisch ist, wenngleich möglicherweise veraltend. Paulus Aemilius schreibt dafür *wonung* (I,71). *wartung* hat bei Paulus keine Entsprechung, da die Strophe in seinem Text nicht vorkommt. Bildungen mit der Endung *-ung* zur Substantivierung von Verben sind im Deutschen bis in die Gegenwart sehr verbreitet und – auch als Gelegenheitsbildungen – jedem unmittelbar verständlich, so daß derartige Formen, auch wenn sich kein literarischer Beleg für sie finden läßt, keinesfalls als sprachliche Besonderheiten zu bezeichnen sind.

Als Plural für Diminutiva verwendet der Autor des Schmuelbuches eine besondere Form, das Suffix *-lich*. So finden wir mehrmals im Text die Form *küchlich* (1348,3; 1350,3; 1351,2; 1352,1; 1353,4; 1354,2 und 4; 1355,4; 1356,1). Auch im modernen Jiddisch wird bei Diminutiven zwischen Singular (-el) und Plural (-lech) unterschieden. Doch auch das Bairische kennt diese Unterscheidung. Paulus Aemilius bietet in seiner Version die verschiedensten Formen: *kúchle* (II,342; 344; 348,2; 349), *kúchel* (348,4; 350), *kiechle* (347), *kúchlich* (345) und *kúchlach* (346).

Auffällig ist im Text des Schmuelbuches die einmal vorkommende Form *beschefnis* (958,1) als Substantivierung des auch im Frühneuhochdeutschen begegnenden Verbums *beschaffen* in der Bedeutung ›erschaffen‹. Paulus schreibt statt dessen *bschaffung* (II,121). Einen Beleg für die Verwendung von *beschefnis* im Sinne von ›Erschaffung‹ habe ich nicht finden können, und es mag sich durchaus um eine jüdische Sonderform handeln. Im modernen Jiddisch gibt es *baschefenisch*, allerdings in der Bedeutung ›Geschöpf‹, während für ›Schöpfung‹ im Sinne der göttlichen Tätigkeit *baschaf*, sonst aber *schafung* verwendet wird. Immerhin hält sich *beschefnis* im Rahmen der deutschen Bildungsmuster.

Auffällig im Text sind auch unflektierte Genitive von Namen, auf die ich bereits hingewiesen habe (S. 85); auch Paulus Aemilius verwendet solche Formen.

Betrachtet man die bisher aufgeführten sprachlichen Besonderheiten des Schmuelbuchs retrospektiv vom modernen Jiddisch her, so lassen sich Gemeinsamkeiten finden. Dazu gehören die Verwendung von *mir* statt *wir*, das Präfix *der-* für *er-*, das Verbum *lernen* in der Bedeutung ›lehren‹, die es sowohl im Schmuelbuch als auch im modernen Jiddisch gibt, im modernen Deutsch jedoch nicht. Doch ist es unzulässig, auf Grund dessen zu behaupten, die Sprache des Schmuelbuchs sei dieser Gemeinsamkeiten wegen als jiddisch zu bezeichnen, denn wenn man diese »Besonderheiten« synchronisch mit dem gleichzeitigen Deutsch betrachtet, nicht aber in verbotener Weise Diachronie und Synchronie durcheinanderwirft, hören sie auf, Besonderheiten zu sein.

Auch in syntaktischer Hinsicht hat der Vergleich des gesamten Textes des Schmuelbuchs mit der Version des Paulus Aemilius einen überaus wichtigen Befund erbracht, nämlich einen negativen: Es gibt keine syntaktischen Unterschiede zwischen beiden Versionen, und es ist zu konstatieren, daß von judenspezifischer Syntax im Schmuelbuch keine Rede sein kann.

Hingegen zeigt das moderne Ostjiddisch gegenüber dem modernen Deutsch gravierende syntaktische Besonderheiten, die einen

Text als typisch jiddisch ausweisen. Erika Timm nennt drei wesentliche Kennzeichen der deutschen Syntax, die der jiddischen fremd geblieben sind: die große Periode mit vielfacher Hypotaxe, das erweiterte Adjektiv- und Partizipialattribut und die Satzklammer (Timm 1986a, S. 22-23; 1986b, S. 7-10). Die große Periode kommt weder für das Schmuelbuch noch für die Version des Paulus Aemilius in Betracht, sowohl aus historischen als auch aus formalen Gründen: Über die Lutherzeit hinaus sind solche komplizierten Satzgefüge noch relativ selten, und außerdem verbieten sie sich von selbst in epischer Dichtung. Erweiterte Adjektiv- und Partizipialattribute werden, wie Timm betont, erst im Deutsch des späteren 16. Jahrhunderts beliebt (Timm 1986a, S. 22; 1986b, S. 7), so daß sie in den beiden hier betrachteten Texten keine Rolle spielen können. So bliebe als mögliches syntaktisches Unterscheidungsmerkmal zwischen dem Schmuelbuch und der Version des Paulus Aemilius die Rahmenbildung. Da im modernen Ostjiddisch zwischen Haupt- und Nebensätzen kein Unterschied hinsichtlich der Wortstellung existiert, tritt die Differenz zwischen Jiddisch und Deutsch in eingeleiteten Nebensätzen besonders deutlich zutage; denn einen konjunktional-prädikativen Rahmen gibt es im Jiddischen nicht. Ich vergleiche darum einige derartige Sätze beider Texte miteinander. Natürlich erlaubt Poesie Freiheiten in der Wortstellung, so daß der Rahmen oft nicht vorhanden ist, wo er in Prosa üblich wäre; es kommt mir aber darauf an, zu zeigen, daß er im Schmuelbuch vorkommt, während das in einem modernen jiddischen Text unmöglich wäre:

wer mit ganzm herzn
sein sin hot gekert (Schmuelbuch 1,1)

Welcher von gantzem hertzen
Sein sin̄ und mût hat khert (Paulus Aemilius)

drum sol man schweign
wen man es nit volendn kan (2,2)

Darumb so soll man schweigen
Weil mans nit wenden khan

daß sie nit solt trauern
um ein kindlein (13,1)

Das sie gar nit solt trawren
Nach ainem kindelein

was er vor heißt seinen knechtn
das tut er al mol (1718,1)

Was er verhaist sein knechten
Das halt er alle mal

du machst mich gar weit schreitn
daß ich fest ste (1723,3)

Du machst mich gar weit schreitē
Das ich gar fest da steh

bis ich sie hon dr schlagn
ich loß ir lebn kein (1724,2)

Biß ich sy hab erschlagen
Ich laß jr leben kain

Daß der Bau der Nebensätze in beiden Fassungen identisch ist, unterliegt keinem Zweifel. Insgesamt wird das Urteil Falks bestätigt, daß »die Sprache des Originals... bis auf einige Ausdrücke für Gegenstände aus dem Kreise des Judentums noch keine jiddische Färbung trug« (Schmuelbuch, Bd. 1, S. 9).

DIE MEMOIREN DES AARON ISAAK AUS TREUENBRIETZEN – DIE ORIGINALFASSUNG IM VERGLEICH ZUR MODERNEN OSTJIDDISCHEN EDITION

Zu den bedeutenden Memoiren deutscher Juden gehören die Lebenserinnerungen des Aaron Isaak aus Treuenbrietzen (1730-1816). Dieser Text wird als Gegenstand einer Untersuchung gewählt, weil er nicht nur in originaler Sprachgestalt, sondern auch in modernem osteuropäischem Jiddisch publiziert worden ist: Wegen der großen kulturgeschichtlichen Aussagekraft des Inhalts sollten die Memoiren dem ostjüdischen Lesepublikum zugänglich gemacht werden, das den Originaltext nicht hätte verstehen können. Ein Vergleich der beiden mir vorliegenden Fassungen soll Antwort auf zwei Fragen geben:

1. Stellt die osteuropäisch jiddische Version eine Übersetzung in eine andere Sprache dar, d. h. ist die ostjiddische Version vom Original so weit entfernt, daß es sich um zwei verschiedene Sprachen handelt, nicht aber um zwei Varianten derselben Sprache, die sich in Ost- und Westjiddisch differenzieren ließen?

2. Wie ist das Verhältnis des Originaltextes zur deutschen Sprache? Ist die Sprache des Aaron Isaak deutsch und zeichnet sie sich lediglich durch einige gruppenspezifische Besonderheiten aus, so daß sie als deutscher Soziolekt oder Ethnolekt zu bezeichnen wäre, oder ist ihre Verwandtschaft mit dem Ostjiddischen näher als mit dem Deutschen? Dabei gehe ich von der allgemein anerkannten Voraussetzung aus, daß sowohl Deutsch als auch Ostjiddisch Sprachen im Sinne von Einzelsprachen sind, und mein Ziel ist die Bestimmung der Position der Sprache des Manuskripts des Aaron Isaak.

Aaron Isaak wurde 1730 in Treuenbrietzen geboren, einer südwestlich von Berlin im Brandenburgischen gelegenen Stadt; in unmittelbarer Nähe verlief die sächsische Grenze. Sein Vater war der einzige Schutzjude in Treuenbrietzen. Früh verlor Aaron den Vater, die Familie geriet in Not, und bereits als Vierzehnjähriger mußte er zum Lebensunterhalt beitragen, indem er sich als Hausierer betätigte. Über seinen Bildungsgang wissen wir nichts. Seine jüdische Traditionsbildung, seine Hebräischkenntnisse waren dürftig; das erklärt er expressis verbis und stellt es immer dann unter Beweis, wenn er in seinen Text hebräische Wörter oder Wendungen einfügt: Die grammatischen und orthographischen Fehler, die dabei unterlaufen, sind ebenso gravierend wie zahlreich. Sein Wunsch, Zeichenunterricht zu nehmen, war unerfüllbar, da das dafür notwendige Geld nicht aufzubringen war.

Indessen gelang es Aaron, als Autodidakt das Petschaftstechen zu lernen, eines der wenigen Handwerke, die Juden ausüben durften, weil es zunftfrei war. Er wurde ein anerkannter Künstler.

1751 ließ er sich in Bützow in Mecklenburg nieder. Dort gründete er eine Familie. Da er seine Frau und seine in rascher Folge geborenen Kinder allein durch sein Kunsthandwerk nicht ernähren konnte, mußte er auch Handelsgeschäfte tätigen. Vornehmlich widmete er sich dem Edelmetall- und Juwelenhandel und wurde auf diesem Gebiet – ebenfalls als Autodidakt – ein hervorragender Experte. Wie schon in Treuenbrietzen, lebte er in Bützow in engem Kontakt und gutem Einvernehmen mit seiner nichtjüdischen Umgebung. Um einem armen jüdischen jungen Mann aus Ungarn zu helfen, der an der Bützower Universität Medizin studieren wollte, trat Aaron mit Professoren in Verbindung. Es ist bemerkenswert, mit welchem Freimut er mit ihnen verkehrt und wie herzlich und hilfsbereit sie ihm entgegenkommen. Seltsamerweise erwähnt er in seinen Memoiren den damals bedeutenden Orientalisten Oluf Tychsen nicht, den er im Kupferstechen unterrichtet hatte. Tychsens Werke und vor allem seine mehr als dreitausend Briefe umfassende unedierte Korrespondenz, die noch heute in der Rostocker Universitätsbibliothek bewahrt wird, stellen eine wichtige Quelle für die Geschichte der Juden in Mecklenburg dar; sie sind auch für die Person Aaron Isaaks aussagekräftig. Auf dieses Quellenmaterial hat Silberstein sich gestützt. Seine Abhandlung »Aaron Isaac i Mecklenburg« ist der schwedischen von Brody und Valentin edierten Ausgabe der Memoiren vorangestellt.

19 Jahre lebte Aaron in Bützow. Seine Sprache wurde in dieser Zeit durch die niederdeutsche Umgebung beeinflußt. Als er wie

viele andere nach dem Siebenjährigen Krieg wirtschaftlich vollständig ruiniert war, verbrachte er einige Jahre in verschiedenen Städten, um eine Existenzmöglichkeit zu suchen. Ein Teil von Vorpommern gehörte zu jener Zeit zu Schweden, so daß er mit schwedischen Offizieren in Kontakt kam, die sich dort aufhielten. Sie nahmen seine Kunst in Anspruch und empfahlen ihm, in Schweden sein Glück zu versuchen, weil es dort keinen einzigen Steinschneider gebe. So kam er 1774 nach Stockholm.

Durch die Koinzidenz verschiedener Faktoren gelang es ihm, der erste Schutzjude in Schweden zu werden: Er wurde als Fachmann gebraucht, legte außerordentliches diplomatisches Geschick an den Tag und wurde durch die politischen Verhältnisse und die merkantilistische Wirtschaftspolitik begünstigt, die in Schweden zur Zeit Gustavs III. herrschten.

In Stockholm gelangte er als Hoflieferant zu einer gesicherten Existenz. Als ein geachteter Mann konnte er seine eigentliche Lebensleistung erbringen. Er erwirkte die Einwanderungserlaubnis für weitere jüdische Familien, gründete die Stockholmer jüdische Gemeinde und legte einen Friedhof an. Aaron Isaak fungierte als der offizielle Vertreter der schwedischen Judenheit und hatte Gelegenheit, sich in jeder Hinsicht zu bewähren: Er sorgte für regelmäßigen Gottesdienst und war bemüht, die junge Gemeinschaft moralisch sauber zu halten. Entwurzelte Juden – Aaron spricht von Landstreichern – und andere unerfreuliche Elemente, die eine Existenzmöglichkeit suchten und in Schweden einwandern wollten, wies er energisch zurück. Seine Hilfsbereitschaft für andere Juden, die Solidarität mit ihnen, die er immer wieder an den Tag legte, hörte auf, wenn er moralische Bedenken hatte. Wegen seiner Redlichkeit, seiner konsequenten Haltung schätzte ihn die schwedische Obrigkeit und schenkte ihm Vertrauen. Aaron bewährte sich als kluger und umsichtiger Gemeindepolitiker; er war gewandt im Umgang mit Menschen und hatte auch viele christliche Freunde, trat stets höflich und bescheiden, dabei aber mutig und entschlossen auf und entfaltete zum Wohl der Gemeinde alle seine diplomatischen und organisatorischen Talente.

Bis zu seinem Tode hatte er seinen ständigen Wohnsitz in Stockholm. Als alter Mann schrieb er seine Memoiren, weil er die bewegte Geschichte seines Lebens, die zugleich den Beginn jüdischer Geschichte in Schweden darstellt, nicht der Vergessenheit anheimfallen lassen wollte. Die Erinnerungen waren nicht für die Veröffentlichung bestimmt und ohne literarische Ambition abgefaßt. Aaron Isaak starb 1816 hochbetagt in Stockholm.

Aaron Isaak begann im Alter von 71 Jahren, im Jahre 1801, seine Lebenserinnerungen zu schreiben. Er beendete seine Niederschrift im Jahre 1802. Diese Daten nennt er selbst in seiner Darstellung. Der in hebräischer Kursive geschriebene Text befindet sich im Besitz der jüdischen Gemeinde zu Stockholm. Er umfaßt insgesamt 109 Seiten. Die eigentliche Biographie besteht aus 100 Seiten; ihr ist ein Titelblatt in hebräischer Sprache, geschrieben mit hebräischer Quadratschrift, vorangestellt. Dem Text der Autobiographie folgen dann noch acht weitere Seiten, auf denen der Autor zunächst eine kurze Notiz gibt, daß er im Jahre 5554 (1793/94) begann, einen Friedhof anzulegen, der im folgenden Jahre fertig geworden sei. Es folgt dann ein vom Autor verfertigtes Sterberegister, das Todesfälle von 5537 (1777) bis 5570 (1810) aufführt.

Das Manuskript ist sehr gleichmäßig und mit zierlichen Buchstaben geschrieben, jedoch oft recht schwer leserlich. Nicht nur ist die Schrift sehr klein, sondern die Buchstaben sind auch vielfach, obwohl ein Blick auf das Gesamtbild einen ästhetischen Genuß darstellt, nicht ohne Mühe zu identifizieren. Von späterer Hand sind die Seiten numeriert worden; dabei ist allerdings ein Fehler unterlaufen: Der Text der Autobiographie ist von 1 bis 99 gezählt, und nach Seite 22 folgt Seite 22 a. Der Anhang ist mit römischen Ziffern (I-VIII) versehen.

Das Manuskript ist in seiner originalen Form bis heute unediert. Im Jahr 1897 wurde der Text in Stockholm von Josef Seligmann erstmalig herausgegeben, die hebräische Schrift des Originals wurde durch eine lateinische Transkription ersetzt. Diese Ausgabe umfaßt nur die eigentliche Biographie des Aaron Isaak; die Wiedergabe ist keine Transliteration, sondern eine Transkription. Seligmann kommt das Verdienst zu, den Text bekannt gemacht zu haben, doch weist seine Arbeit zahlreiche Irrtümer bei der Entzifferung des Originals auf.

Seligmanns Arbeit war mir nicht zugänglich, sie ist auch durch eine neuere Ausgabe von Abraham Brody und Hugo Valentin

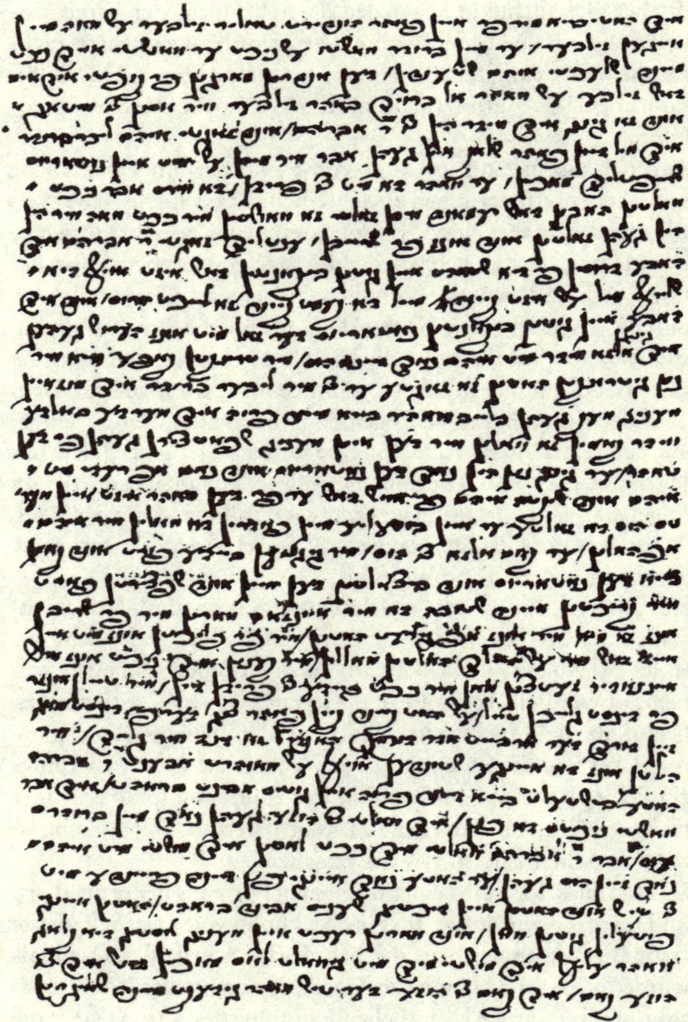

5 Memoiren des Aaron Isaak –
Textseite aus dem Originalmanuskript

(Stockholm 1932) überholt, doch beruhen auf ihr zwei Bearbeitungen in modernem Jiddisch und eine Ausgabe, die die Schreibungen des Umschrifttextes der modernen deutschen Orthographie angleicht. Für diese Editionen ist also zu konstatieren, daß sie nicht auf dem Original, sondern auf Seligmanns Arbeit basieren.

Die eine der beiden jiddischen Versionen ist die Ausgabe von Nahum Schtif, die 1922 in Berlin gedruckt wurde; sie lag mir vor. Die andere – von Salman Reisen 1922 in Warschau publiziert – blieb unbeschaffbar.

Im Jahre 1930 erschien in Berlin die dem modernen Deutsch weitgehend angenäherte Ausgabe von Z. Holm, die, wie der Herausgeber betont, keine wissenschaftlichen Ambitionen hat, sondern, für gebildete Laien bestimmt, den Inhalt von Aaron Isaaks Memoiren bekannt machen will.

In der zweiten schwedischen Ausgabe stammt die Textedition von Abraham Brody, während Hugo Valentin eine Einleitung geschrieben und den Text kommentiert hat. Auch diese Arbeit bietet einen Umschrifttext, der, da er keine Transliteration ist, nur sehr ungenaue Rückschlüsse auf die Schreibungen des Originals zuläßt. Auch in dieser Ausgabe fehlt das angefügte Sterberegister. Die Seitenzählung des Manuskripts ist am Rande vermerkt. Mir lag neben dieser Fassung auch eine Fotokopie des Originals vor, die die jüdische Gemeinde in Stockholm freundlicherweise zur Verfügung stellte. Den Text in originaler Form erstmalig zu edieren, erscheint mir als wünschenswert; ich hoffe, das in der Zukunft tun zu können.

Aaron Isaak ist davon überzeugt, daß seine Sprache die deutsche ist; das läßt sich vielen Stellen seines Textes entnehmen. Als er nach Schweden kam, konnte er kein Schwedisch. Darum nahm er zunächst Quartier bei einem Mann, der sehr gut »deitsch sprach als ein teisch (lies: teitsch) geborner« (Ms. S. 23). Von diesem Mann bekam Aaron einen Empfehlungsbrief an einen anderen, der viel »in teitsch land gereist ist und so guht teitsch spricht als ein teitsch geborner« (Ms. S. 23). Von einem schwedischen Bürgermeister heißt es: »er kont kein teitsch und ich kein schwedisch.« (Ms. S. 24) Der Oberstatthalter sagt zu Aaron: »Ihr seit ein Ebirehr (lies: Hebräer) spricht nohr teitsch!« (Ms. S. 27). Allerdings hat sich Aaron von Anfang an bemüht, möglichst schnell Schwedisch zu lernen. Zunächst aber konnte er sich in Schweden nur deutsch verständigen, nicht schwedisch, weil »ich die sprach nicht mächtig wahr« (Ms. S. 25).

Sprachschwierigkeiten hatte es für ihn weder in Treuenbrietzen noch in Bützow gegeben; er war in seiner Heimatstadt mit den Kindern des Kannengießers eng befreundet und pflegte in Mecklenburg den Kontakt mit nichtjüdischen Bekannten. Daß für ihn Deutsch nicht Fremdsprache war, sondern er es als Muttersprache betrachtete, ist ein Schluß, der mit an Sicherheit grenzender Wahrscheinlichkeit zu ziehen ist.

Schtif führt in seiner (jiddischen) Vorrede (S. 5) aus, er habe für jiddische Leser eine »jiddische Bearbeitung« eines Buches geliefert, dessen Manuskript auf »daitsch« geschrieben sei, und er kommentiert die Formulierung des Aaron Isaak, er habe seine Memoiren nicht hebräisch, sondern in der Umgangssprache verfaßt, mit der Bemerkung, darunter sei »ein sonderbares Deutsch« zu verstehen (S. 8). Seiner Meinung nach hat also Schtif eine Übersetzung aus dem Deutschen ins Jiddische angefertigt.

Probleme der umschriftlichen Wiedergabe

Für die Wiedergabe von Aarons in hebräischer Kursive geschriebenem Text bediene ich mich im wesentlichen der Umschrift, die Brody in seiner Ausgabe verwendet hat. Es handelt sich, wie bereits erwähnt, um eine Transkription, nicht um eine Transliteration. Da es in diesem Zusammenhang nicht darauf ankommt, aus dem Text mit lateinischen Buchstaben die originale Schreibung wiederherstellen zu können, besteht für eine Transliteration, die ohne die Verwendung diakritischer Zeichen nicht auskommen könnte, keine Notwendigkeit.

Es war allerdings zu überlegen, ob es zweckmäßig sei, eine den Regeln der deutschen Orthographie näher stehende Wiedergabe, wie sie die Ausgabe von Holm bietet, zu benutzen, da auf diese Weise die Lektüre erleichtert würde. Diese Möglichkeit habe ich jedoch verworfen. Wenngleich ich der Meinung bin, daß man Aarons Text als deutschsprachig bezeichnen kann, erachte ich es als eine petitio principii, durch eine graphische

איך אהרון בן יצחק ז״ל, בין געבוירן אין טרויענבריצען ח׳ פרסיות [אַכט מייל] בײַ בערלין אין דער פּראָווינץ בראַנדענבורג. לא איש דברי אנוכי בלשון הקודש [איך קאָן זיך ניט פֿרײַ אויסדריקן אויף העברעאיש], דעריבער שרײַב איך אויף דער אומגאַנגשפּראַך. אַזוי ווי איך בין צום אומגליק כלילה, האָב מער קיין קינדער ניט, איז זאָל דאָס לאחר מותי [נאָך מײַן טויט] בלײַבן צום אָנדענק אין מײַן משפּחה. נו, האָב איך דערלעבט צו 71 יאָר, דאָס איז מיר געוואָרן ה׳ תשרי ה׳תקס״ב [12 סעפּטעמבער 1801]. מײַן פֿאָטער ז״ל איז געווען אַ פֿאַרמעגליכער מאַן. אָבער צו 60 יאָר איז ער אַזוי קראַנק געוואָרן, אַז ער האָט, לײַדער, געמוזט ליגן צו בעט און האָט שוין מער אויף קיין ירידים ניט געקאָנט פֿאָרן. ער האָט געהאַט אַ שיינעם לאַגער סחורה פֿון אַלע סאָרטן, וואָס מ׳האָט נויטיג אין אַ קראָם, ער איז געווען דאָ דער איינציגער בעל־קיומים [„שוק־איד״ מיט וואוינונגסרעכט]. היות ווי ער האָט אָבער ניט געקאָנט פֿאָרן נאָך קיין סחורה, איז די קראָם געוואָרן אַלע מאָל קלענער. אַזוי איז דאָס צוגעגאַנגען יאָר אויף יאָר. בערך 2 יאָר פֿאַרן טויט זאָגט ער צו מײַן עלטערן ברודער אַברהם: „דו ביסט אַ דערוואַקסענער קערל און ווייסט אַלע טאָג, אַז די קראָם ווערט לײדיגער; צום ווייניגסטן וואָלט מען דאָך באַדאַרפֿט עפּעס צוקויפֿן פֿון סחורה, וואָס מ׳פֿרעגט דאַרויף אַלע טאָג, אַנדערש וועלן מיר שטאַרבן פֿאַר הונגער. איך בין קיין מענטשן אין דער וועלט ניט שולדיג געווען. ווייסטו אָבער פֿרעגן: מיר האָבן קיין געלט ניט, ווי אַזוי קאָנען מיר קויפֿן?

איז נײַ צו אונזער אַיינגעמער הער ניכעלמאַן, לאָז אים גריסן פֿון מיר. דער ראָזינער אַיינגעמער, ווען איך פֿלעג פֿאָרן אויף ירידים קיין לײפּציג אָדער קיין פֿראַנקפֿורט און פֿלעג נויטיג האָבן געלט, פֿלעגט ער מיר אויסלײַען 1500 רײַכסטאָלער און מער אויך, קיינמאָל ניט פֿאַרלאַנגט פֿון מיר קיין וועקסל. דערצייל אים אָפֿן אונזער צושטאַנד, זאָג, דו ווילסט קיין לײפּציג פֿאָרן נאָך סחורה״.

ער האָט דאָס געטאָן, איז געגאַנגען צום אײַנגעמער און אים פֿירגעשטעלט די גאַנצע לאַגע. יענער האָט באַוויזן מיטלײַד, האָט אים אויסגעליען 500 רײַכסטאָלער און אַזוי געזאָגט: „דו ביסט אַ יונגער בורש, ביסט קיינמאָל

6 Textseite der Memoiren des Aaron Isaak
in jiddischer Übersetzung, Berlin 1922

Annäherung des Originals an die jetzt gültigen Regeln der deutschen Rechtschreibung dasjenige vorauszusetzen, was erst im Laufe der Untersuchung als Ergebnis zutage treten soll. Bei der Verwendung von Brodys Umschrift muß allerdings darauf hingewiesen werden, daß einige hebräische Grapheme jeweils mehreren lateinischen entsprechen und andererseits unterschiedliche hebräische Buchstaben durch ein und dasselbe lateinische Graphem wiedergegeben werden. So vermerkt Brody, daß das hebräische א als Vokalbuchstabe von ihm durch *a, o* und *e* transkribiert werde, das vokalische ו nicht nur durch *u* und *o,* sondern auch durch *au,* vokalisches י durch *i, ie, ü, y, ä, e,* das doppelte Jod (יי) durch *ei* und *eu,* vokalisches ע durch *ä, e* und *ö.* Konsonantisches ו erscheine in der Transkription als *w* oder *v,* ב nicht nur als *b,* sondern auch als *w, v* und *f,* פ nicht nur als *p,* sondern auch als *ph, f* und *v,* צ als *z* und als *s.* Umgekehrt kann lateinisches *z* für ז und für צ stehen, lateinischem *v* können im Original ב, ו oder פ entsprechen, *k* kann auf כ oder ק zurückzuführen sein (vgl. Valentin-Brody, S. 222).

Allerdings scheint es mir im Interesse einer besseren Lesbarkeit des Textes geraten zu sein, die folgenden Änderungen in Brodys System, das für schwedische Leser bestimmt war, vorzunehmen: Das hebräische ז, dessen Lautwert dem deutschen stimmhaften *s* entspricht, wird nicht durch *z,* sondern durch *s* wiedergegeben; das stimmlose *s,* das im Hebräischen durch ס oder auch durch ש bezeichnet werden kann, umschreibe ich durch *ß.* Wenn hebräisches ב für einen Frikativlaut steht und dem deutschen *w* phonetisch entspricht – es kann im allgemeinen nur in hebräischen Etyma in dieser Weise verwendet werden –, setze ich dafür *v,* um es dadurch vom phonetisch gleichwertigen hebräischen ו (in nichthebräischen Etyma im allgemeinen וו) zu unterscheiden, das ich konsequent durch deutsches *w* wiedergebe. Es sei noch darauf verwiesen, daß zur Wiedergabe deutscher Etyma in der hebräischen Schrift auch dort Konsonanten nicht doppelt geschrieben werden, wo diese Schreibung sich in lateinschriftlichen Texten durchgesetzt hat, so daß im transkribierten Text Vokale in offenen Silben nicht lang sein müssen (z. B. *komen* oder *komn* für *kommen*).

Wenn ich den Text des Aaron Isaak mit der von Schtif in modernem Jiddisch publizierten Fassung vergleichen und ausgewählte Stellen gegenüberstellen will, muß auch Schtifs Version in einer für diesen Zweck passenden Weise transkribiert werden. Es dürfte zweckmäßig sein, identische Konsonanten beider Texte in gleicher Weise wiederzugeben, um nicht Unterschiede vorzutäuschen, die nicht vorhanden sind. Wenngleich kein generell verbindliches Umschriftsystem für das moderne Jiddisch existiert, ist doch das System des YIVO (Jiddisches Wissenschaftliches Institut)[44] heute weithin akzeptiert, so daß ich es im wesentlichen hier zugrunde lege. Da jedoch dieses System den Lautwerten der Buchstaben im Englischen eher entspricht als den deutschen Lautungen, erschien es mir als zweckmäßig, einige Änderungen vorzunehmen, um die Schreibungen mit deutschen Graphemrealisierungen in Übereinstimmung zu bringen und gleichzeitig einen Ausgleich mit Brodys Wiedergabe des Originals zu erreichen. Ich umschreibe darum hebräisches ו durch *w,* nicht durch *v,* da es phonetisch dem deutschen *w* entspricht, ז durch *s* (stimmhaftes deutsches *s*), nicht aber *z,* für ס, das stimmlose *s,* verwende ich *ß,* nicht *s;* für den ach-Laut benutze ich anstelle von *kh* das deutsche *ch* zur Wiedergabe von כ (einen ich-Laut kennt das Jiddische nicht); für ש erscheint deutsches *sch,* nicht aber englisches *sh.* Für das konsonantische *Jod* setze ich *j,* nicht *y;* für die Diphthonge nicht *ey, ay* und *oy,* sondern *ei, ai* und *oi.*

Hinsichtlich der Schreibung der Vokale habe ich keine Übereinstimmung zwischen beiden Texten angestrebt. Hier habe ich mich für Schtifs Version weitgehend an die Umschrift des YIVO gehalten, die einen approximativen Durchschnittswert der modernen jiddischen Vokalrealisierung bietet und daher für Schtifs Text anwendbar ist. Wie Aaron Isaak die Vokale artikulierte, wissen wir nicht. Eine Anwendung der gleichen Transkription würde eine Identität der Vokalrealisierung unterstellen, ohne daß sie beweisbar oder auch nur wahrscheinlich wäre. Aaron Isaak gibt auch graphisch Vokale zum Teil anders wieder als das moderne Jiddisch. Da sich mein Textvergleich im wesentlichen auf grammatische Probleme konzentriert, scheint mir die Umschrift der Vokale nicht von vorrangiger Bedeutung zu sein.

Das osteuropäische Jiddisch weist eine Reihe von Charakteristika auf, die es vom Deutschen unterscheiden. Diese Besonderheiten zeigen sich vornehmlich in der Phonetik, der Lexik, der Formenlehre und der Syntax. Sie sind in ihrer Gesamtheit gravierend genug, um zu erhärten, daß Ostjiddisch und Deutsch zwei verschiedene Einzelsprachen darstellen, wie es ja auch von beiden Sprachgemeinschaften anerkannt ist.

Wenn im folgenden die Version Schtifs dem Originaltext vergleichend gegenübergestellt wird, bleibt das Problem der Phonetik unberücksichtigt. Weder läßt sich die Phonemrealisierung des Originaltextes auf Grund der Handschrift ermitteln, noch wäre es, wenn sich das ermöglichen ließe, vertretbar, Aaron Isaaks Sprache mit einer phonetischen Realisierung zu vergleichen, die örtlich und zeitlich von ihr verschieden ist. Zudem wäre phonetische Abweichung der Texte voneinander für eine Entscheidung, ob die Versionen im Verhältnis zweier Varianten derselben Sprache stehen oder in dem zweier Einzelsprachen, ohne Beweiskraft.

Von weit größerer Bedeutung ist die unterschiedliche morphosyntaktische Struktur beider Texte. Textpassagen der Zielversion Schtifs, die die Spezifik des ostjiddischen Regelsystems im Unterschied zum deutschen belegen, vergleiche ich mit der Ausgangsversion des Aaron Isaak, um die Frage zu beantworten, ob sich beide Texte in gleicher Weise zu den Regeln des Deutschen verhalten oder nicht, um dann das Verhältnis des Originaltextes zum gleichzeitigen Deutsch untersuchen zu können. Es kann in diesem Zusammenhang nicht darum gehen, beide Texte miteinander in allen Einzelheiten zu vergleichen, sondern ich gehe von solchen Spezifika des osteuropäischen Jiddisch aus, die diese Sprache deutlich von der deutschen abheben, weil ihnen andere Normen zugrunde liegen. Und auch innerhalb dieses Rahmens können nur die wesentlichen Besonderheiten herausgehoben werden. Auf der anderen Seite müssen manche Einzelerscheinungen der jiddischen Version, die unter diesem Aspekt vielleicht als weniger gravierend erscheinen, in den seltenen Fällen berücksichtigt werden, in denen der Originaltext gerade ihnen entspricht, nicht aber den deutschen Üblichkeiten. Würde man einen vollständigen Vergleich beider Versionen durchführen, so wäre das Ergebnis eine systematische Grammatik des Jiddischen, und das kann hier selbstverständlich nicht angestrebt werden.

Syntaktische Erscheinungen

Das Vorhandensein eines verbal-prädikativen Rahmens in Hauptsätzen, deren Prädikat mehrteilig ist, und eines konjunktional-prädikativen Rahmens in eingeleiteten Nebensätzen ist eine für das Deutsche typische Erscheinung. Das osteuropäische Jiddisch unterscheidet sich hinsichtlich der Ausbildung des Satzrahmens in signifikanter Weise von dem im Deutschen üblichen Satzbau.

Es bestehen im Deutschen in Hauptsätzen mit analytischem Prädikat grundsätzlich drei Möglichkeiten der Wortstellung: die Kontaktstellung der beiden Bestandteile des Prädikats, die partielle Rahmenbildung, bei der Satzglieder zwischen den beiden Teilen des Prädikats stehen, während andere dahintertreten, und die vollständige Rahmenbildung, bei der der zweite Teil des Prädikats allen anderen Satzgliedern folgt (vgl. Schildt S. 237 f.).

Im Zusammenhang mit der syntaktischen Entwicklung des spätmittelalterlichen Deutsch »bildete sich allmählich auch der Satzrahmen, aus dem Hilfsverb und Partizip, aus einem Modalverb und einem Infinitiv bzw. aus dem Grundverb und dem trennbaren Präfix bestehend, heraus... Allerdings überwogen in dieser Periode noch Prädikate mit Kontaktstellung des finiten und des infiniten Prädikatsteils bzw. solche Rahmenkonstruktionen, bei denen der größere Teil der Satzglieder noch außerhalb des Rahmens stand und der infiniten Verbform folgte« (»Deutsche Sprache«, S. 631). In der Folgezeit setzt sich die Rahmungstendenz immer mehr durch. Schildt konstatiert, »daß bereits um 1500 für die finite Verbform, das Subjekt und das Akkusativobjekt ähnliche Regeln für deren Stellung in Einfachsätzen gelten wie in der Gegenwart« (Schildt, S. 276). Luther realisiert sowohl die Möglichkeit der Kontaktstellung der einzelnen Elemente des Prädikats als auch des Rahmenbaus, läßt aber die Tendenz erkennen, Sätze ohne Rahmenkonstruktion später so zu redigieren, daß eine Satzklammer entsteht. So findet sich bei ihm »Es werden kummen in meynem namen falsche Christenn vnd falsche propheten«, aber auch »szo sol man den deutschen den beuttel reumen« (zitiert nach Schmidt 1969, S. 355 f.). Für redaktionelle Änderungen Luthers zur Herstellung einer Satzklammer – allerdings in einem Gliedsatz – bietet die »Kleine Enzyklopädie – Deutsche Sprache« das folgende Beispiel: »Sehet zu, das yhr nicht verachtet yemand von disen kleynen« (Erstausgabe des Neuen Testaments 1522); in der Ausgabe von 1546 lautet dieser Satz hingegen: »Sehet zu, das jr nicht jemand von diesen Kleinen verachtet« (»Deutsche Sprache«, S. 660).

In welchem Maße sich die strukturelle Möglichkeit des Satzrahmens durchsetzt, erweist Schildt an Hand eines Korpus, das Belege aus den Zeiträumen 1470–1530 und 1670–1730 enthält. Während die Zahl der Sätze mit voll ausgebildetem Rahmen von 68,1% im ersten Zeitabschnitt auf 81,4% im zweiten ansteigt und die Sätze mit teilweise ausgebildetem Rahmen von 22,4% auf 17,9% zurückgehen, vermindern sich die rahmenlosen Sätze in starkem Maße: Im ersten Zeitraum betragen sie immerhin noch 9,4%, im zweiten dagegen nur 0,8% (vgl. Schildt S. 271). Mit Recht betont Schildt, daß es sich bei diesen Befunden um »usualisierte Satzgliedabfolgen« handelt, nicht um unumstößliche Normen. »Damals wie heute können diese usualisierten Satzgliedabfolgen ... durchbrochen werden.« (Schildt S. 283)

Hingegen ist im osteuropäischen Jiddisch die Kontaktstellung der Elemente des Prädikats die Regel, die nur in bestimmten Fällen durchbrochen wird. Nur ein Subjektpronomen, ein Objektpronomen, das nominale Subjekt oder ein Adverb treten gewöhnlich zwischen die flektierte Verbform und den zweiten Teil des Prädikats (vgl. Weinreich, U. 1971, S. 330). Das Jiddische kennt nur den verbal-prädikativen Rahmen, der, da bloß bestimmte Glieder zwischen den Teilen des Prädikats stehen können, allerdings fast immer partiell ist; nur in sehr einfachen, kurzen Sätzen, die außer diesen im Rahmen stehenden Gliedern keine weiteren enthalten, ergibt sich ein vollständiger Rahmen. Der konjunktional-prädikative Rahmen existiert im osteuropäischen Jiddisch nicht, denn Nebensätze haben dieselben Stellungsregeln wie Hauptsätze, so daß ein Rahmen, der durch Endstellung des finiten Verbs gebildet wird, nicht entstehen kann.

Im Gegensatz zu den Üblichkeiten im Deutschen stehen daher im osteuropäischen Jiddisch Objekte, sofern sie nicht pronominal sind, außerhalb des Rahmens. Wenngleich es auch im Deutschen Ausklammerungen gibt, betreffen sie höchst selten nominale Objekte und bilden dann ein stilistisches Mittel, um bestimmte Effekte zu erzielen. Vor allem das Akkusativobjekt ist im deutschen Satz fast immer innerhalb des Rahmens, wenn es nicht vor dem finiten Teil des Prädikats steht. Der strukturelle Gegensatz, der zwischen dem Deutschen und dem osteuropäischen Jiddisch hinsichtlich der Stellung des nominalen Objekts besteht, gehört infolge der Häufigkeit von Sätzen mit Objekten in Textzusammenhängen zu den auffälligsten Erscheinungen, zumal da analytische Verbformen in jiddischen erzählenden Texten weit öfter auftreten als in deutschen, denn es gibt im osteuropäischen Jiddisch für die Vergangenheit keine synthetische Verbform.

Dieser syntaktisch-strukturelle Gegensatz ist darum in deutschen belletristischen Texten ein besonders beliebtes Mittel, die Sprechweise redend auftretender Juden zu charakterisieren: Gustav Freytag und Wilhelm Raabe lassen jüdische Figuren Sätze ohne Rahmenkonstruktion oder mit nur partiellem Rahmen sprechen, bei dem gerade diejenigen Satzglieder ausgeklammert sind, die im Deutschen üblicherweise innerhalb des Rahmens stehen. Diese Ausrahmung als stilistisches Mittel zur Kennzeichnung der Judenrede bezieht sich nicht nur auf den verbal-prädikativen Rahmen im Hauptsatz, sondern auch auf den konjunktional-prädikativen im eingeleiteten Nebensatz.

Aus Freytags »Soll und Haben« führe ich folgende Beispiele für die Ausrahmung des direkten Objekts im Hauptsatz an:

...aber ich werde finden das Rezept (Bd. 1, S. 23),

Willst du mir nicht geben deine Hand, mein Sohn? (Bd. 1, S. 518),

...lieber will ich werfen die Taler auf die Straße, als Ihnen noch zahlen einen einzigen in Ihr Gut (Bd. 1, S. 479).

Keine Endstellung des finiten Verbs im Nebensatz:

Es ist so sicher, daß ein Kind ... könnte machen das Geschäft (Bd. 1, S. 532).

Das Prinzip der Ausklammerung wird bei Freytag oft nur angedeutet, nicht aber konsequent durchgeführt, wie das folgende Beispiel zeigt:

Seit du bist gewesen ein kleiner Bocher, der sein Gebetbüchel in die Schule getragen hat, habe ich gehabt meinen Stolz, wenn ich auf dich gesehen habe (Bd. 1, S. 517).

Im »Hungerpastor« von Raabe finden sich folgende Sätze:

Wenn se dir hinhalten an Stück Kuchen und an Buch, so laß den Kuchen und nimm das Buch (S. 55),

So will ich sitzen im Dunkeln und will lernen alles ... (S. 55),

Wenn du hast Kunst und wenn du hast Geld, kannst du sie stecken alle in den Sack (S. 55).

Der Schriftsteller erzielt mit syntaktischen Mitteln den gewünschten Effekt; jiddische Lexik wird nicht einbezogen. Durch *se* statt *sie* und *an* statt *ein* werden phonetische Abweichungen von der standarddeutschen Aussprache angedeutet, obschon die hier verwendeten Formen im Jiddischen falsch wären.[45] Sätze nach der Art der zitierten haben sich als Klischee verselbständigt und dienen vor allem in der antisemitischen Parodie dazu, jüdische Personen mit sprachlichen Mitteln zu verhöhnen.

Mit Rücksicht auf die Signalfunktion des Satzrahmens für die syntaktischen Unterschiede zwischen dem osteuropäischen Jiddisch und dem Deutschen beansprucht ein Vergleich zwischen dem Text von Aaron Isaak und der Version Schtifs besonderes Interesse. Zunächst führe ich Hauptsätze an und werde dann Nebensätze folgen lassen.

Der Originaltext wird als A (Ausgangsversion) bezeichnet, die Seitenzählung entspricht dem Manuskript; in Brodys Ausgabe ist sie am Rand angegeben. Schtifs Fassung wird Z (Zielversion) genannt; die Seitenzählung ist diejenige dieser Ausgabe.

A: ich sol eß zur wertsch(a)ft geben (7)
Z: ich sol sei arainleign in gescheft (14)

A: ich hate mich ... nimals fon ein frauen zimr ap gegeben (9)
Z: ich bin gewen wait fun froien (16)

A: sie wolten nicht e(he)r eßen (21)
Z: sie hobn sich nit gewolt zurirn zum eßn (28)

A: (er) solte selbst seineh wertschaft füren (48)
Z: sol er... firn alein a wirtschaft (59)

A: sie wolten seineh geselschaft sein (48)
Z: sei weln wern mit im chavruße (59)

A: nun wolte ich zum ersten Hamborg besuchen (8)
Z: nu hob ich gewolt zum erschtn basuchn Hamburg (15)

A: sie solen mir ihre schwester zu eineh kaloh (›Braut‹) geben (9)
Z: ir solt mir gebn aier schweßter far a kale (16)

Die Belege zeigen Rahmenbildung im Original und Kontaktstellung in der Zielversion, doch lassen sich auch aus dem Text des Aaron Isaak Zitate beibringen, die erweisen, daß er von der Möglichkeit der Satzklammer nicht konsequent Gebrauch macht:

A: ein lands man von mir... hat an geboten kwartir (30)
Z: er is gewen main a landßman... un hot angebotn sain kwartir (39)

A: ich wolte nicht genißn ein munt fohl broht uhm sonßt,
da ich folkom mein broht frdin(e)n konte (5)
Z: ich hob nit gewolt genißn kein kesajeß broit umsißt,
bifrat, as ich hob mir gekont fardinen broit (13)

Der voranstehende Satz wurde ausführlich zitiert, weil A im Hauptsatz das Akkusativobjekt ausklammert, während im Gliedsatz das Verbum am Ende steht; Z klammert hingegen in beiden Teilen des Satzgefüges das Objekt aus.
A unterscheidet sich hinsichtlich der Wortstellung in Hauptsätzen von Z prinzipiell. Mehrteilige Prädikate bilden in vielen Sätzen einen Rahmen, obwohl auch Kontaktstellung vorkommt. Z hält sich hingegen an ein festes Regelsystem, das dem deutschen nicht entspricht. Da die Kontaktstellung im Deutschen eine mögliche Variante darstellt, bleibt A innerhalb des Regelsystems deutscher Syntax. Weil sich im osteuropäischen Jiddisch Nebensätze hinsichtlich der Wortstellung nicht von Hauptsätzen unterscheiden, findet sich auch in ihnen die typische Ausklammerung von nominalen Objekten. Ich bringe einige Beispiele für die Wortstellung in eingeleiteten Nebensätzen:

A: die ... in der staht hrum laufen (38)
Z: woß loifn arum iber schtot (48)

A: daß er widr recht frisch werde (11)
Z: er sol wider kumen zu sich (19)

A: als wan der selbe fun den komendant ... gekomn wehre (15)
Z: punkt wie er wolt im krign funm ... komendant (22)

A: woh ich diseß gelernt habe (3)
Z: wu hob ich doß gelernt (11)

A: ... daß wahr schade, daß ich nicht er (›eher‹) gekomen bin (6)
Z: ... a schod, woß ich bin nit gekumen friher (14)

A: die fr mir auf den lande reißtn (11)
Z: woß sainen fun mir arumgeforn oifn land (18)

A: woh aleh die zigen her kamen (17)
Z: fun wanen kumen die ale zign (24)

Es kommen allerdings auch in A Nebensätze ohne Endstellung des finiten Verbs vor, wenngleich das relativ selten der Fall ist. Als Beispiele seien angeführt:

daß sie solen hir wonen mit ihr weiber und kindr (39),
ich frug, waß er hate bekomn fr schtik (16) = (›was er für das Stück bekommen hatte‹)
daß er jerlich sol haben ... finf hundert reichß taler (15)

Diese drei Beispiele zeigen Abweichungen von dem im Deutschen Üblichen, sind aber darum mit dem deutschen Regelsystem nicht unvereinbar. Während die ersten beiden Sätze im osteuropäischen Jiddisch auf dieselbe Weise gebildet werden können, ist das dritte Beispiel nur als eine deutsche Variante zu werten, da im Ostjiddischen die Stellung des Adverbs *jährlich* zwischen Subjekt und finitem Verb regelwidrig wäre.
Wenn in deutschen Nebensätzen analytische Formen von Modalverben auftreten, pflegt das Modalverbum am Ende zu stehen, nicht aber die finite Verbalform. Aaron Isaak hat mit solchen recht komplizierten Sätzen gewisse Schwierigkeiten, denn seine formale Bildung war bescheiden. So entsprechen seine Konstruktionen nicht den deutschen Üblichkeiten, doch sind sie vom Ostjiddischen weit entfernt.

Die Unsicherheit des Autors zeigt sich bei einem Beispiel, in dem *sollen* zweimal erscheint. Das ist natürlich eine Flüchtigkeit, die durch ein nochmaliges Durchlesen des Geschriebenen behebbar gewesen wäre, doch bleibt es offen, an welcher Stelle im Satz der Autor das überflüssige Wort gestrichen hätte. Der betreffende Gliedsatz lautet:

daß ich ihm häte solen den pukel gut auß wanschen solen (29)

Z bietet eine sehr freie Wiedergabe, so daß die beiden Fassungen nicht vergleichbar sind.
Im Text des Aaron Isaak erscheint ein schönes Beispiel für die Verwendung von Modalverben, das ich hier anführen will:

A: ich sagte, o ihre ekzlenß häten mir wolen schohn längßt konten gesagt haben, daß ich häte solen reisn, so häte ich fil gelt könen schparen (34)

Z gibt den Satz folgendermaßen wieder:

sog ich: aier ekßelenz wolt mir schoin lang gekont sogn, as ich sol awekforn, wolt ich aingeschport a ßach gelt (43)

Es wird deutlich, daß zwischen A und Z ein erheblicher Unterschied in syntaktischer Hinsicht besteht.
Zu den syntaktischen Besonderheiten, die das osteuropäische Jiddisch vom Deutschen unterscheiden, gehört die Konstruktion der attributiven Relativsätze. Während im Deutschen der Relativsatz durch ein Pronomen eingeleitet wird, das im Genus, Numerus und Kasus veränderlich ist, kennt das osteuropäische Jiddisch nur ein unveränderliches Pronomen *woß*. Die syntaktische Funktion, die das Relativum innerhalb des Nebensatzes ausübt, muß darum meist durch ein Personalpronomen oder ein Substantiv mit Possessivpronomen ausgedrückt werden, dem gegebenenfalls eine Präposition vorangestellt wird.
Um diese Konstruktion an einem Beispiel zu veranschaulichen, führe ich einen Relativsatz aus Z an:

ich freg wegn oiberschtathalter, woß ich hob gehat zu im briw (36).

In deutscher Übersetzung heißt dieser Satz: Ich frage nach dem Oberstatthalter, an den ich einen Brief hatte. Im osteuropäischen Jiddisch existieren eigentlich zwei selbständige Hauptsätze: 1. ich frage nach dem Oberstatthalter, 2. ich hatte an ihn einen Brief. Diese beiden Sätze sind durch das Signalwort *woß* miteinander verknüpft, das auf die Funktion des zweiten Satzes als Relativsatz aufmerksam macht. Ich führe einige Relativsätze des Textes A im Vergleich mit Z an:

A: kauf leut, woh ich mit gehandlt habe (2)
Z: ßochrim, woß ich hob mit sei gehandlt (10)

A: waren, die täglich gefodrt weren (1)
Z: ßchoire, woß me fregt daroif ale tog (9)

A: der brudr, der ... jinger wahr (5)
Z: der bruder, woß is gewen ... junger (13)

A: ein reglement ..., wahr nach sie sich zu richten haben (44)
Z: a reglament, woß noch im soln sei sich firn (55)

A: meineh eigne leute, die ich hate hir auf genomen (44)
Z: meine eigne lait, woß ich hab aher araingebracht (55)

Was die Relativsätze angeht, so weichen A und Z vollständig voneinander ab. A entspricht dem deutschen Regelsystem, während Z Relativsätze in einer Weise konstruiert, die dem Deutschen durchaus fremd ist. Es ist auffällig, daß das Ostjiddische hinsichtlich des Bildungsmusters der Relativsätze dem Hebräischen gleicht; doch wäre es voreilig, daraus den Schluß zu ziehen, daß diese Konstruktion aus dem Hebräischen übernommen sei. Wir können nur konstatieren, daß sie der Sprache, die die Juden in Deutschland annahmen, fremd ist und daß vielmehr die deutschen flektierbaren Relativpronomina in die jüdischen Texte übernommen worden sind. Anscheinend ist erst in Osteuropa ein Wandel eingetreten, indem die deutsche Konstruktion durch die heute übliche ersetzt wurde. »Die historische Syntax des Jiddischen ist noch ganz unerforscht.« (Timm 1986 a, 22) Da Hebräisch für die Juden schon seit der Zeit des Hellenismus nur mehr eine Literatursprache, nicht aber eine gesprochene Sprache gewesen ist, fällt es schwer, einen direkten Einfluß hebräischer Syntax auf das sich aus dem Deutschen verselbständigende Jiddisch anzunehmen, weil es bisher keinerlei Erklärungen dafür gibt, woher ein solcher Einfluß gekommen sein könnte. Es ist hier nicht der Ort, vage Vermutungen über dieses bisher völlig ungelöste Problem anzustellen.

Deutsche und jiddische Relativsätze differieren nicht nur in bezug auf das jeweils verwendete Pronomen und seine Konstruktion, sondern auch im Hinblick auf die Wortstellung. Im Jiddischen entspricht sie derjenigen von Hauptsätzen, während im Deutschen eingeleitete Nebensätze durch die Endstellung des finiten Verbs von Hauptsätzen unterschieden sind. A folgt in dieser Beziehung den deutschen Regeln, nicht aber den jiddischen.

Nicht nur an Relativsätzen zeigt sich in A die Unterschiedlichkeit von Haupt- und Nebensätzen in bezug auf die Stellung des finiten Verbs, sondern auch an andersartigen Nebensätzen, die im Text vorkommen. Ich kann hier nur wenige Proben bieten. Aus ihnen ist zu ersehen, daß A sowohl in der Wortstellung als auch hinsichtlich der benutzten Konjunktionen nicht den jiddischen, sondern den deutschen Üblichkeiten folgt.

So werden beispielsweise indirekte Fragesätze, die kein Fragepronomen aufweisen, im Deutschen mit der Konjunktion *ob*, im Jiddischen hingegen mit *zi* eingeleitet:

A: ... und frug mich, ob ich mit ihm reisn wolte (3)
Z: ... un fregt mich, zi wil ich mit im mitforn (11)

A: ... ob si resolfirt häten (30)
Z: ... zi hobn sei dos schoin batracht (39)

Kausalsätze leitet A entweder subordinierend durch *weil* bzw. *da* ein oder koordiniert sie mittels der Konjunktion *denn*. Während *weil* auch zur jiddischen Lexik gehört und in Z vorkommt, treten in Schtifs Version auch als kausale Konjunktionen *worum, asoi wi* auf:

A: weil nun hir nichtß mehr zu tuhen wahr ... (3)
Z: weil do ober is schoin nischt gewen woß zu tun ... (11)

A: du meinßt, weil kein schtein schneidr in ganz Schweden wont, so kunt man ... (19)
Z: du meinßt, as asoi wi in ganz Schwedn is kein schteinkrizer nit faran, kon men ... (27)

A: sie hate nichtß nötig, den sie fr dinte durch ihre arbeit (7)
Z: si hot gar nit badarft, worum si hot sich fardint irß mit der arbet (14)

Während in A Subjekt- und Objektsätze mit *daß* eingeleitet werden, verwendet Z *as* oder *woß:*

A: du ... sihest aleh tage, daß die bude lediger wirt (1)
Z: du ... sehßt ale tog, as di krom wert leidiger (9)

A: daß wahr schade, daß ich nicht er (›eher‹) gekomen bin (6)
Z: a schod, woß ich bin nit gekumen friher (14)

Die wenigen Beispiele dürften hinlänglich deutlich machen, daß Nebensätze des Textes A von denen in Z strukturell verschieden sind, jedoch den deutschen Üblichkeiten entsprechen.

Spezifika der jiddischen Formenlehre

Das osteuropäische Jiddisch kennt drei Genera, und dementsprechend hat auch der bestimmte Artikel für die drei Geschlechter unterschiedliche Formen. Nur im sogenannten litauischen Dialekt (o-Dialekt, Nordostjiddisch) existieren bloß zwei Genera, Maskulinum und Femininum; vermutlich ist dafür der Einfluß des Litauischen bestimmend gewesen.[46] Als Norm gilt aber die Unterscheidung dreier Genera, die sich in Schtifs Version der Memoiren findet. Im Singular des Maskulinums gibt es für die Casus obliqui des bestimmten Artikels nur eine einzige Form *dem;* im Singular des Femininums und des Neutrums gleicht der Akkusativ dem Nominativ, während die übrigen Kasus im Femininum *der* und im Neutrum *dem* heißen. Gegenüber dem Deutschen sind also im Maskulinum und im Neutrum Verluste eingetreten: Eine eigene Form für den Genitiv (bei Maskulinum und Neutrum) und eine besondere Akkusativform (für das Maskulinum) gibt es nicht. Im Plural existiert – wie im Deutschen – nur eine Form für alle Genera, die aber im Jiddischen nicht flektiert wird.
Hier einige Beispiele:

A: den handel trib ich (11)
Z: dem handl hob ich getribn (18)

A: du haßt den poltzei meißter ein ... schlaf rok geschenkt (45)
Z: du hoßt dem polizmaißter a ... schlofrok geschenkt (56)

Auch in A fallen im maskulinen Singular Dativ und Akkusativ zusammen; die Form in A entspricht, im Einklang mit dem Regelsystem des Niederdeutschen[47], dem deutschen Akkusativ, während sie in Z mit dem deutschen Dativ übereinstimmt. Für den Dativ des Neutrums im Singular ließen sich nur Belege finden, in denen ein durch den Artikel determiniertes Substantiv mit einer Präposition versehen ist. In A erscheint die Form *den*, während Z *dem* bietet:

A: fr den tohr (20)
Z: bam toier (28); (als korrekt würde heute *baim* = *bai dem* gelten)

Während im osteuropäischen Jiddisch alle Präpositionen den Dativ regieren und nach dieser Regel in Z verfahren wird, bietet A Dative und Akkusative, ohne daß indessen die jeweilige Rektion dem deutschen Regelsystem entspricht. Ich führe hier einige Beispiele für Feminina und Neutra an; da im Maskulinum Dativ und Akkusativ zusammenfallen, kann auf Belege verzichtet werden. Präpositionen mit Genitiv treten nicht auf. Eine Gegenüberstellung von A und Z ist unnötig; es werden nur Belege aus A geboten.

Femininum
kein menschen in der welt waß schuldig (1)
= ›keinem Menschen...‹
es gingen vil bauhr söhne in der schule (5)
der pro drekit von die unfesiteht (12)
= ›Der Prorektor von der Universität‹
auf der akadmi (14) = ›auf der Akademie‹
so wurde er brufen in der schtaht (15)
= ›so wurde er in die Stadt berufen‹
krang an die rote ruher (Brody liest *in*) (16)
= ›krank an der roten Ruhr‹
durch der Arbeit (20)

Neutrum
ich ginig auf den land (2) = ›ich ging auf das Land‹
fr den tohr ist ein wertß hauß (20)
leben nach daß reglement (49) = ›leben nach dem Reglement‹
nach den reglement sich... auf zu halten (49)
sie sagten zu daß metchen (25) = ›sie sagten zu dem Mädchen‹

Genitive sind in A relativ selten; meist wird das possessive Verhältnis mit Hilfe von Präpositionen ausgedrückt. In Darstellungen der ostjiddischen Grammatik spricht man meist nicht von Genitiv, denn nur wenn es sich um Lebewesen handelt, kann das Possessivverhältnis ohne eine präpositionelle Umschreibung ausgedrückt werden, die dann den Dativ erforderlich macht; wenn auf die Umschreibung verzichtet werden kann, entspricht die Form des Artikels ohnehin der des Dativs. Mark begründet ausführlich, warum die grammatische Benennung *Genitiv* nicht angemessen ist und diese Erscheinung als *Possessiv* bezeichnet werden muß, den man nicht zu den Beugefällen zu rechnen habe (vgl. Mark 178-180).

Aus A führe ich die folgenden Beispiele für den Genitiv des Singulars an:

hört... nicht unter die drekzion daß meißtraht (12) = ›gehört... nicht unter die Direktion des Magistrats‹
an den schreiben des briveß (48) = ›an dem Schreiben des Briefes‹
die jußtiz der akadmie (13) = ›die Justiz der Akademie‹

Im Plural wird der Artikel in A – im Gegensatz zu Z – flektiert:

den fohr schtehr der judn (11) = ›den Vorsteher der Juden‹
einr der größter künztler (19) = ›einer der größten Künstler‹
einr der reichßte (19) = ›einer der Reichsten‹
den pauren (66) = ›den Bauern‹
fun den rußen (67) = ›von den Russen‹

Es soll hier auf Besonderheiten der Stellung des unbestimmten Artikels im Jiddischen, die nicht den deutschen Regeln entsprechen, hingewiesen werden. So kann der unbestimmte Artikel zwischen ein Possessivpronomen und das durch dieses determinierte Substantiv treten; es läßt sich im Jiddischen zwischen *main bruder* und *main a bruder*[48] differenzieren: *main a bruder* bedeutet ›einer meiner Brüder‹.

In Z finden sich für diese Erscheinung zahlreiche Beispiele. Ich nenne nur: *sain a leiblicher bruder* (16); dadurch wird die Formulierung in A *sein leiblichr brudr* (8) wiedergegeben und noch präziser ausgedrückt. Anstelle des Possessivpronomens läßt sich im Jiddischen auch ein voranstehender Genitiv auf die gleiche Weise konstruieren: *a schweßters a tochter* (33); im Deutschen müßte man, um den Inhalt genau wiederzugeben, relativ umständlich erklären, daß es sich um eine der Töchter einer Schwester eines Mannes handelt, der mehrere Schwestern besitzt. A bietet hier die Formulierung *sein schweßter tochter* (25); die Formulierung ist also weniger genau.

Wird einem Adjektiv, das attributiv vor einem mit dem unbestimmten Artikel versehenen Substantiv steht, noch eines der Modaladverbien *seier* (›sehr‹) oder *gor* (›gar‹) zugefügt, so tritt im Jiddischen der unbestimmte Artikel zwischen Adverb und Adjektiv:

A: sehre schöne wertschaft (10)
Z: seier a scheine wirtschaft (18)

Diese Wortordnung betrifft nur den unbestimmten Artikel; mit dem bestimmten Artikel würde die Stellung deutsch und jiddisch dieselbe sein.

Als unbestimmten Artikel verwendet das osteuropäische Jiddisch die unveränderliche Form *a* bzw. vor Vokalen *an*. Dagegen finden sich in A flektierte Formen, wenngleich auch *ein* für verschiedene Genera und Kasus verwendet wird. Beispiele:

bekam er einen saltz fluß (1)
hat nimalß ein wekßel begert (1) = ›hat niemals einen Wechsel begehrt‹
mit... einn paß (31) = ›mit einem Paß‹
mit ein sak koren (6) = ›mit einem Sack Korn‹
eineh... laßt (2) = ›eine Last‹
ein schachtel (4) = ›eine Schachtel‹
eineh silbrne uhr (6) = ›eine silberne Uhr‹
ich reißte auf einr seit... und (er) auf ein andre seit (17) = ›ich reiste auf einer Seite... und (er) auf einer anderen Seite‹
die man nötig hat in eineh bude (1) = ›die man in einer Bude nötig hat‹
wie er... auf ein dorf krang lag in einr scheuneh (11) = ›wie er... auf einem Dorf krank lag in einer Scheune‹
von ein jahr zum andren (1) = ›von einem Jahr zum anderen‹

Beispiele für Genitivformen ließen sich nicht finden.

Mit dem Regelsystem, dem Z entspricht, stimmen die in A benutzten Formen des Artikels nicht überein. Abgesehen von dem niederdeutschen Zusammenfallen des Dativs und des Akkusativs im Singular des Maskulinums entspricht A dem Deutschen, wenngleich es Abweichungen gibt, die allerdings großenteils Charakteristika der niederen Umgangssprache sind, zum Teil aber auch keiner Regel folgen.

Während es im osteuropäischen Jiddisch eine Anzahl maskuliner Substantive hebräischer Herkunft gibt, deren Plurale mit deutschen Endungen gebildet werden, und auch solche, die hebräische Pluralsuffixe annehmen, erscheinen auch einige deutsche Etyma mit der hebräischen Pluralendung *-im*. Eine solche Bildung findet sich auch in dem untersuchten Text:

A: so gahr die bauhren (15) = ›sogar die Bauern‹
Z: afilu di poierim (22)

A: fil bauhr söhne (5)
Z: a ßach poierim-kinder (12)

In A findet sich gelegentlich auch die oberdeutsche Form *pauren*, so etw S. 5 (zweimal) in unmittelbarer Textnachbarschaft mit der mit *b* anlautenden Form; Z hat natürlich auch an diesen Stellen *poierim*.

poierim erscheint in Z auch einmal dort, wo A keine entsprechende Vorlage bietet, und zwar aus dem Grunde, weil Schtif vermeiden wollte, daß bei seinem Leserkreis Mißverständnisse entstehen könnten. So schreibt er:

a ßach poierim-kinder fun sakßn flegn gein aher in der poierim-schul (12) = ›eine Menge von Bauernkindern aus Sachsen pflegten hierher in die Bauernschule zu gehen‹

A wiederholt das Wort nicht, sondern hier heißt es:

es gingen fil bauhr söhne in der schuleh bei uns (5).

Während für A *schule* im Sinne von ›Bildungsstätte‹ eindeutig ist, hätten die Leser von Z *schul* als ›Synagoge‹ mißverstanden. Es zeugt also von Umsicht und Sorgfalt, daß Schtif Wiederholungen im Ausdruck in Kauf nimmt, um den korrekten kommunikativen Effekt zu erreichen. Aaron Isaak verwendet für ›Gebetsstätte‹ im Regelfall das Wort *Synagoge*, das allerdings, wie es ihm meist bei Fremdwörtern unterläuft, in verballhornter Form erscheint; so schreibt er *ßinigogi* (36) oder *ßingoge* (52), und an diesen Stellen wird das in Z mit *schul* wiedergegeben, wenngleich auch in A einmal *schule* in der Bedeutung ›Syn-

agoge‹ vorkommt (44), allerdings in unmißverständlichem Zusammenhang.
Im osteuropäischen Jiddisch haben Personennamen eine Flexion und bilden Dativ und Akkusativ mit dem Suffix *-n* bzw. *-en*. Ich biete für diese Erscheinung einige Beispiele:

Z: ich fleg... klern fun jenem schloimen (12),
mit... leibn (16),
un hob bendetn mitgenumen (104);

A schreibt an diesen Stellen:

ich dachte... an schlaumau (5),
mit... lev (9),
und nam bendikß mit (87)

A und Z differieren also hinsichtlich des Regelsystems, dem sie verpflichtet sind. Während Z den Regeln des osteuropäischen Jiddisch folgt, entspricht A denen des Deutschen.
Die ostjiddische Adjektivflexion unterscheidet sich sehr auffällig von der deutschen. Während im Deutschen alle drei Genera sowohl starke als auch schwache Singularflexion aufweisen können, existiert nach den Regeln des Ostjiddischen für das attributiv voranstehende Adjektiv im Maskulinum und im Femininum nur jeweils eine Singularflexion. Hingegen besitzt das Neutrum unterschiedliche Formen, je nachdem ob das Substantiv, dem das Adjektiv attribuiert ist, durch den bestimmten Artikel determiniert ist oder nicht.
Im Maskulinum des Singulars finden wir im System des osteuropäischen Jiddisch für den Nominativ des attributiv dem Substantiv voranstehenden Adjektivs eine starke Form, für den Dativ eine schwache. Die Endungen sind also *-er* oder *-n* bzw. *-en*. Nur Adjektive, die auf *-n* ausgehen, und das Wort *nai* (›neu‹) bilden einen stark flektierten Dativ auf *-em;* diese Endung haben sie auch im Akkusativ.
Das feminine Adjektiv wird im Singular stark flektiert. Das Neutrum hat, wenn das Substantiv durch den Artikel determiniert ist, schwache Flexionsendungen. Sonst bleibt es in allen Kasus ohne Flexionsendungen.
Die Pluralbildung ist für alle Genera die gleiche, indem die Endung *-e* angefügt wird, die unveränderlich ist.
Im untersuchten Text ist die Anzahl der attributiven Adjektive

relativ gering, da Aaron Isaak sehr nüchtern schreibt und Epitheta weitgehend vermeidet. Infolgedessen sind nicht alle Adjektivformen im Text belegbar. Beispiele für Maskulina im Singular:

A: der größte nahr (81) = ›der größte Narr‹
Z: der greßter nar (98 f.)

A: disr kleinr handel (2)
Z: asa kleiner handl (10)

A: sie werden ... ein klein(e)n kredit nicht fr sagen (2)
Z: sei weln ... nit opsogn kein kleinem kredit (10)

A: der almächtig er halte sie (7)
Z: der almechtiger soll dir helfn (14)

Beispiele für Feminina im Singular:

A: eineh teutsch kirche (24)
Z: a daitsche kirch (33)

A: mit seinr junge frau (87)
Z: mit sain junger froi (105)

A: in der gantze schtaht (70)
Z: in der ganzer schtot (86)

Beispiele für Neutra im Singular:

A: ein schöneß mädchen (8)
Z: a schein meidl (16)

A: ein klein kind (15)
Z: a klein kind (23)

A: fon ein alteß kleit (94)
Z: fun an alt kleid (113)

A: mein größtes fr gnügn (5)
Z: daß greßte fargenign (13)

Beispiele für Plurale:

A: einr der größter künstler (19)
Z: einer fun di greßte kinßtler (26)

A: mit ein(e)n fon der größte kauf leut (25)
Z: einer fun di greßte ßochrim (33)

A: fon die größten ofzirer (59)
Z: fun di hechßte ofizirn (72)

Ich führe aus A noch einige auffällige Konstruktionen an, um den Gebrauch von Adjektivformen zu verdeutlichen:

in der filsiofsche fakuliteht (13) = ›philosophische Fakultät‹
in ganzen schwedischß reich (19)
es wahr nohr ein klein(e)n kent zeichn (75)
das neu (beß) kvorauß (83) = ›den neuen Friedhof‹
groß pralerei (96)

Die Formen des attributiv vorangestellten Adjektivs, die sich im Originaltext des Aaron Isaak finden, entsprechen teilweise den deutschen Regeln und teilweise den Üblichkeiten des osteuropäischen Jiddisch; daneben gibt es jedoch auch Verstöße gegen beide Regelsysteme, und es ist eine große Willkür bei den jeweils verwendeten Formen zu konstatieren. Synchron betrachtet, steht A zwischen der deutschen und der ostjiddischen Norm, und man könnte im Zweifel sein, ob hier eine Variante des Deutschen oder eine solche des osteuropäischen Jiddisch vorliegt. Unter sprachhistorischem Aspekt ist allerdings zu sagen, daß die deutsche Norm zwar zum Teil aufgehoben wurde, aber eine neue Norm noch nicht vorhanden ist. Da ein wesentliches Charakteristikum zweier Einzelsprachen im Vorhandensein unterschiedlicher Regelsysteme besteht, hier aber eine Regellosigkeit herrscht, kann man nur von einer Erscheinungsform des Deutschen, wenngleich einer verderbten Ausdrucksweise, sprechen.

Morphosyntaktische und semantische Probleme des jiddischen Verbums

Der auffälligste und am häufigsten begegnende syntaktische Unterschied zwischen beiden Versionen zeigt sich in der Wiedergabe von Handlungen, die sich in der Vergangenheit zugetragen haben. Entsprechend den Üblichkeiten des deutschen Erzählstils benutzt Aaron Isaak bei der Schilderung seiner Lebensgeschichte das Präteritum, nur gelegentlich springt er ins Präsens. Demgegenüber verwendet Z das Perfekt, das im Ostjiddischen

»seine Spezifik eingebüßt und sich in ein Präteritum mit breiter Bedeutungspalette verwandelt« hat (Allgemeine Sprachwissenschaft, Bd. 3, S. 49). Eine synthetische Form zum Ausdruck der Vergangenheit existiert nicht; vergangene Handlungen werden – falls nicht einer stilistischen Wirkung wegen das Präsens verwendet wird – durch analytische Formen, die Verbindung des Perfektpartizips mit dem Hilfsverb *hobn* oder *sain* ausgedrückt.

Beispiele für den in beiden Texten divergierenden Tempusgebrauch begegnen auf Schritt und Tritt, und wollte man eine vollständige Belegsammlung bieten, müßte der größte Teil beider Versionen abgeschrieben werden. Darum zeige ich diese Erscheinung nur an Hand ganz weniger Stellen:

A: ich wahr ... sehr bekant mit seineh söhne (2)
Z: ich bin gewen sehr gut bekant ... mit saine sin (10)

A: ich kam nach Bützau, hilt mir da einge wochen auf (8)
Z: ich bin gekumen kein Büzow un hob sich dort oifgehaltn etliche wochn (16)

A: er ... fing an (15)
Z: er ... hot angehoibn (22)

Zu den signifikanten Merkmalen, die das osteuropäische Jiddisch vom Deutschen unterscheiden, gehört die Bildung des Reflexivs. Wie in den slawischen Sprachen, die vielleicht in dieser Hinsicht Einfluß ausgeübt haben, wird das jiddische Reflexivpronomen für alle Personen benutzt; es heißt immer *sich*, während die im Deutschen übliche reflexive Verwendung des Personalpronomens für die erste und zweite Person des Singulars und des Plurals verlorengegangen ist. Zwar behauptet Birnbaum, es gebe die unterschiedlichen Formen für das Reflexiv auch im Jiddischen – sofern man von der ersten Person des Plurals absieht, für den immer *sich*, nicht aber *unds* verwendet wird – (Birnbaum 1979, S. 250), aber das entspricht weder der heutigen Norm noch dem in dieser Hinsicht normgerechten Text von Schtif.

Die Textbelege sollen die schwerwiegenden Unterschiede beider Versionen im Gebrauch des Reflexivpronomens zeigen. Daß bei Aaron Isaak häufig ein falscher Kasus des Personalpronomens

erscheint, entspricht dem Soziolekt auch derjenigen deutschen Nichtjuden, denen Bildungsmöglichkeiten versagt waren. Es handelt sich dabei um Normverletzungen, die bis heute in Berlin begegnen: Da sowohl der Dativ *mir* als auch der Akkusativ *mich* berlinisch *ma* heißen, mißlingt nicht selten der Versuch, Standarddeutsch zu sprechen oder zu schreiben, weil Unsicherheit herrscht, ob im gegebenen Fall *mir* oder *mich* einzusetzen ist. Die Mundart der Heimat des Autors mag zu den Kasusfehlern beigetragen haben.
Aus der Vielzahl der Belege führe ich die folgenden an:

A: abr ich trauteh mir doch nicht (5)
Z: ober ich hob sich noch alz nit aingeschtelt (12)

A: ich befund mir etwaß schtärker in petscher schtechen (6)
Z: ich hob sich gefilt etwoß schtarker in schtemplkrizerai (13)

A: wan du abr dich wirßt wohl auf führen (1 f.)
Z: weßtu sich ober woil oiffirn (10)

A: bedenke dich (22 a)
Z: batracht sich (30)

A: wir hiltn uns da einge schtunden auf (20)
Z: mir hobn sich do farhaltn etliche scho (28)

A: wir fr flichtn uns (20)
Z: mir hobn sich mißchajev gewen (28)

A: so könt ihr euch wider auß den reich paken (44)
Z: is megt ir sich aroißwarfn funm land (54)

A: wolt ihr euch taufen laßen … (33)
Z: ober oib ir wilt sich toifn … (42)

Sehr häufig werden im Jiddischen reflexive Verben verwendet, wo das Deutsche eine nicht reflexive Ausdrucksweise vorzieht; dafür sollen einige Beispiele angeführt werden:

A: wir kamen übr einß (6)
Z: mir hobn sich farglaicht (13)

A: und so ging er sein weg (6)
Z: un geit sich awek (14)

A: wir machten nun, daß wir … wek komen (18)
Z: mir hobn sich oißgerißn (25)

A: weil ich uhm gesatelt habe (24)
Z: wail ich hob sich ibergekert (33)

A: ich ... bat uhm fr zeiung (28)
Z: ich ... hob sich farentfert (37)

A: ich dachte (52)
Z: ich hob sich getracht (64)

A: wan ich zu rük kome (46)
Z: wen ich wel sich umkern (57)

Selten kommt auch das Umgekehrte vor, ein reflexives Verb in A wird in Z nicht reflexiv wiedergegeben:

A: er bedankte sich (11)
Z: er hot mir badankt (19)

A und Z unterscheiden sich hinsichtlich der verwendeten Formen des Reflexivpronomens; A entspricht völlig der deutschen Norm.
Wie das Deutsche hat auch das Jiddische ein Passiv, das mittels des Hilfsverbs *wern* (›werden‹) und des Perfektpartizips gebildet wird. Die Verwendung des Passivs ist allerdings weit seltener als im Deutschen, und wenn sich ein Tatbestand aktivisch ausdrükken läßt, pflegt man das im Jiddischen zu tun. »Im gewöhnlichen Reden ist die passive Satzkonstruktion weitaus seltener als die aktive. Auch in der Literatursprache und sogar in Tageszeitungen ist es notwendig, die volle passive Konstruktion zu vermeiden, die den Stil schwerfällig macht. Beim Übersetzen einer Passivkonstruktion aus einer anderen Sprache ins Jiddische raten wir zu überlegen, ob da die aktive Konstruktion nicht besser, nicht jiddischer wäre.« (Wörtlich übersetzt aus Mark, S. 286) Unter »voller Passivkonstruktion« versteht der Autor solche Sätze, in denen das Akkusativobjekt eines aktiven Satzes bei der Umwandlung ins Passiv zum Subjekt wird, während das logische Subjekt, das im aktiven Satz zugleich grammatisches Subjekt ist, in der Passivkonstruktion zum Präpositionalobjekt wird; es gibt aber natürlich auch andere Passivkonstruktionen, z. B. Sätze, deren Subjekt unpersönlich ist *(es wird getanzt, davon wird gesprochen)*.
Ich bringe einige Beispiele für die Verwendung des Passivs im Text des Aaron Isaak, um sie mit Schtifs Version zu vergleichen:

A: die glantr(i) waren (›Galanteriewaren‹) wolten nicht mehr so ap gesetz werden (10)
Z: di galanterai-ßchoireß is schoin nit gewen asoi opzusezn (18)

A: ich ... kaufte mir elen waren, die fr bergers leut gebraucht wert (10)
Z: ich ... hob aingekoift schnit-ßchoireß, woß birgerlait ... farnuzn daß (18)

A: meineh schweßter wuhrt fr heirat (11)
Z: main schweßter hot chaßene gehat (›hat Hochzeit gehabt‹) (18)

A: er wahurt (›wurde‹) an gesehn in der schtat fr ein geschikten medizinr (14 f.)[49]
Z: in der schtot hot men fun im gehaltn, wie fun a tichtign mediziner (22)

A: der kafe wuhrt hrein gebracht (21)
Z: m'hot gebracht kawe (29)

A: so sol diseß schif den fohr zug haben, daß eß ahm erßten sol reparirt werden (33)
Z: sol di dosige schif hobn di bchoire, m'sol si farrichtn die erschte (42)

A: er wuhrt also fort geholfn (14)
Z: asoi hot men ihm aroißgeholfn (22)

A: eß wurt allß zu protkol genomn (50)
Z: m'hot doß alz farschribn in protokol (61)

A: eß wahre ... fr 4 hundert reichß taler, waß hir zu protokol wurt auf genomn (50)
Z: fir hundert raichßtoler tvieß (›Forderungen‹) sainen farschribn geworn in protokol (61)

A: auch wuhrt ein geteilt ein reichß taler 16 schilng aleh woche (14)
Z: oich is zeteilt geworn a raichßtoler un sechzen schiling oif jede woch (22)

Die relativ zahlreichen Passivkonstruktionen in A werden meist in Z aktivisch wiedergegeben. Häufig geschieht das mit Hilfe des unpersönlichen *men* bzw. *me* ›man‹. Fälle, in denen aktive Konstruktionen in A in Schtifs Version passivisch ausgedrückt werden, sind mir nicht aufgefallen. Z vermeidet das Passiv weitgehend und entspricht auf diese Weise den ostjiddischen Üblichkeiten.

Darstellungen der jiddischen Grammatik nennen bei der Beschreibung des Verbalsystems als eine besondere Erscheinung die »ßtu-Form« (vgl. Weinreich, U. 1971, S. 316). Darunter wird die Inversion der zweiten Person des Singulars verstanden, bei der die Verbform und das nachgestellte Personalpronomen zu einem Wort verschmelzen. Diese Zusammenschreibung, die im Mittelhochdeutschen üblich war, ist im Jiddischen zur Norm geworden. Hingegen ist sie im Deutschen aufgegeben worden, obgleich in der Aussprache zwischen Verbform und Personalpronomen keine Pause entsteht, da das anlautende *d* des Personalpronomens an das vorangehende *t* der Verbalendung assimiliert wird und das Personalpronomen enklitisch ist.

Im Frühneuhochdeutschen finden sich noch beide Schreibungen, Getrennt- und Zusammenschreibung. Im Text des Paulus Aemilius von 1562, den ich im vorangehenden Kapitel mit dem Schmuelbuch verglichen habe, gibt es zahlreiche Beispiele derartiger Zusammenschreibungen: *soltu* (I,19), *wirstu* (I,59), *wiltu* (I,182), *hastu* (I,268), *tregstu* (I,374) und viele andere.

Der Originaltext des Aaron Isaak bietet in der überwiegenden Zahl der Fälle bei der Nachstellung des Personalpronomens der zweiten Person des Singulars Zusammenschreibungen; nur gelegentlich wird nachgestelltes *du* als selbständiges Wort geschrieben. Zur Veranschaulichung genügen wenige Belege: *solßt du* (2), doch nur wenige Zeilen darunter *kanßtu* (2); *solßtu* (36), jedoch in der folgenden Zeile *solßt du* (36). In beiden Fällen, in denen Getrenntschreibung auftritt, fängt mit *du* eine neue Zeile an. Wenngleich durch den Beginn einer neuen Zeile die Getrenntschreibung begünstigt wird, kommt sie auch innerhalb einer Zeile vor: *mußt du* (36).

Hinsichtlich der »ßtu-Formen« scheinen sich A und Z stark zu ähneln, aber man darf das nicht überinterpretieren. Zunächst ist festzuhalten, daß diese Erscheinung für Z die Konformität mit einer Norm darstellt, während A beide Varianten der Schreibung verwendet, wenngleich die Zusammenschreibung häufiger auftritt als die Getrenntschreibung. Wesentlich ist jedoch, daß es sich hier nicht um ein morphologisches, sondern ausschließlich um ein orthographisches Problem handelt. Daß Aaron Isaak, der seinen Text mit hebräischen Buchstaben geschrieben hat, nicht an die orthographischen Regeln des Deutschen gebunden ist, sondern daß er seinen Text phonetisch schreibt, ist einleuchtend. Und daß er, wie alle Sprecher des Deutschen, das nachgestellte *du* der Verbform enklitisch anschloß, ist selbstverständlich. Es ist sogar bei einem formal wenig gebildeten Mann, wie es Aaron Isaak war, erstaunlich, daß er sich dessen bewußt war, daß *du* – unabhängig von seiner Stellung – ein selbständiges Wort darstellt. So rückt ihn seine Inkonsequenz bei der Benutzung von »ßtu-Formen« eher in die Nähe des Deutschen, als daß sie ihn davon scheidet.

Wie im Deutschen gibt es im osteuropäischen Jiddisch Verben mit Präfixen, die fest mit dem Stamm verbunden sind und nicht von ihm separiert werden können. Sowohl im Deutschen als auch im Jiddischen handelt es sich um sechs Präfixe. Abgesehen von der Untrennbarkeit ihrer Bestandteile zeichnen sich diese Verben dadurch aus, daß ihre Perfektpartizipien ohne die Vorsilbe *ge-* gebildet werden und daß die Präfixe stets unbetont sind. Im Deutschen handelt es sich um die Präfixe *be-, ent-, er-, ge-, ver-* und *zer-;* ihnen entsprechen im Jiddischen die Präfixe *ba-, ant-, der-, ge-, far-* und *ze-*.

Während *be-* und *ba-, ent-* und *ant-, ver-* und *far-* sich nur in der Vokalisation unterscheiden, also phonetische Varianten darstellen und *ge-* im Deutschen und Jiddischen identisch ist, sind die Unterschiede zwischen *er-* und *der-* bzw. *zer-* und *ze-* gravierender, so daß es zweckmäßig ist, die Texte A und Z im Hinblick auf die Verwendung dieser Präfixe zu untersuchen. Zunächst bringe ich Beispiele für das Präfix *der-:*

A: nun habe ich er lebt ein und sibenzig jahr (1)
Z: nu, hob ich derlebt 71 jor (9)

A: er … er(i)nerte sich (6)
Z: dermont er sich (14)

A: er … er zälte mir (11)
Z: er hot mir derzeilt (19)

A: ich habe dir … er laubt (39)
Z: ich hob dir derloibt (49)

A: ein erwagßneß mädchen (46)
Z: a derwakßn meidl (57)

A: ich erschrak (50)
Z: ich hob sich derschrokn (61)

Wenn A und Z sich desselben Etymons bedienen, verwendet A das Präfix *er-*, Z aber das Präfix *der-*. Während im Mittelhochdeutschen *der-* neben *er-* seit dem 12. Jahrhundert auftritt und auch noch im Neuhochdeutschen vorkommt, wenngleich es immer mehr zurückgeht und im 18. Jahrhundert der Dentalanlaut nur noch mundartlich ist, wie aus den Forschungen von Ahldén ersichtlich[50], ist das Präfix mit Dentalanlaut im osteuropäischen Jiddisch die alleinige Form geworden. A verwendet hingegen das Präfix in derjenigen Form, die sich im Deutschen durchgesetzt hat.

Es sei hier kurz darauf hingewiesen, daß deutsche und jiddische Verben, die auf dasselbe Etymon zurückgehen, darum nicht bedeutungsgleich sein müssen. Dieser Frage im einzelnen nachzugehen, würde den Rahmen meiner Arbeit sprengen, es soll aber an Hand des jiddischen Verbs *derlangen* gezeigt werden, daß es hier Bedeutungen gibt, die im Deutschen nicht vorhanden sind:

A: ... der zum könich ein gelegt häte (›eine Eingabe gemacht hätte‹) wegen petschr schtechrei (29)
Z: ... woß hot derlangt (›unterbreitet‹) dem kinig, as er is a schtemplkrizer (37)

A: ... wurd ihm an gesagt bei leib schtraf, wan man er faren werde, daß sie etwaß solte zu geschtochen werden (›daß ihnen etwas zugesteckt werden sollte‹) (51)
Z: ... m'hot schtreng farsogt (›gewarnt‹), er wet krign laibschtrof, oib (›wenn‹) m'wet dergein (›erfahren‹), as m'wet sei epeß derlangen (›etwas einhändigen‹) (62)

A: ... daß ich nichts auß richtn kan (32)
Z: ... as ich kon garnit derlangen (41)

Es wird deutlich, daß hinter der vordergründigen Ähnlichkeit beider Sprachen, die dem Laien auffällt, gravierende semantische Differenzen bei Wörtern verborgen sind, die auf dasselbe Etymon zurückgehen. Deutsch und osteuropäisches Jiddisch sind eben zwei verschiedene Sprachen.

Bin-Nun weist darauf hin, daß die festen Präfixe im Jiddischen semantisch zum Teil durch die slawischen Sprachen beeinflußt worden sind. In diesem Zusammenhang nennt er unter anderem das Verb *derlosn*, dessen Bedeutung vom deutschen *erlassen* differiert. Aus dem Text Z führe ich ein entsprechendes Beispiel an und vergleiche es mit dem Text des Aaron Isaak:

A: sie solte nicht zu geben (›zulassen‹) (22 a)
Z: si sol nit derlosn (30)

Bin-Nun meint, daß es sich hier um einen Anklang an das polnische *do-* (›zu-‹) handle (Bin-Nun, S. 119).
Während es im Mittelhochdeutschen das Präfix *ze-* neben der Form *zer-* gibt, hat sich im Neuhochdeutschen *zer-* völlig durchgesetzt, während im Jiddischen *ze-* zur Herrschaft gelangte. Folgende Beispiele seien angeführt:

A: auch wuhrt ein geteilt... (14)
Z: oich is zeteilt geworn... (22)

A: rechnte mit ihm ap (29)
Z: hob ich sich mit im zerechnt (38)

A: sie weinte... noch mehr (47)
Z: si hot sich noch mer zeweint (58)

A: ihr schmelßtet eß ein (52)
Z: ir wet doß zeschmelzn (63)

Nur Z hat entsprechend der ostjiddischen Üblichkeit das Präfix *ze-* in der Grundbedeutung ›auseinander‹, während es im Text A nicht vorkommt.
Während das Deutsche die Unwirklichkeit durch den Konjunktiv, eine besondere synthetische Verbform ausdrücken kann, fehlt eine solche Form im osteuropäischen Jiddisch. Nur der Irrealis läßt sich mittels einer analytischen Form in Konditionalsätzen kennzeichnen, so daß es im Verbalsystem einen ersten und zweiten Konditional – zum Ausdruck der Zeitstufen der Gegenwart und der Vergangenheit – gibt, deren Bedeutungen dem deutschen Konjunktiv II – bzw. seiner Umschreibung mit *würde* – und dem mit dem zweiten Konjunktiv von *haben* oder *sein* verbundenen Partizip der Vergangenheit entsprechen.
Für die Nichtexistenz des Konjunktivs im Jiddischen verweist Mieses auf das Hebräische: »Von Haus aus, aus dem Orient, brachten die Juden kein grammatisches Bedürfnis für einen Konjunktiv mit. Im Hebräischen besteht überhaupt nichts an

einen Konjunktiv Gemahnendes« (Mieses 1924, S. 166). Der Autor hat zweifellos recht, daß es im Hebräischen keinen Konjunktiv gibt; er ist zwar den semitischen Sprachen keineswegs fremd, ist aber gerade im Hebräischen verschwunden. Nur hat diese Tatsache absolut nichts mit der Sprachsituation des Jiddischen zu tun. Mieses selbst weist darauf hin, daß es »Konjunktivformen... noch im 16., 17. Jahrhundert« gab (S. 165). Wo sollte denn plötzlich dieser hebräische Einfluß hergekommen sein?

In der vorliegenden Untersuchung geht es darum, festzustellen, ob die beiden verglichenen Texte hinsichtlich der Verwendung bzw. Nichtverwendung des Konjunktivs übereinstimmen oder nicht. Wenn das Nichtvorhandensein des Konjunktivs ein Kennzeichen des Jiddischen ist, stellt das für die Zuordnung des Textes des Aaron Isaak ein wichtiges Kriterium dar.

Zunächst biete ich einige Beispiele dafür, wie Aaron Isaak über die Aussagen oder Gedanken anderer Personen berichtet; für die Wiedergabe derartiger Inhalte bedient sich das Deutsche gern des Konjunktivs.

A: ... mein muter ... sagte, wie ich mir b(e)klagt häte (7)
Z: hot ... di muter derzeilt ..., wi asoi ich hob sich geklogt (15)

A: er ... erkundigte sich, woh ich hin gereiß wäre (7)
Z: is dergangen, wuhin ich hob sich awekgelost (15)

A: da habe ich ... gehört, es gäbe dort petscher schtecherß (8)
(Ob Konjunktiv I oder II, *gebe* oder *gäbe*, zu lesen ist, ist unentscheidbar, da die hebräische Schrift nicht zwischen den Vokalen *e* und *ä* differenziert.)
Z: ich hob ... gehert, dort sainen faran schtemplkrizerß (15)

A: ich sagte, er währe ein armer mensch, wir judn müßtn ihm auß halten (12)
Z: sog ich: »doß is an ormer mensch, mir idn musn ihm oißhaltn« (19)

A: er sagte, ... er richte sich nach ... befehl ... (Im Weigerungsfall) werde er mich zur türe herauß stoßen (12)
Z: sogt er, as ... er halt sich bam ... bafel ... (Im Weigerungsfall) warft er mich arois (19)

A: ... er werde ... prowedirn (›profitieren‹) (14)
Z: er wet bawaisn (22)

A: ... wan einr ... reisn wil ..., so sole er ein zetel ... haben. da mit müs er auf die poltzei (›Polizei‹) gehn (38)
Z: ... wen einer ... wil forn ..., is sol er krign ... a zetl; dermit sol er gein zu polizei (48)

Gelegentlich kommt im Text des Aaron Isaak auch der Konjunktiv zum Ausdruck der Möglichkeit vor:

A: ich ... fr schrpach ihm 8 tage hir bei mir zu behalten, daß er widr recht frisch werde (11)
Z: ich ... hob im zugesogt acht tog ba mir oißhaltn er sol wider kumen zu sich (19)

Im Text finden sich Sätze, deren Aussage irreal ist, wie z. B. irreale Konditionalsätze, irreale Vergleichssätze und andere Sätze, die die Nichtwirklichkeit betonen:

A: so wolte er mein gelt von mir gelent haben, daß (›das‹) ich fileicht mein leben nicht widr bekomn häte (4)
Z: hot er cheischek gehat oiszulaien ba mir main gelt, mißtome wolt ich sich schoin lebnlang zurik dermit nit gesehn (11)

A: wan ich 100 gehabt häte, so wären sie schohn ale fr kauft gewesen (16)
Z: wolt ich gehat hundert, wolt sei schoin ale gewen farkoift (24)

A: die weibr haten almitatzion (›Alimentation‹), als wen ich häte solen reisn nach Amerika (23)
Z: die waiber hobn mich baklogt, punkt wi ich wolt geforn kein Amerike (31) (Schtif hat seine Vorlage mißverstanden, indem er statt *Alimentation*, ›Verpflegung‹, *Lamentation* liest und das durch *baklogn* wiedergibt.)

A: daß häte ich ... von in(e)n nicht ge(g)laubt (21)
Z: ich wolt doß ... nicht gegloibt (28)

A: wir waren uns so getreu als wen wir brüdr wären (19)
Z: mir sainen sich gewen asoi getrai asoi wi brider (26)

A: wan du eß nicht währßt, so wolten wir die petschaften nicht nemen (3)
Z: tußtu doß nit, is nemen mir die schtemplen nischt (11)

Der Vergleich der beiden Versionen zeigt, daß A den Konjunktiv häufig benutzt. Die indirekte Rede hat oft ein Verbum im Konjunktiv, während Z solche Sätze indikativisch wiedergibt. Nur

in irrealen Sätzen kann Z eine besondere Verbform benutzen, den Konditional, der durch das defektive Verb *wolt* in Verbindung mit dem Perfektpartizip ausgedrückt wird. Z folgt einem eigenen Regelsystem, A hingegen dem deutschen.
Der jiddische Konditional wird mit dem Hilfsverb *wolt* gebildet, von dem es nur das Präsens gibt. Etymologisch geht *wolt* auf das deutsche Präteritum *wollte* zurück, doch ist jiddisches *wolt* morphologisch ein Präsens, das die Bedeutung ›würde‹ hat. Konstruiert wird es – anders als im Deutschen – mit dem Perfektpartizipium. Als Beispiele biete ich den folgenden Satz im Vergleich zum Original des Aaron Isaak:

A: ich wolte gerne Ihr schwigr sohn werden (9)
Z: ich wolt sehr gewolt sain sain eidem (16)

Die Formulierung in Z ist insofern von besonderem Interesse, als darauf hinzuweisen ist, daß – synchron betrachtet – *wolt* und *gewolt* lexikalisch nicht zusammengehören, obwohl sie vom selben Etymon herkommen: *gewolt* ist ein Partizip von *weln* (›wollen‹), während *wolt* das Präsens eines defektiven Hilfsverbs darstellt. Wörtlich übersetzt bedeutet der Satz in Z ›ich würde sehr sein Schwiegersohn sein wollen‹. Die Verwendung gleicher Etyma in unterschiedlicher Bedeutung gehört zu den typischen Unterschieden von Nahsprachen und daher auch zu den leicht auftretenden Mißverständnissen und Fehlübersetzungen. In A kommen Konditionalformen nicht vor, sondern der Autor hält sich an die deutschen Üblichkeiten.
Im Gegensatz zum Deutschen verfügt das moderne Jiddisch über ein System, um Arten der Handlung deutlich zu kennzeichnen. Im Deutschen werden Aktionsarten auf sehr unterschiedliche Weise ausgedrückt, die von Fall zu Fall anders ist, während das Jiddische in dieser Hinsicht weitgehend genormt ist.
In den Grammatiken des Jiddischen wird meist nicht von Aktionsarten, sondern von Aspekten gesprochen. Da der Terminus *Aspekt* jedoch innerhalb der Germanistik nicht empfohlen wird, verwende ich ihn hier nicht, sofern ich mich nicht auf die jeweiligen Benennungen in den grammatischen Darstellungen des Jiddischen beziehe.
Mark unterscheidet sechs verschiedene Aktionsarten, für die es feststehende Realisierungen gibt:

1. Zum Ausdruck der Beständigkeit einer Handlung dient das Verb *ton* in Verbindung mit einem Infinitiv *(die sun tut schainen)*;
2. die wiederholte Handlung in der Vergangenheit wird durch das Hilfszeitwort *fleg* mit dem Infinitiv gekennzeichnet. Birnbaum faßt diese beiden Aktionsarten zusammen und nennt sie »habitual aspect« bzw. »past habitual aspect« (Birnbaum 1979, S. 272 f.).
3. Die Plötzlichkeit einer Handlung wird durch die Verben *ton, gebn,* gelegentlich auch *chapn* ausgedrückt, die ein Verbalsubstantiv im Akkusativ mit unbestimmtem Artikel regieren (*a kuk ton,* ›einen Blick werfen‹).
4. Für die durative Aktionsart verwendet das Ostjiddische *haltn in* mit dem Infinitiv (*ich halt in eßn,* ›ich bin beim Essen‹). Als eine Unterabteilung des Durativs bezeichnet Mark *haltn in ein* mit Infinitiv; man könne allerdings auch von einem eigenen Aspekt sprechen (vgl. Mark, S. 296). *haltn in ein* drückt sowohl Dauer als auch Ausschließlichkeit aus: *er halt in ein lernen* (›er beschäftigt sich ausschließlich mit Studieren‹). Birnbaum spricht von »iterative aspect« (Birnbaum 1979, S. 272).
5. Die inchoative oder ingressive Aktionsart drückt das Jiddische durch *nemen* mit dem Infinitiv aus. *nemen,* das auf das deutsche *nehmen* zurückgeht und auch im Jiddischen als Vollverb dient, wird, wenn es einen Inchoativ bezeichnet, »auf die Stufe eines Hilfsverbs herabgedrückt« (Mark, S. 296). Die Formulierung in A *ich ginig* (›ging‹) *auf den land* (2) wird in Z präziser durch *ich hob genumen gein oifn land* (10) wiedergegeben.
6. Schließlich nennt Mark noch die resultative Aktionsart, die durch die Verwendung von *kumen zu* mit Infinitiv realisiert wird (*er kumt zu loifn,* ›er kommt angelaufen‹).

Während es in Z für die Verwendung solcher Mittel zur Kennzeichnung von Aktionsarten viele Beispiele gibt, benutzt A diese Konstruktionen nicht. A ist also in dieser Hinsicht dem deutschen Regelsystem verpflichtet, nicht aber dem jiddischen. Nur einmal wählt A, um die resultative Aktionsart auszudrücken, eine Konstruktion, die dem Jiddischen näher steht als dem Deutschen: *entlich kam er an zu gehn* (26); Z drückt gerade hier den Abschluß der Tätigkeit nicht aus, denn es wird die Formu-

lierung *leßof* (›schließlich‹) *is er gekumen* (35) benutzt. Aus dem einmaligen Auftreten einer Wendung sollten indessen nicht zu weitgehende Folgerungen gezogen werden.
Besonders auffällig unter den behandelten Möglichkeiten des Jiddischen zum Ausdruck von Aktionsarten ist die Verwendung von *fleg* zur Kennzeichnung von wiederholten Handlungen in der Vergangenheit, weil die formale Ähnlichkeit der jiddischen Konstruktion mit dem Deutschen bei divergierender Bedeutung eine Quelle gegenseitigen Mißverstehens bildet. *fleg*, ein jiddisches Modalverb, das defektiv ist, weil nur die grammatischen Formen des Präsens existieren, geht etymologisch auf deutsches *pflegen* zurück, ist aber in seiner Bedeutung auf ›etwas regelmäßig tun‹ eingeengt. Zwischen dem jiddischen und dem deutschen Verbum besteht allerdings keine völlige Übereinstimmung, denn das jiddische Verb dient ausschließlich zum Ausdruck einer wiederholten Handlung in der Vergangenheit, obwohl es morphologisch präsentisch ist. Daß es mit dem Infinitiv ohne *zu* konstruiert wird, entspricht dem mittelhochdeutschen Gebrauch (vgl. Paul, § 295). Unterschiedlich ist auch die Stilebene, auf der in beiden Sprachen das Wort verwendet wird: Während es im Deutschen nur literatursprachlich auftritt, ist es im Jiddischen auch umgangssprachlich. In A tritt das Lexem nicht auf, da in dieser Hinsicht der Text ganz der deutschen Umgangssprache entspricht. Ein Beispiel, das im Gegensatz zu A die Verwendung von *fleg* in Z illustriert, mag genügen:

A: ich hate 4 junge kerleß, ... die ich imr mit waren auß schikte, die bei der arme (›Armee‹) reistn. nun gab ich imr an zweie, die zu samen reißtn solche elen waren ... (10)

Z: ich hob gehat fir jungen, woß flegn arumforn ba der armei ... un ich fleg sei arumschikn mit ßchoire. nu, hob ich gegebn zwei fun sei, woß flegn arumforn zusamen, asa schnit-ßschoire ... (18)

Der Beleg zeigt, daß das Jiddische durch die Verwendung von *fleg* den Iterativ der Vergangenheit deutlicher kennzeichnet als der Text von Aaron Isaak. Dadurch entsteht leicht die Häufung desselben Lexems innerhalb des Satzes, doch ist das in Z nicht als stilistischer Mangel zu werten. Schtif, der auch ein Werk über jiddische Stilistik verfaßt hat, war, wie aus seiner Version der Memoiren des Aaron Isaak insgesamt ersichtlich ist, ein sprachbewußter Autor, der sich um einen guten Stil bemüht und darauf Wert legt, Wiederholungen im Ausdruck zu vermeiden. Er kann aber nicht umhin, *fleg* zu verwenden, wo die Präzision des Ausdrucks es erfordert, weil kein Synonym zur Verfügung steht.

Das deutsche Lexem *dürfen* und das ostjiddische *darfn* gehören etymologisch zusammen, nicht aber semantisch. Während dem deutschen *dürfen* jiddisches *megn* äquivalent ist, bedeutet das jiddische *darfn* ›müssen‹ im Sinne von ›sich gehören‹. Daneben gibt es für deutsches *müssen* im Jiddischen das Verb *musn,* wenn es sich um eine Notwendigkeit handelt, die vom Willen des Menschen unabhängig ist.

Die Gefahr der Interferenzfehler, die bei Nahsprachen immer in besonderem Maße gegeben ist, wurde bei der semantischen Differenz zwischen *darfn* und *dürfen* zur Falle für jiddische Muttersprachler, wenn sie deutsch sprachen. Selbst wenn sie das Deutsche recht gut beherrschten, unterlief es ihnen, daß sie *dürfen* sagten, wenn sie *müssen* meinten. Der falsche Gebrauch des Wortes *dürfen* wurde gleichsam zum Erkennungsmerkmal des jiddischen Muttersprachlers, jedenfalls in jüdischen Kreisen. Darüber hinaus war dieser charakteristische Interferenzfehler wohl weniger bekannt. Gronemann, ein Autor, dessen genaue Sprachbeobachtung – besonders des Kontakts zwischen Deutsch und Jiddisch und der gleitenden Übergänge bei Sprachenwechsel oder Bilingualismus – in seiner Belletristik zum Ausdruck kommt, bietet folgenden Dialog in einer Szene bei einer Berliner Gerichtsverhandlung: Der Kläger, Herr Barches, »fragt, ob er zu dem am Sabbat angesetzten Termin kommen darf. ›Natürlich *dürfen* Sie kommen‹, sagte der Richter. Barches remonstriert – am Sabbat geht er nicht gern aufs Gericht. Der Richter wird ungeduldig: ›Wenn Sie nicht wollen, bleiben Sie weg... Ich sage Ihnen nur, Sie *dürfen* kommen.‹ ›Also wenn ich *darf*‹, schreit Barches verzweifelt, ›dann kann ich doch nicht wegbleiben!‹ Der Richter wird über diese Begriffsstutzigkeit wütend, und es dauert lange, bis der des Jiddischen besser kundige Anwalt den Beteiligten klargemacht hat, daß das jiddische ›darf‹ dem deutschen ›muß‹ entspricht... Gerade die nahe Verwandtschaft der deutschen Sprache mit der jiddischen fördert allerhand Mißverständnisse« (Gronemann, S. 75-77).

Für den Gebrauch des jiddischen *darfn* führe ich die folgenden Beispiele an:

A: ihr mußt auch denken, daß ihr alß fremdel(i)nge seit (49)
Z: ir darft oich gedenken, as ir sait do fremde (60)

A: er unter richte mir, wie eß mußte gemacht werden (43)
Z: er hot mir gelernt, wi asoi dos darf geton wern (53)

A: ich bin beschtelt, daß ich in eineh halbe schtunde sol bescheid haben (26)
Z: ich darf bekumen tschuve (›Antwort‹) in a halbe scho (›Stunde‹) (35)

A: du solst nicht mehr koßt gelt bezalen (7)
Z: darfßt mer afile (›sogar‹) far keßt nit zoln (15)

Deutschem *nicht dürfen* entspricht jiddisches *nit torn*, das vom mittelhochdeutschen *türren* ›wagen‹ stammt, jedoch nur mit der Negation *nit* verwendet wird:

A: kein jude darf hir nichtß ein kaufen odr etwaß fr kaufen (33)
Z: kein id tor do gornit koifn oder farkoifn (42)

Wenn analytische Vergangenheitsformen deutscher Modalverben mit dem Infinitiv eines Verbums zusammenstehen, dann wird das Perfektpartizip des Modalverbs durch den Infinitiv ersetzt. Im Gegensatz dazu ist es im Jiddischen unmöglich, daß zwei Infinitive in dieser Weise zusammentreffen, so daß das Partizipium des Modalverbs erhalten bleibt. Entsprechende Beispiele aus den verglichenen Texten sind die folgenden:

A: ... der ihm alleß möglche hat laßen lernen (13)
Z: ... woß hot im gelost lernen woß miglech (20)

A: disen ganzen handlung häten wir könen bestelen ›dieses ganze Geschäft hätten wir machen können‹ (31)
Z: doß ganze gescheft woltn mir gekont firn (40)

Es ist festzustellen, daß hinsichtlich der Modalverben, sowohl was die Morphologie als auch was ihre Semantik betrifft, A und Z voneinander abweichen. Z folgt den Normen des osteuropäischen Jiddisch, während A denen des Deutschen entspricht.
Das Präsenspartizip wird im Jiddischen durch die Anfügung von *-dik* bzw. *-dig* an die erste oder dritte Person Plural des Präsens gebildet, z. B. *hobndik* (›habend‹), *sizndik* (›sitzend‹).

Ich halte in Übereinstimmung mit Weinreich an der Bezeichnung »Präsenspartizip« fest (vgl. Weinreich, U. 1971, S. 317), obwohl sie von manchen Forschern vermieden oder auch deutlich abgelehnt wird. Während Birnbaum zunächst von »Partizip der Gegenwart« spricht (Birnbaum 1918, S. 47) und diese Bezeichnung auch in den späteren Auflagen seiner Grammatik beibehält[51], nennt er an anderer Stelle diese Form »Contemporal« und erklärt: »This form is not a present participle because it cannot be inflected. When the... form occurs in print or writing as an inflected attribute (e. g. ... *a fuurndiker vugn* ›a moving carriage‹) it is simply a Germanism, adopted by writers during the last few decades« (Birnbaum 1979, S. 262, Anm. 1). In Ermangelung historischer Grammatiken des Jiddischen muß es hier offen bleiben, ob die Form tatsächlich nur unflektiert benutzbar ist und eine flektierte Verwendung abzulehnen sei. Birnbaum bietet als Beispiel *schraibndik sain waib a briw* ›während er seiner Frau einen Brief schreibt‹ (Birnbaum 1979, S. 262). Ich meine aber, daß auch in dieser von Birnbaum als einziger gebilligten Benutzungsweise die Form Partizip genannt werden sollte; gegenüber dem Deutschen wäre dann höchstens die Verwendungsmöglichkeit eingeschränkt.
Mark behandelt die infiniten Verbformen außerhalb des Kapitels, das das Verb beschreibt, als einen selbständigen Gegenstand unter der Überschrift »Die Verbiden«. Zu den Verbiden rechnet er den Infinitiv, das Gerundivum und das Partizip. Unter »Partizip« versteht er ausschließlich das Perfektpartizip, während er das Präsenspartizip als »Gerundiv« bezeichnet. Dieses Gerundiv hat, wie die übrigen Verbiden einen Doppelcharakter: Es ist sowohl verbal als auch nominal. Im Gegensatz zu Birnbaum akzeptiert also Mark die attributive Verwendung der mit *-dik* gebildeten Form (Mark S. 326-344; über das Gerundiv S. 334-338). Als Beispiele seien aus dem Werk von Mark die folgenden angeführt: *schpazirndik in wald, klaib ich jagdeß* ›im Wald spazierengehend, sammle ich Beeren‹ (Mark S. 336); *mit sain ferznjorikn arbetndikn kind* ›mit seinem vierzehnjährigen arbeitenden Kind‹ (Mark S. 335). Mark weiß sehr wohl, daß der Terminus »Gerundiv« der lateinischen Grammatik entnommen ist und daß er dort eine Bedeutung hat, die dem jiddischen »Gerundiv« nicht entspricht. Er führt aber aus, daß der Terminus

bereits gegen Ende der zwanziger Jahre unseres Jahrhunderts in der jiddischen Philologie aufgekommen sei und die Bezeichnung sich verfestigt habe: »... di forem oif -(e)ndik hot in toch kein schaicheß nit zum gerundiw fun der latainischer gramatik. un doch is der termin nit-inganzn a zufeliker, worem indo-eiropeische leschoineß rufn asoi on an adjektiw woß hot gewiße schtrichn fun a werb« (›... die Form auf -(e)ndik hat im Grunde keine Beziehung zum Gerundiv der lateinischen Grammatik. Und doch ist der Terminus keineswegs zufällig, denn indoeuropäische Sprachen bezeichnen ein Adjektiv so, das gewisse Züge eines Verbs hat‹; Mark S. 334).

Da es allerdings bei der jiddischen Form gerade die Züge sind, die das lateinische und auch das deutsche Präsenspartizip aufweisen, scheint es mir doch zweckmäßiger zu sein, den Terminus »Partizip« beizubehalten, denn das Gerundiv hat im Lateinischen eine passive Bedeutung und ist zudem immer flektiert, sowohl in attributiver als auch in prädikativer Stellung (*liber legendus* ist ›ein zu lesendes Buch‹, *liber est legendus* bedeutet ›das Buch muß bzw. soll gelesen werden‹).

Beispiele für Präsenspartizipien sind in den zu vergleichenden Texten selten. Die sparsame Verwendung von Adjektiven, die für A charakteristisch ist, ist auch für Präsenspartizipien festzustellen. Aaron Isaak benutzt das Präsenspartizip nur attributiv.

Folgende Beispiele kann ich anführen:

A: er ging fr bei und hörte (26)
Z: farbaigeiendig, hot er gehert (35)

A: ich erschrak, waß da fr einеh meng menschen da waren (50)
Z: ich hob sich derschrokn, zusehendig, woß far a menge menschn hobn gemont ba sei (›zurückgefordert von ihnen‹) (61)

A: ich sagte ihr mit weindige augen (7)
Z: ich hob ir gesogt mit weinendige oign (14)

A: ... er zälte mein muter ... mit weindige augen (7)
Z: ... hot ... di muter derzeilt mit weinendige oigen (15)

A: ich ... reißte in die uhm ligendige dörfer (5)
Z: ich ... bin arumgeforn in di derbaiige derfer (12)

Von Verben abgeleitete Formen, die auf *-endik* bzw. *-endig* gebildet sind, gibt es bereits in der Sprache der deutschen Juden des Mittelalters. Im Schmuelbuch finden sich zwei Beispiele in attributiver Stellung und ein Beispiel in prädikativer: *ein stechendig wespe* (674,4), *ein auf nemendiger man* (913,3); *Got kan ... machen lebendig* (44,1). Im osteuropäischen Jiddisch ist *-endik* das Bildungssuffix für Präsenspartizipien. Es kommt in Z nicht nur in der syntaktischen Stellung vor, die Birnbaum als die allein berechtigte ansieht, sondern auch in attributiver Position. An der einzigen Stelle, an der A diese Bildung benutzt, *uhm ligendige dörfer* (5), bietet Z kein Partizip, sondern ein von einem Adverb abgeleitetes Adjektiv. Ein A entsprechendes Lexem ist im Jiddischen überhaupt nicht vorhanden.
Besondere Aufmerksamkeit beansprucht die von Aaron Isaak zweimal benutzte Form *weindig* (7). Z gibt dieses Wort mit dem jiddischen Partizip *weinendig* wieder. Die Form *weindig* hat im osteuropäischen Jiddisch keine Parallele. Neben der Partizipialendung *-endik* gibt es von verbalen Stämmen abgeleitete Adjektive außerdem noch mit den Suffixen *-edik* und *-ewdik,* so z. B. *schteiedik* ›etwas, dessen Natur es ist, zu stehen‹ (vgl. Mark S. 228); *folgewdik* (›gehorsam‹) ist eine Bildung, die eine dauernde Eigenschaft bezeichnet; im Gegensatz zu den zuvor genannten jiddischen Suffixen kann -ewdik auch an nichtverbale Stämme treten. Einen Beleg für *weindig* habe ich im Deutschen nicht gefunden, aber mit Sicherheit ist zu sagen, daß es nicht den jiddischen Bildungsmustern entspricht. Als Hypothese biete ich die folgende Deutung an: *weindig* dürfte einem Bildungsmuster entsprechen, das wir im Deutschen etwa in *stetig* (von *stehen*), *fertig* (von *fahren*), *trächtig* (von *tragen*), *künftig* (von *kommen*) usw. oder in *freudig* (von *freuen*), *ungebärdig* (von mittelhochdeutsch *gebaren*) haben. Sowohl das dem Verbstamm suffigierte *-t* als auch *-de* stellen heute unproduktive Suffixe dar. Mit ihrer Hilfe wurden aus Verben Substantive gebildet, von denen sich dann wieder Adjektive ableiten ließen: *tragen – tracht – trächtig, freuen – freude – freudig* (vgl. Fleischer S. 172-174; Schmidt 1967, S. 116). Auf die gleiche Weise läßt sich von *weinen* über eine substantivische, wenngleich nicht belegte Zwischenstufe *weint* oder *weinde* ein Adjektiv *weindig* oder eventuell *weintig* bilden. Zusammenfassend sei

festgestellt, daß hinsichtlich der Partizipien das spärliche Material in A nicht dazu berechtigt, zu Z eine engere Beziehung zu sehen als zum Deutschen.[52]

Ein signifikantes Merkmal des Ostjiddischen ist die Möglichkeit, zweiteilige Verbformen zu bilden, deren erster Bestandteil ein unveränderbares aus dem Hebräischen genommenes Partizip darstellt, während der zweite das flektierbare Hilfsverb *sain* ist. Der hebräische Bestandteil hat in diesen Verbindungen stets eine aktivische Bedeutung. Im Jiddischen gelten diese Zusammensetzungen als eine eigene Klasse im Konjugationssystem. Das Perfekt solcher Verben wird – und das ist besonders augenfällig – mit *hobn* gebildet. Während es also heißt *ich bin gewen* (›ich bin gewesen‹), bilden solche Zusammensetzungen Formen wie *ich hob matir gewen* (›ich habe erlaubt‹; wörtlich heißt *matir sain* ›erlaubend sein‹).

Diese Besonderheit des Jiddischen zeigt sehr deutlich, wie äußerlich der Einfluß des Hebräischen auf die jiddische Sprachentwicklung im Grunde ist, denn nur das Lexem ist übernommen, nicht aber die syntaktische Verwendung. Im Hebräischen wird das Partizip – sowohl in attributiver als auch in prädikativer Stellung – flektiert und richtet sich in Genus und Numerus nach dem Substantiv oder Pronomen, zu dem es gehört. Es würden sich im Hebräischen also Konstruktionen ergeben, die, wörtlich ins Deutsche übertragen, folgendermaßen konstruiert wären: *er ist ein erlaubender, sie ist eine erlaubende, wir sind erlaubende* (maskuline bzw. feminine Pluralform). Im Jiddischen hingegen ist der verbale Bestandteil *matir* ein unveränderliches, erstarrtes Lexem.

Es gibt eine ganze Reihe von jiddischen Verben, die dieser Klasse zugehören; trotzdem scheinen sie sich von anderen hebräischen Bestandteilen jiddischer Lexik in einer Hinsicht zu unterscheiden: Im allgemeinen steht es im Ermessen des Schreibers oder Sprechers, welche hebräischen Etyma er verwendet. Eine sehr große Zahl hebräischer Wörter ist dem traditionsgebundenen Juden aus der Sprache der Bibel oder den Gebetstexten bekannt, so daß vor allem Substantiva aus solchen Quellen jederzeit ins Jiddische eingeführt werden können und auch weithin verständlich sind, selbst wenn sie nicht zur »parole« gehören. Was hingegen diese Verben betrifft, so handelt es sich um lexikalische

Einheiten, und man kann nicht einfach ein beliebiges hebräisches Partizip mit dem Hilfsverb *sein* verbinden und auf diese Weise ein neues jiddisches Verb schaffen. Ich führe aus den zu vergleichenden Texten folgende Beispiele an:

A: ich ... baht ihm mit tausent fr zein (9)
Z: hob ich ... im gebetn toisnt mol mir moichl sain (›verzeihen‹) (16)

A: ich bin in mein leben nicht rachgirig gewesen (15)
Z: ich hob in main ganz lebn nit gesucht sich noikem sain (›sich zu rächen‹) (23)

A: wir fr flichtn uns mit ein eid (20)
Z: mir hobn sich mißchajev gewen mit a schvue (›sich verpflichtet‹) (28)

A: wehr da kam wart traktirt von Berlin (25) (Berlin ist Familienname)
Z: wer ß'kumt, is im B. mechabed (›bewirtet ihn‹) (33)

A: ich ... bat uhm fr zeiung, daß ich in(e)n so fil beschwehr machte (28)
Z: ich ... hob sich farentfert, woß ich bin im asoifil matriech (›zur Last falle‹) (37)

A: ich bredte (›beredete‹) mich mit mein brudr (44)
Z: ich hob mir mejaschev gewen mit main bruder (›beraten‹) (54)

A: also sagten sie ihm auf (47)
Z: bechein sainen sei nit maßkem (›daher sind sie nicht einverstanden‹) (59)

A: sie bekentn allenß waß ein jedr foderte fon sie (50)
Z: sei hobn moide gewen jedn, woß einer hot gemont ba sei (›jedem gestanden‹) (61)

A: ein jeder kan waß da zu menader sein (›sich zu einer Zahlung verpflichten‹) (57)
Z: jeder wet epeß menader sain (69)

A: auß mein(e)n hauß wart über 30 reichß taler da zu menader (57)
Z: fun main hois hot men menader gewen daroif ariber draißig raichßtoler (70)

A: jeder, wehr waß hat menader gewesen (57)
Z: wer woß hot menader gewen (70)

A: einge 30 reichß taler, die auß mein hauß haten menader gewesen (63)
Z: di draißig raichßtoler, woß unser hois hot menader gewen (77)

A: ... ob er solchß häte menader gewesen (94)
Z: ... zi hot er doß menader gewen (113)

A: er ... hat sich laßen mal sein (›beschneiden‹) (90)
Z: er ... hot sich mal gewen (108)

A: (gott) hat mir mazliach gewesen (99)
Z: (gott) hot mich mazliech gewen (118)

Die zweiteiligen Konstruktionen, die aus einem dem Hebräischen entstammenden Partizip und dem Hilfsverb *sain* bestehen und im Jiddischen als eine Verbalklasse gelten, kommen in A und in Z vor. Es gibt sie bereits in der Sprache der Juden in Deutschland während des Mittelalters. Im Schmuelbuch findet sich dafür ein Beispiel (Strophe 1135, Vers 1)[53]. Da es für die Erschließung der Sprache der Juden im Mittelalter im deutschen Sprachraum weder lexikalische Hilfsmittel gibt noch ausführliche Darstellungen der Grammatik, muß es zunächst offen bleiben, ob die Perfekte solcher Verben mit *haben* zusammengesetzt werden, wie es im Ostjiddischen die Norm ist. Solche Konstruktionen dürften aber, wenn es sie gibt, relativ selten sein, da das Erzähltempus jener Texte das Präteritum, nicht aber das Perfekt ist. Buxtorf kennt die Perfektbildung mit *haben ... gewesen* nicht: »Sic participiis Hebraicis familiarissime cum Verbo substantivo utuntur ... Deine brieffe bin ich mecabbel gewesen« (Buxtorf S. 669). Im modernen Ostjiddisch müßte es hingegen heißen: » ... hob ich mekabl gewen« (›habe ich bekommen‹).
Die Verwendung der Konstruktion ist in A viel seltener als in Z. In A erscheint sie nur in ganz bestimmten Textzusammenhängen, wenn von kultischen Dingen die Rede ist; einmal geht es um die Gründung der Beerdigungsbruderschaft, zu deren Finanzierung sich die Gemeindemitglieder verpflichten sollten, einmal handelt es sich um die Beschneidung, also einen rituellen Akt, und schließlich steht die Konstruktion im allerletzten Satz der Memoiren des Aaron Isaak. Diesen letzten Satz, der einen feierlichen, formelhaften Abschluß des Werks darstellt, hätte der Autor wahrscheinlich gern in Hebräisch verfaßt, wenn seine Kenntnisse dafür gereicht hätten; es gelang ihm nur ein Satz deutscher Struktur, der jedoch fast ausschließlich aus hebräischen Wörtern besteht: »sie haben mir meschalem ro'o tachas tauvo gewesen, allein hkb"h berauv rachamow uverauv chaßdau hat mir mazliach gewesen bechol derochoi« (›sie haben mir bezahlt Schlechtes für Gutes, allein Gott in seiner großen Barm-

herzigkeit und seiner großen Gnade hat mir auf allen meinen Wegen Erfolg verliehen‹). In diesem Falle bietet Z in Klammern die Übersetzung »bazolt schlechtß far gutß«, denn *meschalem sain* gehört nicht zur jiddischen Lexik.
Die wenigen Textstellen, an denen A Verbformen bietet, die aus invariablen hebräischen Partizipien und dem Hilfsverb *sein* zusammengesetzt sind, erfordern noch eine gesonderte Betrachtung. Gehen wir von der Norm des Ostjiddischen aus, die besagt, daß solche Verben analytische Vergangenheitsformen mit Hilfe von *haben* bilden und daß sie stets aktive Bedeutung haben müssen, da das Partizip ausschließlich in diesem Sinne verwendet wird, so entsprechen die folgenden Sätze des Aaron Isaak dieser Norm nicht: Seine Formulierung *auß mein(e)n hauß wart über 30 reichß taler da zu menader* (57) ist darum seltsam, weil *menader* ›sich verpflichtend‹ bedeutet; in dem Satz würde dagegen ein Partizip im Passiv erforderlich sein. Passive Formen werden jedoch im Jiddischen in dieser Verbalklasse nicht gebildet. Die Version Schtifs[54] ist hingegen vom Standpunkt des Ostjiddischen korrekt. Der in A vorkommende Satz *einge 30 reichß taler, die auß mein hauß haten menader gewesen* (63) ist gleichfalls schwerlich korrekt, denn er ist logisch nicht in Ordnung, obwohl er formal der jiddischen Norm nahekommt: Zweifellos können nicht die Reichstaler das handelnde Subjekt sein. Z macht zu Recht *unser hois* zum Subjekt.
Nur am Rande sei erwähnt, daß Aaron Isaak bei den hebräischen Etyma auch fehlerhafte Schreibungen bietet. Diese Wörter werden in den untersuchten Texten – und auch sonst meist – nicht nach den Regeln der jiddischen Phonetik, sondern in ihrer originären hebräischen Gestalt geschrieben. *menader* erscheint darum in reiner Konsonantenschrift als *mndr*. Doch das oben angeführte Zitat, in dem ich jetzt das betreffende hebräische Etymon entsprechend seiner konsonantischen Schreibung biete, *jeder, wehr waß hat mndir gewesen* (57), läßt sich eigentlich nicht in dem vom Autor gemeinten Sinne verstehen, denn Aaron Isaak drückt den Vokal *e* in der letzten Silbe von *menader* durch den Konsonanten *Jod* als mater lectionis aus, was nur bei nicht-hebräischen Etyma möglich ist. Das von ihm geschriebene hebräische Wort kann man nur als *mandir* lesen. Hebräisch könnte das ein kausatives Partizip in der Bedeutung ›jemanden

durch einen Schwur verpflichten‹ sein, was ohne Zweifel vom Autor nicht intendiert ist und dazu noch eine inkorrekte Bildung wäre, da die Form *madir* heißen müßte (ebenso an den meisten Stellen, an denen das Lexem vorkommt). Dagegen – und das ist interessant, wenngleich dem Problem hier nicht nachgegangen werden kann – ist die Form *menader,* die eine lexikalische Einheit des Jiddischen ist, im Hebräischen überhaupt nicht vorhanden. Sie scheint nicht infolge der Kenntnis des Hebräischen von den Jiddischsprechern in die Sprache aufgenommen zu sein, sondern im Gegenteil gerade aufgrund des geringen Maßes der Vertrautheit mit dem Hebräischen. Die einschlägigen ausführlichen Wörterbücher der hebräischen Sprache belegen eine solche Form nicht; von dem betreffenden Wortstamm läßt sich in der hier erforderlichen Bedeutung nur die Form *nauder* bzw. *noider* (im modernen Hebräisch *noder*) bilden. Hinzuweisen ist auch auf den von Aaron Isaak benutzten Konjunktiv des Plusquamperfekts, *häte menader gewesen* (94), den Schtif, den Regeln des osteuropäischen Jiddisch entsprechend, durch den Indikativ des Perfekts ersetzt.
Auffällig ist die Formulierung des Aaron Isaak *(Gott) hat mir mazliach gewesen* (99), die Z unter Veränderung des Dativs in einen Akkusativ übernimmt. *mazliech sain* ist im Jiddischen lexikalisiert, jedoch in der Bedeutung ›Erfolg haben‹; hier kann es aber nur im Sinne von ›Erfolg verleihen‹ verstanden werden. Nun findet sich bei Aaron Isaak einige Zeilen vorher der hebräische Satz *wh' mazliach darkau leveßau bescholaum* (›und Gott möge ihn glücklich nach Hause gelangen lassen‹). Daß Gott den Weg eines Menschen erfolgreich macht, ist eine im Bibeltext wiederholt vorkommende Formulierung, die anscheinend dem Autor bekannt war; und so benutzt er die Formulierung »Gott hat mir Erfolg gegeben« auch in einem nichthebräischen Satz in ähnlicher Weise. Ob in der Sprache der Juden seiner Zeit *mazliach sein* in dieser transitiven Bedeutung mit dem Subjekt *Gott* üblich ist, läßt sich in Ermangelung lexikographischer Hilfsmittel nicht feststellen. Z bietet gleichfalls zunächst den hebräischen Satz des Aaron Isaak, übersetzt ihn aber, da das Verständnis der Leser anscheinend nicht vorauszusetzen ist, und setzt in Klammern dazu »un Got baglikt sain weg aheim bescholem« (117). Auf Grund dieser Information wird dann wohl der Leser

von Z die für das moderne osteuropäische Jiddisch unübliche Formulierung *Got hot mich mazliech gewen* im Sinne von *Got hot mich baglikt* verstehen können.

Es läßt sich feststellen, daß das Vorhandensein von zweiteiligen, aus hebräischen Partizipien und dem Hilfsverb *sein* bestehenden Verben den Texten A und Z gemeinsam ist und daß sie in dieser Hinsicht nicht der deutschen Norm entsprechen. Der Gebrauch solcher Verben ist allerdings in A im wesentlichen auf den kultischen Bereich beschränkt. Während Z bei der Bildung der Formen einem Regelsystem folgt, sind die Konstruktionen in A uneinheitlich und zum Teil mißglückt.

Im osteuropäischen Jiddisch gibt es noch eine der Verbalklasse, die aus einem Partizip mit aktivischer Bedeutung und dem Hilfsverb *sain* besteht, analoge Klasse: Sie wird aus einem invariablen hebräischen Passivpartizip und dem Hilfsverb *wern* (›werden‹) gebildet.

Folgende Beispiele führe ich an:

A: ich konte ihm nicht los werden (24)
Z: ich hob nit gekont sainer poter wern (›ledig werden‹) (33)

A: ich er schtaunde über den kauf (16)
Z: ich bin nischtoimem (›erstaunt‹) geworn iber asa prais (24)

In A kommt diese jiddische Verbalklasse nicht vor; der Text entspricht deutschen Üblichkeiten.

Im osteuropäischen Jiddisch gibt es die Möglichkeit, dem verbalen Prädikat dadurch Nachdruck zu verleihen, daß ihm dasselbe Verbum im Infinitiv vorangestellt wird, und zwar steht die infinite Form gewöhnlich am Satzanfang. Diese Erscheinung ist sowohl für die gesprochene als auch für die geschriebene Sprache eine legitime und verbreitete Möglichkeit, während derartige Konstruktionen (etwa »können kann er nicht«) nicht zum Standarddeutsch gehören. Mark bezeichnet diesen verstärkenden Infinitiv recht glücklich als »tautologischen Infinitiv« (Mark S. 333). Hinsichtlich seiner Form gleicht dieser tautologische Infinitiv dem normalen Bildungsmuster, d. h. er entspricht der ersten bzw. dritten Person Plural des Präsens. Es gibt allerdings Fälle, in denen der tautologische Infinitiv von der üblichen Infinitivform abweicht und eine eigene, nur für ihn charakteristische Form annimmt. Das erfolgt, wenn er mit finiten Formen solcher starken Verben zusammentrifft, deren Infinitivbildung unregelmäßig ist, und auch wenn bei diesen Verben Formen auftreten, die von der Grundform verschieden sind. So heißt es im Ostjiddischen *weißn weiß ich,* obwohl der Infinitiv *wißn* ist; *binen bin ich* und *isn is er* trotz des Infinitivs *sain* (vgl. Mark S. 333 f.). Solche, wie Mark sagt, Pseudo-Infinitive werden in derartigen Fällen gebildet, weil die Konstruktion mit dem tautologischen Infinitiv zugleich eine Stilfigur darstellt, die durch Symmetrie und Euphonie gekennzeichnet ist.

Was die Herkunft dieser syntaktischen Erscheinung betrifft, so wird im allgemeinen die Ansicht vertreten, daß hier ein Einfluß des Hebräischen vorliegt, nämlich eine Übernahme des hebräischen sogenannten absoluten Infinitivs. »Das ist purer Hebraismus«, formuliert Mieses (1924, S. 195). Bin-Nun vertritt die Ansicht, daß die jiddische Syntax zwar dem Hebräischen nur sehr wenig verdanke, aber zu diesem Wenigen gewiß der tautologische Infinitiv gehöre: »Mit Bestimmtheit ist hier die eigentümliche Vorsetzung eines absoluten Infinitivs vor das gleichstämmige bestimmte Verb zu nennen.« (Bin-Nun S. 118) Es wird auch zu erklären versucht, wie und warum diese syntaktische Erscheinung übernommen wurde: »Auf Schritt und Tritt stieß man bei der Bibelübersetzung auf diese Wortfügung, und es hätte schon eines völlig unempfänglichen Gedächtnisses bedurft, wenn eine so auffällige Eigentümlichkeit spurlos hätte abgleiten sollen.« (Bin-Nun S. 118) Da die Bibel den wesentlichen Lehrgegenstand der Schulausbildung darstellte und der hebräische Text wortwörtlich in die Umgangssprache übertragen wurde, ist das Argument logisch, ohne darum jedoch stichhaltig sein zu müssen. Es müßte zunächst geprüft werden, ob es diese Erscheinung erst im osteuropäischen Jiddisch gibt oder bereits früher. Da die Lehrmethoden in den Schulen auch in anderen Ländern bei den Juden in mittelalterlicher Zeit sehr ähnlich waren, läge es nahe, auch in anderen von Juden gesprochenen Sprachen nach einer entsprechenden Erscheinung zu suchen. Das kann allerdings im Rahmen dieser Arbeit nicht erfolgen.

Kutscher hält die Herkunft des jiddischen tautologischen Infinitivs aus dem hebräischen absoluten Infinitiv für keineswegs bewiesen und verweist darauf, daß dieser absolute Infinitiv, der sich in seiner Form vom sonst verwendeten Infinitiv unterscheidet und der syntaktisch nicht in den Satz eingeordnet ist, in den entsprechenden hebräischen Kontexten die Funktion eines Adverbs ausübe; hingegen habe in der jiddischen Konstruktion der Infinitiv die Funktion des logischen Subjekts (vgl. Kutscher S. 276). Was hier mit dem logischen Subjekt gemeint ist, wird möglicherweise nicht unmittelbar verständlich. Kutscher bringt das Beispiel *lernen lern ich nit;* es ist also wohl gemeint, der Satz sei zu verstehen als ›Lernen ist nicht die von mir durchgeführte Tätigkeit‹. Faßt man den Satz in dieser Weise auf, könnte man *lernen* als logisches Subjekt ansprechen. Es wäre meines Erachtens auch möglich, den Infinitiv als ein grammatisches Objekt anzusehen, denn die Struktur des Satzes bleibt die gleiche, wenn man statt *lernen* eine andere Tätigkeit in substantivierter Form substituiert: etwa *Schwimmen lerne ich nicht.*

Für den tautologischen Infinitiv führe ich aus den zu vergleichenden Texten die folgenden Beispiele an:

A: (er) hat nimals waß zu kauf (25) (›beschäftigt sich nicht mit seinem Handel‹)
Z: koifen koift er gornit (33 f.)

A: sie wißn fon nichts (45)
Z: wißn weißn sei gornischt (56)[55]

Text A zeigt keine tautologischen Infinitive und entspricht in dieser Hinsicht dem deutschen Standard.

Zur Verneinung

Es gehört zu den Charakteristika des osteuropäischen Jiddisch, daß das Indefinitpronomen *kein* die Einfügung einer Negation erforderlich macht. Die so entstehende doppelte Verneinung ergibt jedoch nicht, wie es in der deutschen Gegenwartssprache der Fall ist, eine Bejahung. Das mittelhochdeutsche *kein* ist aus der älteren Form *dehein, dechein* entstanden, die ›irgendeiner‹ bedeutet, doch *dechein* hat sich mit *nehein, nechein* ›nicht ein‹ vermischt, so daß *kein* zu der doppelten Bedeutung ›irgendein‹ und ›nicht irgendein‹ gelangt ist. Außerdem entsteht im Mittelhochdeutschen durch die Verdoppelung von Negationen keine

Bejahung. Folglich ist *nicht kein* ursprünglich keine Bejahung, sondern eine normale Negation, die allerdings dem heutigen deutschen Sprachgebrauch nicht mehr entspricht (vgl. Paul s. v. *kein*).

Im Regelfall wurde *kein* im Mittelhochdeutschen mit einem negierten Verb verbunden, und diese Konstruktion hat das osteuropäische Jiddisch beibehalten. Moderne jiddische Grammatiken rechnen *kein* nicht als Indefinitpronomen, sondern klassifizieren es als Artikel. Es gebe neben bestimmtem und unbestimmtem Artikel noch den »negativen Artikel« *kein*. Dieser trete im verneinten Satz an die Stelle des unbestimmten Artikels bzw. vor ein artikelloses Nomen (vgl. Mark S. 118 und 119).

Im Deutschen gab es zu *kein* zunächst keinen Plural, weil der semantische Zusammenhang mit *ein,* dem unbestimmten Artikel und zugleich dem Zahlwort, eine Mehrzahlbildung nicht zuließ. Die Pluralform *keine* setzte sich im Neuhochdeutschen nur zögernd durch und wurde erst im 18. Jahrhundert häufig. Im osteuropäischen Jiddisch ist *kein* ein invariabler Artikel, der aber auch bei Pluralen stehen kann.

Für die Verwendung von *kein* in A und Z führe ich als Beispiele an:

A: wir haben kein gelt (1)
Z: mir hobn kein gelt nit (9)

A: zu schtechen ist keineh kunst (6)
Z: doß is kein groiße kunz nit (13 f.)

A: ich gung abr keineh schtat fr bei (8)
Z: ich bin ober nit farbaigegangen kein schtot (15)

A: ... daß ich keineh zwei monheit (›Monat‹) wek bleibe (58)
Z: ... as kein zwei chadoschim (›Monate‹) wel ich dort nit farblaibn (70)

A benutzt *kein* als flektiertes Indefinitpronomen im Singular und im Plural; eine zusätzliche Negation wird nicht verwendet. Hingegen bietet Z die invariable Form *kein* und verneint zudem das Verb. A folgt also den Regeln des Neuhochdeutschen, während Z davon abweicht. Es ist gelegentlich in der Literatur darauf hingewiesen worden, daß die Negation, die im osteuropäischen Jiddisch zu *kein* tritt, auf den Einfluß des Slawischen zurückzuführen sei, weil sich dort eine analoge Erscheinung

zeige (vgl. z. B. Bin-Nun S. 118). Diese Erklärung erscheint mir nicht als beweiskräftig, aber die slawischsprechende Umwelt mag in Osteuropa dazu beigetragen haben, daß sich diese Konstruktion im Jiddischen verfestigt hat.
Während ich zunächst Beispiele dafür angeführt habe, daß im Text A nach *kein* eine weitere Negation entfällt, während sie bei Z eingesetzt werden muß, kommt auch ein anderer Fall vor: Z muß nicht einen Satz in A wiedergeben, der mit *kein* negiert ist, sondern es kann in A auch eine andere Negation verwendet werden; wenn das der Fall ist, werden indeterminierte Nomina, falls sie vorkommen, nicht zusätzlich durch *kein* verneint. Für diesen Typus in A nenne ich:

A: ich habe nimalß fon sie kredit genomen (2)
Z: ich hob ba sei keinmol nit genumen oif kredit (10)

A: du bißt nicht beklagen wehrt (19)
Z: ß'is oif dir kein rachmoneß (›Mitleid‹) nit (27)

A: ihr wert gewiß nicht lebendik auß schtokholm komen (28)
Z: ir wet gewiß kein lebendiger nit aroiß fun schtokholm (36)

A: die werden auch wol nicht fil beßerß machen (32)
Z: sei weln oich nit kein ßach (›keine Menge‹) beßer machn (41)

Da im osteuropäischen Jiddisch im negativen Satz der unbestimmte Artikel durch den negativen Artikel ersetzt wird, treten, wenn in einem solchen Satz mehrere indeterminierte Nomina enthalten sind, Negationshäufungen auf:

A: woh nimalß ein jehudo (›Jude‹) gewesen ist (22 a)
Z: wo kein id is keinmol nit gewen (30)

A: hat nimalß ein wekßel begert (1)
Z: keinmol nit farlangt fun mir kein wekßl (9)

A: nicht einr fon sie, der etwaß in fr mögen hate (47 f.)
Z: keiner fun sei hot nit gehat nit kein farmegn (59)

Aber auch im Text des Aaron Isaak gibt es Beispiele für die Verwendung der doppelten Negation, ohne daß dadurch die Negativität der Aussage aufgehoben wird:

A: also ich bekam fon keinm nichtß (44)
Z: ich hob ba keinem gornit gekrign (55)

A: ich bekam kein fenig fon keinm nicht (44)
Z: ich hob fun keinem kein fenig nit gekrign (55)

Wie sind nun solche verdoppelten Verneinungen im Text des Aaron Isaak zu beurteilen? Liegt hier etwa eine Beeinflussung der Sprache des Autors durch die Üblichkeiten des Ostjiddischen vor? Das ist zweifellos nicht der Fall, denn nur den Regeln des heutigen Deutsch entsprechend ist die doppelte Verneinung als Aufhebung der Negation, mithin als Bejahung aufzufassen. Die Negationsverdoppelung ist in der deutschen Klassik noch durchaus als nachdrückliche Negation gebräuchlich, und in diese Zeit gehört ja auch das Werk des Aaron Isaak (vgl. Paul s. v. *nicht*).

Ich will allerdings darauf hinweisen, daß auch im modernen Deutsch doppelte Negation in verneinendem Sinne gelegentlich als Stilmittel benutzt wird. Sie wird beispielsweise in der Figurenrede verwendet, wenn volkstümliche, oft auch mundartliche Rede wiedergegeben werden soll. So heißt es in Fontanes Roman »Frau Jenny Treibel«: »...von pieken is keine Rede nich...« (Fontane Bd. 3, S. 356). Während hier die Worte einer alten Hausangestellten wiedergegeben werden, ist es »Opa«, ein einfacher alter Mann, den Christa Wolf die Worte »Wir sind doch keine Diebe nicht!« bei einem Wutausbruch ausrufen läßt (Wolf S. 376).

Trotzdem ist es wohl nicht nur die Volkssprache, in der dieser ältere Sprachgebrauch fortlebt; es scheint mir allzu apodiktisch zu sein, wenn formuliert wird: »In der deutschen Gegenwartssprache ist die Mehrfachnegation entweder unzulässig oder bedeutet Bejahung« (»Lexikon Sprachwissenschaftlicher Termini« S. 160). Und ebendort: »Im Deutschen tritt sie in verneinender Bedeutung nur noch in älterer Sprache und Mundart auf.« Denn nicht als Figurenrede, sondern im eigenen Namen begegnet das Phänomen der doppelten Negation in einem Brief, den Marx am 15. 1. 1882 an Engels schrieb. Dort heißt es: »...war diese Demonstration... so platonisch, daß niemand nichts davon erfuhr...« (MEW Bd. 35, S. 39). In diesem Fall soll nicht nur die Verneinung verstärkt, sondern auch mit dem Marx eigenen Witz naive Redeweise parodiert werden. Besonders dann, wenn Uninformiertheit betont werden soll, wenn also *wissen* und sinnverwandte Verben negiert werden, ist die Verwendung der doppelten Verneinung nicht selten; *daß niemand nichts weiß* kann als eine stehende Wendung betrachtet werden. In einem Aufsatz, der sich polemisch mit dem faschistischen deutschen Staat auseinandersetzt, nennt Heinrich Mann Nazideutschland einen »Geheimstaat«, denn er »hat eine Fassade, die ist für die Blicke der Welt bestimmt. Was dahinter in Wirklichkeit vorgeht, kann immer abgeleugnet werden« (Mann S. 109). In diesem Zusammenhang heißt es: »...mit einem Geheimstaat, von dem niemand nichts weiß, schließen die Demokratien seelenruhig ihre Verträge und Gentlemen Agreements« (Mann S. 111). Bei diesem außerordentlich sprachbewußten Autor und Meister der Ironie liegt anscheinend ein Spiel mit den entgegengesetzten Interpretationsmöglichkeiten vor: Auf der einen Seite ist die Uninformiertheit der Welt bezüglich des faschistischen Deutschland emphatisch zum Ausdruck gebracht, andererseits wird aber durch die doppelte Verneinung gleichzeitig die Negation aufgehoben und die Feststellung getroffen, daß eigentlich alle alles wissen, jedoch aus Feigheit und Opportunismus schweigen.

In der mündlichen Rede läßt sich übrigens durch die Intonation deutlich unterscheiden, ob die mehrfache Negation die Verneinung negieren oder verstärken soll: Im Fall der Affirmation ist die letzte Negation des Satzes durch deutliche Akzentuierung hervorgehoben, während bei einer Verstärkung an anderen Stellen des Satzes betont wird. Welche das sind, hängt vom kontextuellen Zusammenhang ab (Bejahend: Von dieser Sache weiß keiner *nicht,* Verstärkung: von *dieser* Sache weiß keiner nicht oder Von dieser *Sache* weiß keiner nicht oder Von dieser Sache *weiß* keiner nicht oder Von dieser Sache weiß *keiner* nicht).

Im Deutschen wie im osteuropäischen Jiddisch wird die Negation auch in Entscheidungsfragen verwendet, und zwar dann, wenn eine Bejahung vom Sprecher erwartet oder jedenfalls gewünscht wird. Selbständige Interrogativsätze dieser Art habe ich in den verglichenen Texten nicht festgestellt, wohl aber abhängige:

A: ich ... begerte, ob ich nicht bei ihm schpeisn konte (8)
Z: ich ... hob im ongemidt, efscher (›vielleicht‹) kon ich ba im eßn (16)

A: ich frug ihm, ob er wohl wolte mein schwager sein (9)
Z: ich hob im gefregt, zi (›ob‹) wil er nit sain main schwoger (16)

Die Möglichkeit, Fragesätze mit Negation zum Ausdruck der Erwartung einer positiven Antwort zu verwenden, ist in A und in Z realisiert, wenngleich nicht in denselben Beispielen. Hingegen erscheint die in älterem Deutsch auftretende Verwendung einer Negation in einem Nebensatz, der von einem Verbum des Fürchtens abhängt, in A nicht, während sie in Z vorkommt:

A: ich bin bang, daß sie betrügrei machen werden (38)
Z: ich ... hob moire (›Furcht‹), sei soln nit schwindlen (48)

Auch in Ausrufen, die aus Fragen entstanden sind, auf die eine bejahende Antwort erwartet wird, steht gelegentlich eine rhetorische Negation, die beiden Texten gemeinsam ist:

A: waß dachten sie nicht aus fr gemeineh sachen (36)
Z: woß far a schlechtigkeitn hobn sei nit oißgeklert (46)

In ähnlicher Weise verwendet Z eine rhetorische Negation in einem Nebensatz, der in A nicht negiert ist:

A: ich kan mir mein broht fr dinen woh ich hin kome (7)
Z: ich kon mir main broit fardinen, wo ahin ich sol nit kumen (14)

Das Indefinitpronomen *gornit* oder *gornischt* bedeutet im osteuropäischen Jiddisch ›nichts‹. Das Wort kann allerdings auch als Negationspartikel in der Bedeutung ›gar nicht‹ verwendet werden. Als Indefinitpronomen kann *gorni(sch)t* zusätzlich eine Negation erhalten. Die mir zur Verfügung stehenden grammatischen Hilfsmittel sagen nur aus, daß die Verwendung einer zusätzlichen Negation fakultativ sei; ob dadurch eine stilistische Nuance entsteht, muß zunächst offenbleiben und könnte nur in einer gesonderten Untersuchung geklärt werden.

A: ich bin kein menschen ... waß schuldig (1)
Z: ich bin kein menschn ... nischt schuldig gornischt (9)

A: fon mein fater kan ich nichtß bek(o)mn (13)
Z: fun main foter kon ich nischt bakumen gornischt (20)

A: auß disen handel wert nichtß (33)
Z: ß'wet derfun gornit nit aroiß (43)

In A wird *nichtß* nie eine Negationspartikel beigefügt; das entspricht dem neuhochdeutschen Sprachgebrauch.
Die negierende Doppelkonjunktion heißt im Ostjiddischen *nit ... nit.* Dementsprechend schreibt auch Schtif, während Aaron Isaak dem Deutschen folgt:

A: wedr fruh[56] noch kindr (48)
Z: nit kein froi, nit kein kind (59)
A: sie waren wedr jhud(i)m (›Juden‹) noch krißtn (50)
Z: doß is gewen nit kein iden, nit kein krißtn (61)

Im osteuropäischen Jiddisch kann das Indefinitpronomen *kein* durch die Zufügung des Wortes *schum* verstärkt werden und bedeutet dann ›gar kein‹. Es gibt in Z nur ein Beispiel; in A kommt *schum* nirgends vor:

A: man funt abr nach sein(e)n tohd kein gelt bei ihm (25)
Z: ober nochn toit hot men ba im kein schum gelt nit gefunen (33)

Maßeinheiten bei Kardinalzahlen

In Abweichung vom deutschen Sprachgebrauch verwendet das osteuropäische Jiddisch auch bei Zeitangaben den Singular, um auf diese Weise die Einheit einer Reihe aufeinanderfolgender Zeitabschnitte auszudrücken. So finden sich in den untersuchten Texten:

A: 2 schtunden (6)
Z: zwei scho (›Stunde‹) (14)

A: einge tage (10)
Z: etliche tog (17)

A: file jahren (51)
Z: a ßach (›eine Menge‹) jor (63)

A: 14 jahr (2)
Z: 14 jor (10)

A: bin(e)n 8 tage (17)
Z: in eine acht tog (25)

A hält sich im allgemeinen an die deutschen Üblichkeiten. Nur hinsichtlich der Verwendung von *jahr* benutzt Aaron Isaak fast durchgängig die Singularform. Das ist aber umgangssprachlich auch im Deutschen weitgehend üblich; ebenso in der Poesie. Z verwendet – abweichend vom deutschen Sprachgebrauch – durchgehend Singularformen.
Die Formulierung *in eine acht tog* bedarf der Erläuterung: Im osteuropäischen Jiddisch läßt sich eine derartige Konstruktion bilden, die im Deutschen unmöglich wäre. *eine* ist ein Zahlwort, nicht etwa ein unbestimmter Artikel, der jiddisch *a* heißt. Wenn dieses Numerale in der Bedeutung ›bloß‹ verwendet wird, wird es flektiert und kann auch im Plural stehen (vgl. Mark S. 238).
Zur Bezeichnung einer Mehrzahl von Personen, die eine Gruppe bilden, wird im Jiddischen der Singular verwendet, wie es auch im Deutschen üblich ist. Man unterscheidet also *zen man* als eine Gruppe und *zen mener* als Individuen. Ein Beispiel in den verglichenen Texten ist allerdings bemerkenswert:

A: 15 parschohn (›Personen‹) (47)
Z: a man fufzen (59)

Aus dem Text von Aaron Isaak wird nicht deutlich, ob er einen Singular benutzen will oder ob hier nur eine nachlässige Schreibung vorliegt. Die Wendung, die in Z zu finden ist und in A nirgends auftritt, stellt eine Besonderheit des osteuropäischen Jiddisch dar: In Verbindung mit einer Kardinalzahl bedeutet der unbestimmte Artikel eine ungefähre Angabe, hier also ›etwa fünfzehn Mann‹ (vgl. Birnbaum 1918, S. 62).
Wenn allerdings nicht ein zeitliches Kontinuum beschrieben wird, in dem sich eine Handlung abspielt, verwendet Z nach den Üblichkeiten des Jiddischen die Pluralform des Gezählten:

A: einige tage nach hero traf mich disr ratz her (›Ratsherr‹) (33)
Z: ainige teg noch dem treft mir der dosiger ratman (43)

Hier wird also der Plural *teg* verwendet, nicht aber der Singular *tog*.

Fragen der Lexik

Daß die Judensprache in Deutschland einen gewissen Teil fremder Lexik enthält, der sich in der Sprache von Nichtjuden nicht findet, haben bereits deutsche Theologen vom 16. Jahrhundert an vermerkt. Diese Fremdwörter stammen vornehmlich aus dem Hebräischen, aber es finden sich auch einige romanische Lexeme. Auch das osteuropäische Jiddisch enthält hebräische Bestandteile und ferner Lexeme, die slawischen Sprachen entnommen sind. Romanische Wörter sind im Ostjiddischen fast nicht mehr erhalten, und naturgemäß ist in Texten, die nicht in Osteuropa, sondern im deutschen Sprachgebiet entstanden, slawisches Wortgut nicht oder kaum vorhanden.

Der Text des Aaron Isaak enthält vorwiegend deutsches Wortgut. In diesem Zusammenhang werden darunter solche Wörter verstanden, die in der deutschen Sprache allgemein gängig waren, wobei ich nicht berücksichtige, daß ein Teil dieser Wörter ursprünglich aus anderen Sprachen stammt, aber ins Deutsche aufgenommen wurde. Neben dieser deutschen Substanz enthält der Text des Aaron Isaak auch Wörter, die nicht zur allgemeinen deutschen Lexik gehören. Sie stammen aus dem Hebräischen; diese hebräischen Etyma sind teils in ihrer originalen Form übernommen, teils sind sie hybride, eingedeutschte Bildungen.

Der Anteil der nichtdeutschen Lexeme ist begrenzt. Auf sprachstatistische Untersuchungen mußte ich in dieser Arbeit verzichten. Weder wurde das Verhältnis von deutschen und nichtdeutschen Wörtern festgestellt, noch habe ich die Frequenz der einzelnen Lexeme ermittelt. Gewiß sind das Probleme, die in Zukunft behandelt werden müssen, aber in diesem Zusammenhang kann ihnen nicht nachgegangen werden.

Es finden sich im Text auch einige schwedische Wörter, denn der Autor hat ja einen großen Teil seines Lebens in Schweden verbracht und hat auch seine Memoiren in diesem Land geschrieben. Daß er Schwedisch gelernt hat, sagt er selbst in seinem Werk. Abgesehen von der Einbeziehung schwedischer Lexeme mag auch seine Sprache im Stil und in syntaktischer Beziehung von seiner schwedischsprechenden Umgebung in gewissem Maße beeinflußt sein. Auch das ist ein Problem, das ich nur erwähnen will, ohne es hier behandeln zu können.

Während der Text A nur deutsches und hebräisches Wortgut – abgesehen von ganz wenigen schwedischen Wörtern – enthält, finden sich in Z noch weitere Bestandteile, vor allem slawische.

Zunächst betrachte ich jetzt den hebräischen Anteil am Wortgut des Textes des Aaron Isaak. Er besteht aus hebräischen Sätzen und Lexemen, ferner aus Hybridbildungen, die entstanden, indem hebräische Wörter durch Affixe in das deutsche Sprachsystem einfunktioniert wurden.

Seinem Werk hat Aaron Isaak ein Titelblatt in hebräischer Quadratschrift vorangestellt, während der eigentliche Text in Kursivschrift geschrieben ist. Das Titelblatt ist in hebräischer Sprache verfaßt, allerdings mit zahlreichen Fehlern. Schtifs Version enthält ein Faksimile dieser Seite nebst einer jiddischen Übersetzung.

Der Text der Memoiren beginnt mit zwei hebräischen Sätzen, und ebenso finden sich auf der letzten Seite hebräische Formulierungen: zwei Bibelzitate, davon eines sehr fehlerhaft, und einige hebräische Formulierungen innerhalb von Sätzen. Es lag dem Autor offensichtlich daran, sein Werk hebräisch zu beginnen und zu beenden, wenn er schon nicht in der Lage war, es zur Gänze in hebräischer Sprache zu verfassen.

Die Version Z bietet den Textanfang nur in Jiddisch, während sie die am Schluß befindlichen hebräischen Formulierungen beläßt. Schtif geht also davon aus, daß mindestens ein Teil seiner osteuropäischen Leser nicht imstande sei, hebräische Texte zu lesen.

Bei den im fortlaufenden Text enthaltenen hebräischen Lexemen werden die in A verwendeten Wörter meist auch in Z benutzt, wobei falsche Formen und fehlerhafte Schreibungen korrigiert werden. Nur an wenigen Stellen verwendet Z ein anderes hebräisches Lexem: Statt *chawer* ›Freund‹, ›Genosse‹ (31) erscheint *schutef* ›Geschäftsfreund‹, ›Geschäftspartner‹ (39), um die Aussage zu präzisieren; für *lamdonuß* ›Gelehrsamkeit‹ (A 47) wählt Z *lomdeß* (58), eine andere Form desselben Etymons. Zwei in A erscheinende hebräische Termini technici werden in Z durch in Klammern zugefügte Übersetzungen erläutert: *kijumim* ›Wohnrecht‹ (A 44; Z 54) und *naußе b'aul* ›Steuerzahler‹ (A 47; Z 58). Beide Ausdrücke sind im modernen

Jiddisch nicht lexikalisiert; sie bezeichnen Denotate, die für die Rechtslage der Juden in früheren Jahrhunderten charakteristisch waren.

Sowohl A als auch Z enthalten den Plural *jaum tauvim* (ostjiddisch *jontoivim*) für ›Feiertage‹ (A 39; Z 49). Dieser Plural entspricht der jiddischen Formenlehre, nicht aber der hebräischen, denn ›Feiertag‹ heißt hebräisch *jaum tauv,* eine Verbindung eines Substantivs mit einem attribuierten Adjektiv (wörtlich ›guter Tag‹); im Plural müssen daher beide Wörter Flexionsendungen erhalten, und darum heißt die entsprechende hebräische Form *jomim tauvim.*

Manche hebräische Etyma benutzt A nur gelegentlich und verwendet meistens dafür das deutsche Synonym. So findet sich *choßon* (47) für ›Bräutigam‹; sonst heißt es im Text meist *bräutjam* (47). Für ›Ware‹ kommt in A manchmal *ßchauro* vor (40, 41), im allgemeinen jedoch *wahre* (1,53 u. ö.). Z bietet beide aus dem Hebräischen stammende Wörter permanent, denn sie gehören in der Form *choßn* bzw. *ßchoire* zur ostjiddischen Lexik, während aus dem Deutschen stammende Synonyme nicht zur Verfügung stehen.

Sehr vereinzelt werden in A vorkommende hebräische Etyma in Schtifs Version durch deutsche wiedergegeben. So heißt es in A *uschmau* ›und sein Name‹, ›namens‹ (38); dafür bietet Z *mitn nomen* ›mit dem Namen‹ (48). Das hebräische Etymon ist im Wörterbuch von U. Weinreich, das den Wortschatz des osteuropäischen Jiddisch beinhaltet, in dieser Bedeutung nicht verzeichnet; das Wort bedeutet im Jiddischen ›Name‹ nur im Sinne von ›Leumund‹. Für die Lexik des Aaron Isaak gibt es keine Nachschlagewerke; ich glaube aber, daß die Form *uschmau,* eine korrekte hebräische Bildung, im Text ein fremdes Wort darstellt.

Wenn Aaron Isaak über Probleme spricht, die mit dem jüdischen Kultus zusammenhängen, häufen sich bei ihm die sonst sehr seltenen hebräischen Etyma. In einem solchen Kontext erscheint auch *karka* ›Erdboden‹ in fehlerhafter Schreibung (38)[57], während Z dafür *erd* verwendet (47), obwohl das hebräische Etymon als *karke* im Jiddischen lexikalisiert ist, und zwar speziell in der Bedeutung ›Beerdigungsplatz‹, und darum handelt es sich im Textzusammenhang.

Durchgängig benutzt Aaron Isaak für ›Jude‹ und ›Juden‹ das hebräische Lexem: Für den Plural verwendet er die korrekte hebräische Form *jehudim,* für den Singular die fehlerhafte *jehudo,* die nur als der Name »Juda« zu verstehen ist. In Z heißt es fast ausschließlich *id* und im Plural *idn,* während *jehudim* ganz selten vorkommt (z. B. 30), wenngleich beides zur jiddischen Lexik gehört, jedoch *id* oder *jid* das übliche Wort ist.
Bemerkenswert ist es auch, daß bei Aaron die Wortwahl entsprechend der jeweils erinnerten Kommunikationssituation differiert: Der Autor spricht anders mit Nichtjuden als im Rahmen der jüdischen Intimkultur und verwendet darum entsprechend dem jeweiligen Funktionalstil ein hebräisches Etymon oder sein deutsches Äquivalent. Wo Aaron davon berichtet, wie er gemeinsam mit dem Stadtingenieur einen Platz besichtigt, den die Regierung als jüdischen Friedhof zur Verfügung stellen will, nennt er diesen Platz *kirch hof* (37); an anderer Stelle ist von einem Streit innerhalb der jüdischen Gemeinde um diesen Friedhof die Rede, und dort werden die hebräischen Benennungen *beß aulom* (82) bzw. *beß kevorauß* (83) verwendet. Während des schwedisch-russischen Krieges (1788-1790) war Aaron in Finnland damit beauftragt, die schwedische Armee mit Fleisch zu beliefern. Im Zusammenhang mit diesem Viehhandel spricht er durchgängig von *fie* (S. 60 u. ö.); wird jedoch der jüdische Friedhof durch Vieh verunreinigt, dann ist von *behemauß* (›Viechern‹) die Rede (83).
Außerordentlich zahlreich sind diejenigen Fälle, in denen A deutsche Etyma verwendet, während in Z dafür Wörter hebräischer Provenienz erscheinen. Der Anteil des aus dem Hebräischen stammenden Wortgutes ist in Z viel größer als im Originaltext des Aaron Isaak. Es handelt sich in Z um Wörter, die im osteuropäischen Jiddisch lexikalisiert sind. Teils haben sie sich von ihren ursprünglichen Bedeutungen entfernt, teils sind sie in das jiddische Sprachsystem in ihrer Flexion einfunktioniert worden, vieles ist auch einfach aus dem Hebräischen übernommen. In Ermangelung von Wörterbüchern für die Sprache der Juden innerhalb des deutschen Sprachraums sind Aussagen darüber, ob oder in welchem Umfang diese hebräischen Etyma auch bei Aaron Isaak möglich gewesen wären, nicht zu treffen. Allgemein läßt sich allerdings feststellen, daß, je älter die Texte

sind, desto geringer der Anteil an hebräischen Etyma ist; dabei spielt natürlich der jeweils behandelte Gegenstand eine wesentliche Rolle: Bei jüdischer Thematik, besonders wenn es um Probleme geht, die die Religion und den Kultus betreffen, wird mehr hebräisches Wortgut auftreten als in rein weltlichen Schriften.

Hier will ich nur einige Belege für die Verwendung hebräischer Etyma in Z in einer unhebräischen, spezifisch jiddischen Weise bringen:

Zunächst finden wir Beispiele für die Änderung der Wortbedeutung. So bietet Z für *pakutehl* ›Bagatelle‹ in A (4) das Lexem *schibesch* (12); im Hebräischen bedeutet *schibusch* jedoch ›Fehler‹, ›Irrtum‹. In der Bedeutung ›Kutscher‹ wird in Z, der ostjiddischen Lexik entsprechend, *bal-agole* benutzt (32, 35). Das hebräische *ba*^{c}*al* ^{c}*agolo* ist keine feste Fügung und kann nur ›Wagenbesitzer‹ bedeuten.[58] Aaron Isaak verwendet für ›Kutscher‹ *schuß kerel* (23, 26), eine Übernahme des schwedischen *skjutskarl* (›Postkerl‹).

Das osteuropäische Jiddisch verwendet das Adverb *tomer* (Z 13) in der Bedeutung ›vielleicht‹, das eigentlich ein hebräisches Verbum in der zweiten Person des Singulars des Futurums ist und ›du wirst/magst sagen‹ bedeutet. Während hebräische Wörter meist ihre originale Schreibung behalten, wird in diesem Fall im Jiddischen rein phonetisch geschrieben.

In Schtifs Text gibt es zahlreiche Belege für hebräische Etyma, die zwar semantisch mit der ursprünglichen Wortbedeutung zusammenhängen, sie zum Teil auch beibehalten, daneben aber auch andere Verwendungsmöglichkeiten haben und anders konstruiert werden:

aseß bedeutet zwar ›Frechheit‹, ebenso wie im Hebräischen ^{c}*asuß*, ^{c}*asut*, aber die Konstruktion *a aseß a jung* (56) (›ein Frechling, ein Junge‹ = ›ein junger Frechling‹), die anstelle der Formulierung des Aaron Isaak *ein fr wogner* (›verwegener‹) *schelm* (45) steht, wäre im Hebräischen unmöglich, da das Abstraktum nicht im Sinne eines Konkretums verwendet werden kann. Im osteuropäischen Jiddisch ist *broiges* als Adjektiv in der Bedeutung ›ärgerlich‹ lexikalisiert und findet sich in Z (29) als Wiedergabe des originalen *böse* (21). Demgegenüber ist das Wort im Hebräischen ein Substantiv mit einem Präpositional-

präfix in der Bedeutung ›im Zorn‹ und ist als lexikalische Einheit unter dem Einfluß des Jiddischen in unserem Jahrhundert in die hebräische Umgangssprache eingegangen.[59] Für *kener* ›Kenner‹ (A 19) verwendet Z das Substantiv *meivn* (27); im Hebräischen ist *mevin* ein Partizip in der Bedeutung ›verstehend‹. Als Adverb gehört in der Bedeutung ›anfänglich‹ *tchileß* (Z 48) zur jiddischen Lexik; das hebräische *tchilaß, tchilat* ist ein Substantiv, das ›Anfang‹ heißt und seiner Form nach ein Regens ist, dem ein davon abhängiger Genitiv unmittelbar folgen muß; Aaron Isaak schreibt *in anfang* (38). Im osteuropäischen Jiddisch bilden manche Nomina Femininformen mit der Endung *-te,* die etymologisch auf eine aramäische Form zurückgeht (semitische Femininendung *-t* und der suffigierte Artikel). So gehört im Jiddischen zu *baleboß* ›Hausherr‹, wörtlich ›Herr des Hauses‹, das Feminimum *baleboßte,* das in Schtifs Text (38) als Wiedergabe von *wertin* ›Wirtin‹ (A 29) vorkommt. Da im Hebräischen eine Wortverbindung vorliegt (›Herrin des Hauses‹) kann die Femininendung natürlich nur dem Regens, nicht aber dem abhängigen Genitiv angefügt werden.
Sehr häufig erscheinen in Z zusammengesetzte Verben, die aus einem unveränderlichen aus dem Hebräischen stammenden Partizip oder Substantiv und einem Hilfsverb deutscher Provenienz gebildet sind. Für solche Zusammensetzungen mit Partizipien habe ich bereits bei der Erörterung der Verben Beispiele geboten, die sich gelegentlich auch bei Aaron Isaak feststellen lassen, jedoch in Z weitaus zahlreicher sind (vgl. S. 180 ff.).
Was allerdings im Text des Aaron Isaak nicht auftritt, sind hybride Bildungen von Verben, deren Stamm ein hebräisches Etymon bildet und die nach den Regeln des Deutschen flektiert werden. Da nur Schtif solche Formen bietet, genügen ganz wenige Beispiele, um das Gesagte zu veranschaulichen: *sich onschikern* ›sich betrinken‹, *geharget* ›totgeschlagen‹, *geroideft* ›verfolgt‹, *chanfenen* ›schmeicheln‹ (das jiddische Wort *schmeichlen* bedeutet ›lächeln‹). Es ist zu betonen, daß nur unter diachronischem Aspekt von hybriden Bildungen zu sprechen ist; synchron betrachtet, handelt es sich um rein jiddische Lexeme. Entsprechendes gilt auch für nominale Komposita, die aus deutschen und hebräischen Teilen zusammengesetzt sind. Dafür finden sich wenige Beispiele im Text des Aaron

Isaak, jedoch viele in der Version Schtifs. Aaron Isaak schreibt *schtein ßchauro* ›Steinware(n)‹ (40); das wird in Z durch *schteindlach* ›Steinchen‹ wiedergegeben (51). Für *rabonuß brif* ›Rabbinatsbrief‹ in A (47) erscheint in Z *kßav-raboneß* ›Rabbinatsschreiben‹ (59). Als Muster dieser Bildungen führe ich noch aus Z an: *tvue-hendler* ›Kornhändler‹ (33); *galochim-schtand* ›Priesterstand‹ (55). A bietet die deutschen Äquivalente.

Keine Parallele im Text des Aaron Isaak hat die Verwendung ursprünglich hebräischer Konjunktionen und Präpositionen in der jiddischen Lexik. So finden sich beispielsweise in Z *kedei* in der Bedeutung ›damit‹ (15), *bechein* ›deshalb‹ (14), *hejoiß* ›insofern‹ (9); *beiß,* das ›zur Zeit (von)‹ bedeutet und wie alle jiddischen Präpositionen mit dem Dativ konstruiert wird, erscheint in der Form *beißn,* einer Kontraktion von *beiß* + *dem* (18).

In Schtifs Version erscheint eine adverbiale Bestimmung, die im Jiddischen aus ursprünglich hebräischen und ursprünglich deutschen Elementen gebildet ist: In der Bedeutung ›zum Trotz‹ findet sich *oif zu lehacheß* (21). Im Hebräischen bedeutet der Infinitiv *lehach*^{c}*iß* wörtlich ›zu erzürnen‹ und kann darum im Kontext ›zum Trotz‹ heißen, so daß die jiddische Fügung genetisch eine Verdoppelung enthält, da das deutsche Element *zu* bereits als Präfix in der hebräischen Verbform enthalten ist. Aaron Isaak benutzt *zum trutz* (13); bei ihm gibt es keine derartigen Fügungen.

Durch die Anfügung des slawischen Suffixes *-nik* entsteht die Personenbezeichnung *zulehacheßnik* ›boshafter Mensch‹ (Z 31); als Wiedergabe von *poltron* ›Feigling‹ (A 22 a) ist das Wort nicht passend.

Der romanische Anteil an der Lexik ist insgesamt sehr gering; in der älteren Sprache der deutschen Juden begegnet er etwas häufiger als in Osteuropa. Bei Aaron Isaak findet sich keine aus dem Romanischen stammende judenspezifische Lexik, während in Z einmal die Partizipalform *gebenscht* (15) vorkommt. *benschn* in der Bedeutung ›segnen‹ ist sehr verbreitet, so daß es geradezu erstaunlich ist, daß Aaron Isaak das Verb nicht verwendet. Das Wort geht auf das lateinische *benedicere* zurück, doch ist der Entwicklungsweg zur Form *benschn* oder *bentschn*

nicht eindeutig geklärt, worauf weiter oben (S. 110 f.) eingegangen ist.
Im Gegensatz zum Text des Aaron Isaak enthält Schtifs Version zahlreiche slawische Etyma. Sie sind, sofern es sich um flektierbare Wörter handelt, in das Jiddische integriert, indem sie die üblichen Flexionsendungen annehmen, die auch aus dem Deutschen stammende Wörter erhalten; Verben bekommen Vorsilben wie die deutschen Etyma.
An Substantiven nenne ich hier: *sschawer*[60] ›Rost‹, *puschke* ›Dose‹, *galun*[61] ›Tresse‹, *schpage* ›Degen‹, *herb* ›Wappen‹. Folgende Verben sind zu verzeichnen: *zupaschn* ›auffüttern‹, *koilen* ›schlachten‹, *chapn* ›greifen‹. Als Adjektiv erscheint die Partzipialform *farsschawert* ›verrostet‹.
Ferner findet sich die verstärkende nachgestellte Partikel *ssche,* z. B. *wo ssche* ›wo denn‹; als Indefinitivum kommt *abi* ›irgend‹ vor, das dem betreffenden Pronomen vorangestellt wird; in Z erscheint z. B. *abi wemen* ›irgendwem‹. *ot* ›da‹ ist hinweisend und dient auch zur Verstärkung des Demonstrativpronomens. Zu nennen ist noch das Adverb *take* ›wirklich‹. Daß das dem Slawischen entstammende Suffix *-nik* zur Personenbezeichnung im Jiddischen verwendet wird, ist bereits erwähnt worden.
Als konzessive Konjunktion dient *chotsch* ›obgleich‹. Die Konjunktion *zi* ›ob‹ leitet Entscheidungsfragen ein; sie wird auch im Sinne von ›entweder ... oder‹ verwendet. Schließlich steht sie in indirekten Fragesätzen ohne Fragepronomen. Es ist zu beachten, daß im Jiddischen ›ob‹ *zi* heißt, während *oib* – auf das deutsche *ob* zurückgehend – die Bedeutung ›wenn‹ hat.
Die aus dem Slawischen stammende Lexik ist ein auffallender Bestandteil des osteuropäischen Jiddisch, und in dieser Hinsicht besteht ein wesentlicher Unterschied zwischen A und Z.

Ergebnisse des Vergleichs

Die auffälligen Unterschiede des Jiddischen vom Deutschen, die es rechtfertigen, aus linguistischen Gründen zwei verschiedene Einzelsprachen anzunehmen, lassen sich in Z sämtlich finden. In A hingegen ergibt sich ein anderer Befund.
Es dürfte zweckmäßig sein, die Übereinstimmungen, die zwi-

schen A und Z vorhanden sind und die dem Standarddeutsch nicht entsprechen, zusammenzustellen. Zunächst fällt auf, daß der Text des Aaron Isaak wie der von Schtif mit hebräischen Buchstaben geschrieben ist. Diese Übereinstimmung ist für eine linguistische Zuordnung von Texten nicht relevant; es läßt sich daraus nur ersehen, daß es sich um Texte von und für Juden handelt. Dann ist zu konstatieren, daß beide Versionen ein gewisses Quantum hebräischer Etyma enthalten. Die Anzahl solcher Wörter ist in Z weitaus größer als in A; bei Aaron Isaak finden sich solche Besonderheiten, die sein Werk von standarddeutschen Texten abheben, im wesentlichen in Zusammenhängen, in denen es sich um religiöse und kultische Probleme handelt.

Während der slawische Anteil, den das moderne Jiddisch aufweist, sowohl in lexikalischer als auch in syntaktischer Hinsicht bei Aaron Isaak völlig fehlt, gibt es in beiden Versionen deutsche Etyma, die für das Jiddische spezifisch sind; es handelt sich sowohl um lexikalische als auch um morphologische Erscheinungen: So findet sich in A anstelle des deutschen Präfix *un-* ständig die Form *uhm-,* die dem jiddischen *um-* entspricht; es heißt beispielsweise *uhm recht* (12), *uhm gefähr* (22), *uhm freunt* (›Feind‹, 43). Während Aaron im Regelfall *herauf* schreibt, begegnet auch die jiddische Form *arauf;* S. 40 kommt zweimal *herauf* vor, einmal *arauf,* dem schon im nächsten Satz *herauf* folgt. Auch das jiddische Adverb *awek* unterläuft im Kontext der letzten Seite des Manuskripts, wo sich auch hebräische Wendungen häufen (99), während der Autor im Regelfall *wek* ›weg‹ schreibt (z. B. 18, 42). Einmal kommt *kranker heit* ›in krankem Zustand‹ vor (54); dieses Bildungsmuster für adverbiale Bestimmungen ist im Neuhochdeutschen nicht mehr vorhanden, ist aber im Jiddischen erhalten geblieben. Syntaktische Übereinstimmungen mit dem osteuropäischen Jiddisch zeigen sich gleichfalls in Einzelfällen. Aaron behandelt reflexive Verben nach den deutschen Üblichkeiten, aber einmal findet sich die Formulierung *wir ... müßten sich mit die leuteh fr gleichn* (18). Die Formulierungen *wir ... sein* (20) und *nun sein sie* (21) bleiben hinsichtlich ihrer Einordnung unklar. Wenn *sein* hier die Bedeutung ›sind‹ hat, ließe sich die Form als jiddisch beeinflußt erklären, da im Ostjiddischen *sainen* bzw. *senen* für ›sind‹

verwendet wird. Es ist aber auch möglich, daß Aaron einen deutschen Konjunktiv benutzen will und daher *sein* als ›seien‹ zu erklären ist. *disr kleinr handel* (2) ist eine jiddische Konstruktion, keine deutsche. Gelegentlich kommt bei Aaron auch die jiddische Deklination des Interrogativpronomens *wer* vor, und er schreibt statt wie sonst *wem* das jiddische *wemen* (50). Aber insgesamt läßt sich feststellen, daß derartige Jiddismen sehr selten sind und sich nur bei sehr sorgfältiger Betrachtung des Textes finden lassen.

Daß Aarons Text von osteuropäischem Einfluß fast völlig frei ist, mag auf das Bildungsniveau des Autors zurückzuführen sein, und zwar nicht darauf, daß dieses hoch war, sondern gerade im Gegenteil: Er hatte ja eine nur sehr geringe Bildung erhalten und war infolgedessen möglicherweise weniger als andere durch Lehrer beeinflußt, die ihre jiddische Muttersprache aus Osteuropa nach Deutschland mitbrachten und in die Sprache der deutschen Juden einfließen ließen. Ein nichtjüdischer Gelehrter der damaligen Zeit bemerkt: »Zur Verderbung der teutschen Wörter, so wol im Schreiben als in der Aussprache, mögen wol die polnischen Juden nicht wenig beytragen, welche häufig in Teutschland kommen, und zum Unterricht der Judenkinder gebraucht werden« (Chrysander 1750a, § V, A).

Da die meisten Spezifika, die das Ostjiddische vom Deutschen unterscheiden, in der Sprache des Aaron Isaak überhaupt nicht vorkommen und da diejenigen sprachlichen Besonderheiten seines Textes, die sich mit den jiddischen Üblichkeiten decken oder ihnen nahestehen, nur gelegentlich neben den Formulierungen, die dem Deutschen entsprechen, auftreten, kann man nur zu dem Ergebnis kommen, daß der Text jiddisch beeinflußt, nicht aber, daß er jiddisch ist.

Mit dieser Feststellung ist allerdings die Beweisführung noch nicht vollständig. Zunächst muß darauf hingewiesen werden, daß in der Jiddistik, die zwischen West- und Ostjiddisch differenziert, betont wird, das Westjiddische sei der ständigen Beeinflussung einer deutschsprachigen Umwelt ausgesetzt gewesen und stehe daher dem Deutschen näher als das Ostjiddische. Ich meine aber, daß dann wenigstens einige der Spezifika des Jiddischen – wenn schon nicht alle – als Norm und Regel nachweisbar sein müßten. Wenn Westjiddisch zwischen Deutsch und Ostjiddisch steht, wäre auch zu erwarten, daß es dem Ostjiddischen in seiner Struktur näher ist als dem Deutschen. Jedenfalls nur dann gibt es linguistische Kriterien dafür, West- und Ostjiddisch zusammenzufassen und dem Deutschen als eigene Sprache gegenüberzustellen. Ist jedoch das Westjiddische dem Deutschen näher als dem Ostjiddischen, dann ließe sich seine Einbeziehung ins Jiddische nur sprachenpolitisch motivieren, und dazu wäre eine Entscheidung derjenigen notwendig, die Westjiddisch als ihre Sprache ansehen. Da es die Sprachträger nicht mehr gibt, ist aber ein solcher Konsens nicht erreichbar. Aaron Isaak sprach seinem Selbstverständnis nach Deutsch, und niemand ist berechtigt, ihn nachträglich Lügen zu strafen.

Daß der Text des Aaron Isaak Besonderheiten aufweist, die es im Deutsch der damaligen Zeit nicht gibt, ist auf den ersten Blick sichtbar. Er weicht von der deutschen Norm ab, und selbstverständlich entspricht Schtifs ostjiddische Version dieser Norm nicht. Doch damit sind nicht beide Texte jiddisch. Sind zwei Größen einer dritten nicht gleich, so wäre es ein falscher Schluß, zu folgern, sie seien darum untereinander gleich.

Theoretisch könnte man zu dem Ergebnis kommen, daß die Sprache des Aaron Isaak, wenn sie nicht als jiddisch zu bezeichnen ist, eine dritte Sprache sein könnte, die vom Deutschen, aber auch vom Jiddischen zu unterscheiden wäre. Das ist aber wohl nicht der Fall, sondern der Text ist im wesentlichen – trotz seiner Besonderheiten – deutsch, wenngleich, wie Schtif richtig sagte (S. 8), »a modne daitsch«, ein seltsames Deutsch.

Will man den Text des Aaron Isaak sprachlich zuordnen, so erhebt sich allerdings die Frage, woran man ihn messen soll. Im Falle des Schmuelbuchs, das im 16. Jahrhundert gedruckt wurde, konnte als Maßstab ein Text der gleichen Zeit und etwa des gleichen Ortes herangezogen werden. Eine allgemeine deutsche Norm existierte nicht, und das Schmuelbuch ist darum auch nicht schlechthin deutsch, sondern es ist – wie die Ingolstädter Version des Paulus Aemilius – oberdeutsch. Aaron Isaak sprach die Sprache seiner Umgebung und war daher vom Niederdeutschen beeinflußt. Zudem verfügte er über eine geringe formale Bildung, so daß er erhebliche Ausdrucksschwierigkeiten hatte und seine Sätze zum Teil sehr inkorrekt und agrammatisch sind. Mit der Schreibung von Fremdwörtern ist er nicht vertraut, so daß sie in wechselnden, oft kaum noch verständlichen Schreibungen auftreten. Daß der Text daher der inzwischen allgemeingültig gewordenen hochdeutschen Norm nicht entspricht, ist selbstverständlich. Daß es sich trotzdem um Deutsch handelt, das einen Anteil hebräischer Lexik enthält, einige Jiddismen aufweist und durch den Aufenthalt des Autors in Schweden auch Einflußspuren des Schwedischen zeigt, ergibt sich vor allem daraus, daß die morphosyntaktische Struktur des Textes deutsch ist, wenngleich ein ungebildetes und zum Teil fehlerhaftes Deutsch. Eine Unterstützung dieser Zuordnung gewähren die Übersetzungsfehler, die sich in Schtifs jiddischer Version zeigen. Schtif liefert einen normgerechten jiddischen Text, und er ist ein guter, sachkundiger Übersetzer, aber in einzelnen Fällen hat er nicht verstanden, was der Autor sagen wollte, weil für den Übersetzer Deutsch eine Fremdsprache war. Von seiner jiddischen Muttersprache her hat Schtif Formulierungen seiner Vorlage mißdeutet, die für einen deutschen Muttersprachler unmittelbar verständlich sind, auch wenn Aaron Isaak sich oft ungeschickt ausdrückt. Ich bringe dafür einige Beispiele: *ich nam gelt und schikte an der* (›zur‹) *poßt, daß ich mit reiseh*... (22) ist übersetzt durch *ich hob genumen doß gelt, opgeschikt per poßt*... (29). Aaron wollte mit der Post reisen, nicht aber durch die Post Geld überweisen, wie ihn der Übersetzer mißversteht. Für *nun mußt du ein komen bei den meißstraht* (›Magistrat‹) (32) bietet die jiddische Übersetzung *du must kumen in magißtrat arain* (41), weil Schtif *einkommen* ›eine Eingabe machen‹ mit *reinkommen* verwechselt hat. Gelegentlich erfaßt der Übersetzer auch die Bedeutung ganz geläufiger Lexeme nicht: So verstand er *bisweilen* (5) im Sinne von ›bißchenweise‹, d. h. ›stückweise‹ und übersetzt *bißlechwais* (12); das hat zur Folge, daß eine ganze Textpassage geändert werden mußte, damit sie Sinn gibt. Derartige Mißverständnisse können nur bei nahe verwandten Sprachen unterlaufen und sind als typische Fehler zu betrachten.

Diese Beispiele für Irrtümer des Übersetzers mindern nicht den Wert seiner Leistung. Es ist Schtif gelungen, einen Text zu liefern, der korrektes literarisches Jiddisch darstellt, aber gleichzeitig die Schlichtheit der Diktion des Autors adäquat wiedergibt und dabei seine sprachlichen Ungeschicklichkeiten durch passendere Formulierungen ersetzt. Wenn Aaron Isaak das christliche Abendmahl als *nacht mahl* (36), also ›Abendbrot‹ bezeichnet, verbessert Schtif diese falsche Wortwahl in *krißtußmol* (46). *größte damen* (45) wird verbessert in *fornemßte damen* (56). Von Juden, die zum Christentum übertraten, sagt Aaron, sie ließen sich *uhm taufen* (51); der Übersetzer korrigiert das in *toifn* (63), denn sie waren ja vorher nicht getauft.

Es könnte eingewendet werden, daß das Mißverstehen eines Textes keinen Beweis dafür darstellt, daß Ausgangs- und Zielversion zwei verschiedene Sprachen sind, denn auch innerhalb *einer* Sprache können dialektale Unterschiede so groß sein, daß sie zu Verständigungsschwierigkeiten führen. Dem ist entgegenzuhalten, daß solche Schwierigkeiten vor allem die mündliche Kommunikation betreffen, sofern beide Gesprächspartner Dialektsprecher sind und vor allem die Standardsprache nicht beherrschen. Wenn sich jedoch ein Philologe, der Schtif fraglos gewesen ist, mit einem Text befaßt, der in einer anderen Variante seiner Muttersprache vorliegt, dürften solche Irrtümer ausgeschlossen sein; sie treten nur bei Übersetzungen aus einer Fremdsprache auf, und bei einer Nahsprache ist die Gefahr des Irrtums besonders groß.

Charakteristika der Sprache Aarons

Aaron Isaak hat die deutsche Sprache in seiner Heimat Treuenbrietzen gelernt, einer Stadt, die zum brandenburgischen Sprachraum gehört und an der Grenze zum obersächsischen Mundartgebiet liegt. Kommunikationsschwierigkeiten hatte er dort nicht, denn er war, wie er ausdrücklich bemerkt, mit den Bürgerkindern zusammen aufgewachsen und hatte unter ihnen enge Freunde. Mit 21 Jahren kam er nach Bützow und geriet dort unter mecklenburgischen Spracheinfluß, der bis ans Ende seines Lebens wirksam blieb; denn die Juden der von ihm gegründeten Stockholmer Gemeinde waren sämtlich aus Mecklenburg eingewandert. Auch die nichtjüdischen Schweden, mit denen er deutsch sprach, bevor er Schwedisch konnte, hatten das Deutsche wohl vornehmlich in Vorpommern, im niederdeutschen Sprachgebiet also, erlernt, das damals politisch zu Schweden gehörte.

Der niederdeutsche Spracheinfluß ist für Aarons Sprache charakteristisch. In der Fassung von Schtif kann dieses Spezifikum nicht zum Ausdruck kommen.

Im Rahmen meiner Arbeit kann der Frage, welche niederdeutschen Besonderheiten dem Autor bereits in Treuenbrietzen geläufig waren und was aus dem Mecklenburgischen stammt, nicht nachgegangen werden. Sie würde eine eigene Untersuchung erfordern. Hier genügt die Feststellung, daß diese Eigentümlichkeiten keine Parallele im Ostjiddischen haben, daß sie aber auch in jüdischen Texten, die in Deutschland entstanden, nicht allgemein sind. Auch die Sprache der Juden in Deutschland – wie immer man ihr Verhältnis zum Deutschen bestimmen will – weist überregionale Gemeinsamkeiten auf, zeigt aber daneben lokale Einflüsse entsprechend den jeweiligen Wohngebieten innerhalb des deutschen Sprachraums.

Trotzdem sollen einige niederdeutsche Textbesonderheiten hier kurz vorgeführt werden. Der Autor schreibt *fertich* (28), *reljon* (25), *relijeß* ›religiös‹ (41). Wenn Aaron *Mekel Borg* (8) schreibt, so entspricht das dem Dialekt der Landschaft, die er erwähnt; wenn er von einem *bräutjam* (47) spricht, so ist das nicht mecklenburgisches Platt, denn das müßte *brüjam* heißen, doch in Berlin wird das Wort noch heute so artikuliert, wie Aaron Isaak es schrieb. Auch *nikß* würde ich als niederdeutsch bezeichnen. Das Wort kommt auf Seite 7 der Handschrift vor; dreimal erscheint dort die Wortform *nichtß*, einmal *nikß*. Sowohl Wagenseil (S. 87) als auch Chrysander (1750a, § V, III) bezeichnen die Form *nikß* als judenspezifisch, doch für den Raum, in dem Aaron Isaak lebte, ist sie unauffällig; dem Ostjiddischen entspricht sie nicht. Niederdeutsche Aussprache wird auch in Schreibungen wie *macht* (›Magd‹; 16), *dichtig* (7) für ›tüchtig‹, *kupr* (31) für ›Kupfer‹ deutlich. Daß es auch im Ostjiddischen *kuper* heißt, soll nur angemerkt werden. Sprachliche Beeinflussung des Textes des Aaron Isaak durch das osteuropäische Jiddisch läßt sich durch dieses Beispiel nicht erweisen. Niederdeutsch ist auch die Form *fruh* für ›Frau‹, die durchgängig auftritt (z. B. S. 13), doch in der Umschrift Brodys ständig als *frauh* erscheint, obwohl die hebräischen Lettern eine solche Lesung nicht rechtfertigen. Auch *afkaht* (28) für ›Advokat‹ ist reguläres Niederdeutsch. Die Tatsache aber, daß dieses Wort auch in anderen, seltsam verballhornten Formen erscheint, deutet wohl darauf hin, daß der Verfasser Standarddeutsch schreiben wollte, was ihm jedoch nicht glückte. ›Alles‹ erscheint immer in der Form *allenß: seineh jungeh fruh hat allenß unter henden* (13). Für ›waschen‹ benutzt der Autor *wanschen; den pukel gut auß wanschen* (›verprügeln‹, 29). Statt des standarddeutschen Verbs *lichten* wird *liften* (23) verwendet; auch *mang die Judn* (45), *mank die Judn* (45) für ›unter‹, ›zwischen‹ ist mundartlich.

Wichtiger als einzelne Lexeme oder Wendungen ist allerdings der grammatische Einfluß des Dialekts: Im Satz *daß anker solte gelift werden* (23) ist das Subjekt Neutrum, wie es der niederdeutschen Norm entspricht. Plurale auf *-s* wie *treiberß* bzw. *treibrß* (17) oder *kerlß* (17, 18) sind niederdeutsch (vgl. Wiggers § 15, S. 27 *de hamers* und § 30, S. 49 *Kierls,* ›Kerle‹).

Sehr leicht kann bei oberflächlicher Betrachtung der Eindruck entstehen, alle Erscheinungen, die vom deutschen Standard abweichen, seien entweder Normverletzungen oder »typisch jüdisch« bzw. »typisch jiddisch«, während eine Analyse zeigt, daß Aaron sich vielfach an das niederdeutsche Regelsystem anlehnt. Das gilt für Genitivkonstruktionen und die Deklination der Maskulina im Singular. Da beide Phänomene im Text außerordentlich häufig vorkommen, stellen sie wesentliche Merkmale der Sprache Aarons dar.

Wiggers (§ 19, S. 31) unterscheidet den Genitiv der Person: »den kaptein sien schip« und den Genitiv der Sache: »de kaptein van dat schip« und kommentiert: »Die Ausdrucksweise für den Genitiv der Sache ist auch für den Genitiv der Person anwendbar, aber nicht umgekehrt... Man kann daher für: *den kaptein sien schip* auch sagen: *dat schip van den kaptein*...; dagegen kann man für *de kaptain van dat schip* ... nicht sagen: *dat schip sien kaptein.*« Der Verfasser der Autobiographie verfährt durchgängig entsprechend dem Plattdeutschen: *den obr staht halter sein besteltеß wapen* (28), aber *der pro drekit* (›Prorektor‹) *von die unfesiteht* (12).

Der bestimmte Artikel der Maskulina im Singular lautet im abhängigen Kasus im Niederdeutschen *den*. (Vgl. Wiggers § 14, S. 21.) Aaron schreibt konsequent *mit den kopf* (32), *bei den meißtraht* (32).

Der schwedische Einfluß auf die Sprache des Aaron Isaak muß außerhalb der Betrachtung bleiben, denn für die Entscheidung, in welchem Verhältnis sie zum Deutschen und zum Jiddischen steht, sind diese Besonderheiten ohne Bedeutung. Sie sind typisch für alle Emigranten, die in ihrer neuen Heimat die dort gebräuchlichen Bezeichnungen für Institutionen und Funktionen sowie juristische Termini übernehmen und auch sonst von der Sprache ihrer Umgebung in gewissem Maße beeinflußt werden.

In der umschriftlichen Ausgabe des Textes hat Valentin einige schwedische Etyma und Schwedismen zusammengestellt (S. 33); auch Brody hat im Rahmen des von ihm hergestellten Transkriptionstextes manchmal entsprechende Erläuterungen als Klammerzusätze eingefügt. Beide Herausgeber berücksichtigen allerdings nicht, daß ein Teil der von ihnen als schwedisch gekennzeichneten Lexeme auch niederdeutsch ist und daher dem Aaron Isaak schon vor seiner Einwanderung nach Schweden geläufig gewesen sein mag. Dazu gehören *klock*, das der Autor in der Form *klog* oder *klok* verwendet, und zwar in beiden Bedeutungen von ›Uhr‹: Instrument und Zeitangabe, und das bei ihm weit häufiger vorkommt als *uhr*, sowie *jenral* ›General‹. Schwedische Verben werden deutsch konjugiert; es gibt auch zahlreiche hybride Komposita, wie etwa *schuß ferde* (59) in der Bedeutung ›Postpferde‹ (schwedisch *skjuts*, ›Post‹) oder *kronen schuß* (31), ›staatliche Post‹ (schwedisch *kronoskjuts*). Das Problem des schwedischen Spracheinflusses dürfte komplizierter sein, als es zunächst scheint: Die politischen Verhältnisse, die Zugehörigkeit Vorpommerns und Rügens zum schwedischen Staat, haben ohne Zweifel auch einen engen Sprachkontakt zwischen Schwedisch und Deutsch bewirkt. Es liegt nahe, daß in den der schwedischen Krone unterstehenden Gebieten Norddeutschlands auch bei der deutschsprachigen Bevölkerung vor allem Bezeichnungen für Institutionen und für Amtspersonen dem Schwedischen entnommen und zum Teil eingedeutscht worden sind. Es würde daher eine gesonderte Untersuchung erfordern, festzustellen, ob die bei Aaron Isaak vorkommenden, vom Schwedischen beeinflußten Bildungen individuell, ob sie für eine Sprechergruppe in Schweden typisch sind oder ob sie auch auf dem Kontinent üblich und dem Autor bereits aus Mecklenburg bekannt waren.

SCHLUSSBEMERKUNGEN

Die bei den auf dem Gebiet der Jiddistik tätigen Forschern allgemein vertretene Meinung geht gegenwärtig dahin, daß Deutsch und Jiddisch nahe verwandt, jedoch zwei selbständige Sprachen sind. Weitgehend akzeptiert wird auch die These, die Sprache der Juden im deutschen Sprachraum sei vom Beginn jüdischer Ansiedlung in Deutschland an das Jiddische gewesen. Doch selbst bei denjenigen, die zugeben, zunächst hätten die Juden das Deutsch ihrer Umwelt aufgenommen und die eigene Sprache, das Jiddische, habe sich allmählich herausgebildet, werden alle schriftlichen jüdischen Quellen – von den frühesten des 13. Jahrhunderts an – als bereits jiddische literarische Zeugnisse klassifiziert. So erklärt sich der Usus, die Sprache der deutschen Juden und die der Juden in Osteuropa unter dem Oberbegriff Jiddisch zusammenzufassen und sie als regionale Varianten einer Sprache anzusehen, die als West- und Ostjiddisch differenziert werden.

Um unvoreingenommen zu beurteilen, wie sich Deutsch, West- und Ostjiddisch zueinander verhalten, wurden vier Texte untersucht: Das Schmuelbuch wurde mit der lateinschriftlichen Umsetzung des Paulus Aemilius und die Lebenserinnerungen des Aaron Isaak wurden mit der ostjiddischen Textversion von Schtif verglichen. Dabei bin ich davon ausgegangen, daß für die sprachliche Zuordnung von Texten keine anderen Kriterien zugrunde gelegt werden dürfen als sprachliche und daß die Unterschiede, die es rechtfertigen, von verschiedenen Sprachen zu sprechen, vor allem struktureller Art sein müssen. Gemeinsam ist allen jüdischen Texten in Deutschland und in Osteuropa die Benutzung des hebräischen Alphabets, gemeinsam ist ihnen auch ein gewisser Anteil hebräischer Etyma; jedoch hat das benutzte Alphabet für eine sprachliche Zuordnung keine Bedeutung, und auch die Lexik kann nicht als entscheidendes Kriterium gelten. Beide Besonderheiten weisen die Texte als jüdisch aus, doch damit noch nicht automatisch als jiddisch. Jede Sprache läßt sich mit jedem beliebigen Alphabet schreiben; jede Sprache kann auch fremdes Wortgut aufnehmen, selbst in erheblichem Maße, ohne dadurch ihre Identität einzubüßen. Im Prinzip sind hebräische Etyma in deutschen Texten nicht anders zu bewerten als lateinische oder französische, denn auch diese sind nicht unbedingt der gesamten Sprechergemeinschaft verständlich, sondern nur bestimmten Gruppen.

Der Vergleich des im 16. Jahrhundert in Bayern gedruckten jüdischen Schmuelbuchs mit der ebenfalls aus Bayern stammenden und wenig später publizierten lateinschriftlichen Fassung des Paulus Aemilius hat ergeben, daß beide Texte oberdeutsch sind; das Schmuelbuch weist zwar gewisse jüdische Besonderheiten auf, die aber – vom jeweils verwendeten Alphabet abgesehen – lediglich die Lexik betreffen. Das Anliegen meiner Arbeit war eine grammatische Untersuchung, weil die morphosyntaktische Struktur für die Beurteilung, welcher Sprache ein Text zugeordnet werden muß, entscheidend ist. Die Fragestellung lautete: Gibt es Unterschiede zwischen beiden Fassungen in bezug auf Syntax und Morphologie? Der Vergleich wurde für sämtliche Strophen beider Versionen durchgeführt und erbrachte einen Negativbefund als Resultat. Dieses Ergebnis ist von wissenschaftlicher Relevanz; denn es ist damit erwiesen, daß das Schmuelbuch zwar einen inhaltlich jüdischen Text darstellt, der sich auch durch die verwendeten Buchstaben und eine spezifische Lexik an eine bestimmte Bevölkerungsgruppe wendet, der aber daraufhin nicht jiddisch, sondern eine gruppenspezifische Variante des Deutschen ist.

Max Weinreich behauptet, jüdische Texte, geprägt durch »Jüdischkeit«, seien eben darum, weil jüdisches Wesen sie durchdringe, jiddisch. Die Folgerung wird durch das Spielen mit der Doppeldeutigkeit des jiddischen Wortes *jidischkeit* ermöglicht, dessen Bedeutung sowohl auf inhaltlich Jüdisches als auch auf jiddische Sprache bezogen werden kann. Daß das Schmuelbuch keine jiddische Dichtung ist, habe ich erwiesen.

Auf die literarische Seite beider Texte konnte ich im Rahmen dieser Arbeit nicht eingehen, so lohnend und auch naheliegend dies gewesen wäre. Darum mußten auch Ausführungen über das Phänomen der von Paulus Aemilius vorgenommenen Christianisierung des Epos unterbleiben. Auch der umgekehrte Vorgang, die Judaisierung eines christlichen Stoffs, ist in der Literaturgeschichte nachzuweisen: Die Verfahrensweise bei der Bearbeitung und Wiedergabe des Sigenot-Epos mit hebräischen Lettern ist dem Vorgehen des Paulus gegenbildlich gleich; als Generalnenner könnte man von »religiöser Nostrifizierung« sprechen. Eine vergleichende Untersuchung wäre durchaus nützlich, würde aber ein eigenes Forschungsthema darstellen, wie überhaupt bei dieser Arbeit so mancher notwendig knapper Bemerkung ein Thema für umfangreiche Forschungen abgewonnen werden könnte.

Betrachtet man jeden Text seines jüdischen Inhalts wegen als jiddisch, so gelangt man, wie neuerdings Dreeßen, dahin, das Schmuelbuch darum als jiddische Dichtung zu bezeichnen, weil nicht nur die biblische Erzählung – die ja als sogenanntes Altes Testament auch christliches Erbe darstellt – verarbeitet ist, sondern auch Midraschim einbezogen sind. Dreeßen schlägt daraufhin vor, die Gattung der jüdischen Literatur, zu der auch das Schmuelbuch gehört, nicht mehr Bibelepik, sondern Midraschepik zu nennen. Könneker wendet gegen den Begriff »Midraschepik« ein, der Schmuelbuchdichter übernehme nicht die Methoden und Intentionen der Midraschim, sondern dasjenige, »was die Midraschim an zusätzlichen stofflichen Informationen enthalten, und diese Informationen benutzt er als Material, um es, seinerseits aus seinem ursprünglichen Kontext herausgelöst, zu Bausteinen seiner Erzählung umzuformen« (Könneker, S. 5).

Ich will davon absehen, daß *Bibelepik* auch eine wertende Komponente enthält, weil der Eindruck erweckt wird, die alttestamentliche Stoffe darstellende christliche Epik beruhe ausschließlich auf der Bibel, d. h. der Heiligen Schrift, während das bei der jüdischen Epik nicht der Fall sei. Da in dieser christlichen Epik das Neue Testament herangezogen und ihr alttestamentlicher Stoff christianisiert wird, geschieht genau dasselbe wie in der jüdischen Epik: Ihr Gegenstand wird mit Material angereichert, das nicht aus dem alttestamentlichen Kanon stammt.

Noch aus einem anderen Grunde erscheint mir der Begriff

»Midraschepik« nicht als glücklich: Da Paulus Aemilius die Midraschelemente seiner Vorlage beibehalten hat, ergäbe sich aus Dreeßens These die Konsequenz, die Fassung des Paulus Aemilius als »christliche Midraschepik« zu klassifizieren und daher als jiddische Dichtung zu bezeichnen. Das wäre ein befremdlicher Gedanke angesichts der Tatsache, daß Schmeller den Text des Paulus Aemilius als Quellenmaterial für sein »Bayerisches Wörterbuch« benutzt und als »Reime von 1562« zitiert; es besteht keinerlei Zweifel, daß es sich um einen deutschen Text handelt.
Um überhaupt die jüdischen Besonderheiten demonstrieren zu können, mußte die Lexik beider Versionen verglichen werden, da die Texte sich eben nur auf diesem Gebiet unterscheiden. Es hätte ins Uferlose geführt, auf alle Unterschiede des Wortlauts beider Fassungen einzugehen, da Paulus Aemilius seine Vorlage redaktionell bearbeitet hat. Dabei zeigt sich sein Bestreben, das Metrum zu korrigieren, veraltende Wörter durch geläufigere zu ersetzen – wobei die zeitliche Differenz, die beide Texte trennt, zu berücksichtigen ist – und den Inhalt zu christianisieren. Aber nicht immer ist die Motivation für Änderungen zu erkennen; offenbar spielte beim Wechsel in der Wortwahl der persönliche Geschmack eine Rolle. Das läßt sich gut an den Entsprechungen für *kind* zeigen:

32,4	dasselbige kindelein	= P. A.: dasselbige knåbelein
33,3	des kindleins muter	= P. A.: des knebleins můtter
53,4	kinder	= P. A.: Süne

Während es im Schmuelbuch (32,1) heißt »da sprach Schmuel der jung« und Paulus dafür schreibt »da sprach der knab Samuel«, erscheint die Wortwahl an anderer Stelle umgekehrt: »dem knaben« des Originals (55,4) entspricht bei Paulus »dem jungen«. Da nach Birnbaums Meinung Paulus Aemilius von einer Sprache in die andere übersetzt habe und die von ihm als Beweis angeführten Beispiele ausschließlich lexikalischer Natur sind, wird mithin das jiddische *jung* (32,1) durch das deutsche *knab* wiedergegeben, hingegen das jiddische *dem knaben* (55,4) durch *dem jungen* ins Deutsche übersetzt. Das jiddische *knaben* (34,4) wird in deutsches *knaben* »übersetzt«.
Aus Raumgründen verbot es sich, umfangreichere Textproben

beider Fassungen synoptisch gegenüberzustellen. Um jedoch einen Vergleich zu erleichtern und die Nachprüfung meiner Behauptungen zu ermöglichen, habe ich eine Konkordanz angefertigt, mit deren Hilfe sich die Entsprechungen ohne Mühe auffinden lassen.

Ohne die Ergebnisse einer Einzeluntersuchung zu verallgemeinern, muß betont werden, daß das Schmuelbuch als das bedeutendste Werk seiner Gattung, der jüdischen Heldenepik, gilt und darum als Standardbeispiel für altjiddische Literatur immer wieder herangezogen zu werden pflegt. Nach meinen Leseeindrücken kommt ihm bezüglich der Sprache keine Sonderstellung innerhalb des Ensembles der vergleichbaren Dichtungen zu.

In Ermangelung lexikographischer Hilfsmittel für die Literatur der Juden in Deutschland ist es unmöglich, festzustellen, ob das ohne Zweifel aus dem Französischen übernommene Lexem *onkel,* das im Schmuelbuch vorkommt, auch in anderen Texten verwendet wird. Im Jiddischen ist es nicht geläufig, sondern es wird *feter* benutzt, wie es auch im Deutschen üblich war; auch Paulus Aemilius gebraucht *vetter*. Wenn man jedoch davon ausgeht, daß das Schmuelbuch ein im wesentlichen deutscher Text ist, könnte man erwägen, ob nicht *onkel* durch die Verwendung dieses Lexems im Schmuelbuch – in eingedeutschter Form – bereits damals in den deutschen Wortschatz eingegangen ist, nicht aber, wie das DWB und alle anderen maßgeblichen Nachschlagewerke meinen, erst im 18. Jahrhundert, wo das Wort zunächst in der Form *oncle* auftaucht und über *onkle* zu *onkel* wird.

Im Gegensatz zum Schmuelbuch enthalten die Memoiren des Aaron Isaak einige jiddische Elemente lexikalischer und grammatischer Art. Diese Erscheinung ist durch den Spracheinfluß zu erklären, der von den nach Deutschland aus Osteuropa zugewanderten Lehrern und Kultusfunktionären jiddischer Muttersprache ausging. Obgleich ich die quantitative Seite der sprachlichen Phänomene nicht untersucht habe, ließ sich doch ein Eindruck gewinnen: Jiddismen begegnen in Aarons Text sehr selten; sie mußten gleichsam mit einer Lupe gesucht werden. Auch hebräische Wörter und Floskeln, die durchaus nicht immer mit hebräischen Etyma im Jiddischen identisch sind, denn Schtif mußte sie seinen Lesern zum Teil erklären, geben dem Text nicht das Gepräge. Sie sind meist fehlerhaft, woran sich die Dürftigkeit der Hebräischkenntnis des Verfassers zeigt, und treten fast nur in Textzusammenhängen auf, in denen inhaltlich Jüdisches thematisiert ist.

Aarons Sprache ist, wie Schtif sagt, sonderbares Deutsch; aber eben Deutsch. Grammatisch und lexikalisch ist der niederdeutsche Spracheinfluß deutlich bemerkbar, zu dem noch schwedischer hinzukommt. Kennzeichnend ist die verwilderte Grammatik, die weder mit dem jiddischen noch mit dem standard- oder niederdeutschen Regelsystem in Einklang steht. Trotz dieses Mangels, der auf die Geringfügigkeit der formalen Bildung des Verfassers zurückzuführen ist, konnte Aaron dank seiner überragenden Intelligenz und grundsätzlichen Aufrichtigkeit eine fesselnde und stets treffende Schilderung liefern, bei der auf schmückende Beiwörter verzichtet worden ist und Ausdrucksschwierigkeiten nicht zu übersehen sind.

Schtif dagegen, ein gebildeter Autor und Philologe von Rang, folgt dem Regelsystem der jiddischen Sprache. Bemüht, die Knappheit und Schlichtheit der Sprache der Memoiren wiederzugeben und den Text nicht zu »veredeln«, kann er doch die Besonderheiten und sprachlichen Schwächen des Originals auf jiddisch nicht imitieren, so daß er sich, unerachtet der einfachen Ausdrucksweise, einer literarischen Sprache bedient. Aaron hat seine Lebenserinnerungen, die er lediglich für seine Familie und ohne Publikationsabsicht niederschrieb, in einer weitgehend nicht normgerechten Sprache verfaßt. Während er offensichtlich im deutschen Sprachgebiet keinerlei Kommunikationsschwierigkeiten im mündlichen Verkehr mit Juden und Nichtjuden hatte, bereitete ihm der schriftliche Ausdruck Mühe. Der Text läßt das Bestreben des Urhebers durchscheinen, deutsche Normen als Richtschnur zu nehmen, doch mißlang zuweilen die Verwirklichung seiner Absicht. Nach jiddischen Normen richtet er sich nicht; es wäre ein Irrtum, alles, was dem deutschen Muttersprachler als falsch, ungewohnt oder befremdlich erscheint, für »typisch jiddisch« zu halten. Das ist es nicht, weil die charakteristischen morphosyntaktischen Merkmale, die das Jiddische vom Deutschen unterscheiden und seine sprachliche Selbständigkeit dokumentieren, bei Aaron nicht begegnen.

Aarons in hebräischer Kursivschrift niedergelegte Memoiren bezeichnet man heute als westjiddisch. Sie sind aber nicht in einer Sprache verfaßt, die sich vom Deutschen durch ein abweichendes Regelsystem unterscheidet, sondern in einem die Norm verletzenden Idiom, das sich nur als deutscher Sozio- oder Ethnolekt bezeichnen läßt. Diesen Nachweis im einzelnen hat, wie ich glaube, der Vergleich mit Schtifs Übersetzung erbracht.
Da die jiddistische Forschung bisher nicht über historische Wörterbücher verfügt, nicht einmal über umfassende Wörterbücher der modernen Sprache, und da ferner die historische Grammatik – vor allem die Syntax – völlig unaufgearbeitet ist, versteht sich diese Arbeit als ein Anfang; ihre Ergebnisse werden sich im Lichte weiterer Untersuchungen, wie ich hoffe, wenigstens in der Tendenz als verallgemeinerungsfähig erweisen lassen.
Die sprachliche Struktur sowohl des Schmuelbuchs als auch der Memoiren des Aaron Isaak ließ sich als Deutsch bestimmen, und zwar als eine sozial bedingte Varietät des Deutschen. Hingegen hat sich gezeigt, daß das osteuropäische Jiddisch strukturell vom Deutschen verschieden ist. Daher läßt sich das Fazit ziehen, daß die Sprache der Juden im deutschen Sprachraum und die heute »Ostjiddisch« genannte Sprache der osteuropäischen Judenheit auf Grund struktureller Unterschiede nicht als Einheit zusammengefaßt werden können und nicht gemeinsam als »Westjiddisch« und »Ostjiddisch« unter den Oberbegriff »Jiddisch« zu subsumieren sind. Die alte, jetzt oft belächelte Bezeichnung »Judendeutsch« für die Sprache der Juden im deutschsprachigen Raum bringt hingegen diesen sprachlichen Tatbestand unmißverständlich zum Ausdruck. Es empfiehlt sich, ihn gegen die communis opinio wieder einzuführen.

ANHANG

Anmerkungen

1 Zu den slawischen Einflüssen vgl. den Artikel von Lötzsch.
2 Vgl. dazu Allerhand, passim; E. J. 1972, Bd. 5, Sp. 1211 f.
3 Vgl. Ben-Shammai, S. 115.
4 Vgl. die faksimilierten Seiten bei Sephiha nach S. 579.
5 Jüdischer Gelehrter, geboren 1040 in Troyes, gestorben ebendort 1105.
6 Diese Problematik habe ich für die Fachsprache der Baumwollspinnerei zur Zeit der industriellen Revolution untersucht in: Linguistische Studien, Reihe A 66/III, S. 205-255, Berlin 1980.
7 Deutsche Volksgesundheit aus Blut und Boden, herausgegeben von J. Streicher, 1. 1. 1935, zitiert nach »Kennzeichen J«, herausgegeben von H. Eschwege, Berlin [2]1981, 95 f.
8 »Amerikanisch-jüdische Literatur« in: Allgemeine Zeitung des Judentums, Jg. 75 (1911), S. 486.
9 Birnbaum 1974 gibt an, es habe im deutschen Kontext auch die Form *jidisch* gegeben; sie habe sich aber nicht durchgesetzt (S. 6). Ein Beispiel führt er nirgends an; mir ist keines bekannt geworden.
10 Von neuesten Entwicklungen der hebräischen Sprache in Israel, wie z. B. dem Kompositum *kaduregel* ›Fußball‹ aus den Kompositionsgliedern *kadur* ›Ball‹ und *regel* ›Fuß‹, ist aus historischen Gründen hier abzusehen.
11 Vgl. die tabellarischen Zusammenstellungen bei Weinberg, S. 257 ff. und die Bibliographie in Birnbaum 1979, besonders § 14, S. 353 f.
12 Die Stellenangabe bei Mieses ist falsch; er bezieht sich auf Grünbaums Ausführungen S. 13, nicht S. 343, wie er angibt.
13 Den hebräischen Text der Dedikation hat Perles in der Monatsschrift für Geschichte und Wissenschaft des Judentums 1876, S. 350 ff. publiziert.
14 Die Dissertation war mir nicht zugänglich.
15 In der bei Graetz publizierten hebräischen Quelle wird Moses als »Aschkenasi«, Deutscher, bezeichnet (Note 7, S. 444).
16 Heft 1 des 1. Bandes (1870) erschien bereits 1869.
17 Archiv für Litteraturgeschichte Bd. 1, S. 576.
18 Daß das Schmuelbuch in der Offizin des Chajim Schwarz gedruckt wurde, beweist Falk (Schmuelbuch, Bd. 1, S. 20 f.) im einzelnen. Ohnehin war aber daran nicht zu zweifeln, denn eine andere jüdische Druckerei gab es zu dieser Zeit in Augsburg nicht.
19 Vgl. dazu H. Striedel: Geschichte der Hebraicasammlung der Bayerischen Staatsbibliothek, in: Orientalisches aus Münchener Biblio-

theken und Sammlungen, hrsg. von H. Franke. Wiesbaden 1957, S. 37.

20 Das Exemplar ist, wie ich feststellen mußte, durch Übermalung an einzelnen Stellen unleserlich.

21 Das Exemplar wurde im Krieg ausgelagert und ist anscheinend verloren. In den Katalogen läßt es sich nicht leicht ermitteln, da es als Annex in ein anderes Buch eingebunden ist.

22 Der besseren Lesbarkeit wegen werden Eigennamen hier mit großen Anfangsbuchstaben geschrieben, obwohl im hebräischen Alphabet alle Grapheme einheitlich gestaltet sind. Die hebräischen Wörter werden in der in Deutschland üblichen aschkenasischen Lautung geboten, wie sie der Autor verwendete, nicht in der sefardischen Aussprache, die für das moderne Hebräisch üblich ist und die auch für die Umschrift in wissenschaftlichen Texten sonst benutzt wird.

23 Zur Bedeutung von *auwauß* und *jid*^{c}*aunim* vgl. Stoebe, S. 484 (zu Kap. 28,3).

24 Siehe weiter unten S. 105.

25 Eine Ableitung des Wortes *kalje* von polnisch *kalać*, die Landmann (S. 198) in ihrem Glossar als alternative Möglichkeit bietet, ist abwegig. (Dieses Glossar ist entnommen aus Bernstein, Jüdische Sprichwörter und Redensarten, Warschau 1908).

26 Perles (S. 128) verweist auf Ms. München cod. hebr. 63 (zu diesem Text vgl. weiter unten S. 111). Dort findet sich die Hybridbildung תחת באקן (tochas bakn), also die Unterbacken im Gegensatz zu den Kinnbacken; תחת allein kann dann eine Verkürzung dieses Ausdrucks darstellen.

27 Zu den Bedeutungen der Wörter vgl. S. 89 ff.

28 Vgl. dazu S. 70 ff.

29 Vgl. Liste S. 92 f.; zu den Bedeutungen der Lexeme s. oben S. 93 ff.

30 Falk schlägt ›frischgebackener Neuling‹ oder ›Grüner‹ vor (vgl. Schmuelbuch, Bd. 2, S. 182).

31 Siehe S. 95 f.

32 Um die Erforschung des französischen Einflusses auf das Mittelhochdeutsche haben sich besonders finnische Gelehrte verdient gemacht; vgl. die Arbeiten von Palander (= Suolahti), Rosenqvist und Öhmann.

33 Vgl. S. 17 ff.

34 Vgl. auch Grünbaum, 1882, S. 500 f. Die Belege sind allerdings kaum älter als der Druck des Schmuelbuches.

35 Vgl. auch Güdemann Bd. 3, S. 120, Anm. 1.

36 Vgl. Öhmann 1943, S. 37 und 68.

37 Die runden Klammern in der Transkription sollen wohl anzeigen,

daß die betreffenden Wörter gestrichen werden sollten (Vers 3 und 8); eckige Klammern (Verse 3 und 8) bieten Zusätze: Das Wort *und* wird in Texten mit hebräischen Buchstaben stets abgekürzt; im Schmuelbuch erscheint anstelle des letzten Buchstabens immer ein senkrechter Strich, während in anderen Texten oft ein Apostroph verwendet wird. Im Frühneuhochdeutschen ist die Abbreviatur *un̄* durchaus geläufig.

Kleine Fehler in Birnbaums Wiedergabe des Textes von Paulus Aemilius habe ich verbessert: Vers 2 heißt es irrtümlich *unser* statt *vnserm,* Vers 7 *nọọt* statt *not.*

38 Da Birnbaums Buch von 1979 in englischer Sprache geschrieben ist, könnte man vermuten, die Wiedergabe des stimmhaften *s* durch *z* sei gewählt, um der englischen Phonetik zu entsprechen. Diese Absicht liegt aber wohl nicht vor, denn der Autor verwendet dieselbe Umschrift auch in seinen älteren deutschsprachigen Arbeiten (vgl. Birnbaum 1974, S. VII u. ö.; 1918, S. 12 u. lfd.).

39 Die Trennung der Kompositionsglieder ist für die Zeit, die keine festen Regeln für Getrennt- und Zusammenschreibung kannte, nicht auffällig. In jüdischen Schriften ist die Getrenntschreibung bis ins 19. Jahrhundert üblich, im modernen Jiddisch nicht mehr.

40 Faksimile des Titels bei Shmeruk, S. 145.

41 Faksimile des Titels bei Shmeruk, S. 160.

42 Vgl. das Faksimile des Kolophons bei Shmeruk, S. 102.

43 Vgl. Falks textkritischen Apparat in der Textausgabe Bd. 2, S. 3.

44 Das Jiddische Wissenschaftliche Institut wurde auf Grund einer Anregung von Nahum Schtif im Jahre 1925 in Berlin gegründet und hatte seinen Hauptsitz in Wilna (mit Filialen in Berlin, Warschau und New York). Im Jahre 1940 mußte die Zentrale nach New York verlegt werden. YIVO ist eine Abbreviatur für den jiddischen Namen des Instituts: Jidischer Wissenschaftlicher Institut (ייִוואָ = *Jod-Waw-Alef,* in englischer Umschrift *Yod-Vav-Alef*).

45 *se* entspricht nicht dem Standard; korrekt wäre *sei.* Der unbestimmte Artikel im Jiddischen ist *a;* nur vor Vokalen heißt er *an.*

46 Vgl. zu den Genera im Litauischen Senn, S. 16.

47 Vgl. Wiggers, § 14.

48 Nach heutiger Norm muß es *mainer a bruder* heißen (vgl. Mark, S. 243).

49 Die Schreibung *wahurt* zeigt einen der überaus zahlreichen Schreibfehler der Handschrift.

50 Vgl. oben S. 123.

51 Zwar ist die 4. Auflage der Grammatik (1984) im wesentlichen ein photomechanischer Nachdruck der ersten, doch erklärt der Autor,

grundlegende Änderungen wären auch bei einem neuen Druck nicht nötig gewesen, und verweist auf sein Werk von 1979 (vgl. Birnbaum 1984, S. 1).

52 Zu den ostjiddischen Partizipien vgl. auch S. 129.

53 *da mußten ihm all Jisroel die schwu*ᶜ*o matir sein* (›da mußte ganz Israel ihm den Eid lösen‹).

54 Siehe den Beleg S. 181.

55 Nach Mark (S. 333 f.) ist die Infinitivform inkorrekt; es müßte heißen *weißn weißn sei.* Aber die Normungsbestrebungen des »Jiddischen Wissenschaftlichen Instituts« (YIVO) sind jüngeren Datums als Schtifs Text.

56 *fruh* ist niederdeutsch; Brody transkribiert *frauh.*

57 קרקא statt des korrekten קרקע.

58 In der hebräischen Gegenwartssprache ist die Fügung lexikalisiert als Übernahme aus dem Jiddischen (vgl. Ewen-Schoschan s. v. ᶜagala).

59 Vgl. Ewen-Schoschan s. v. broges.

60 s + sch ist die Wiedergabe des slawischen ž.

61 Aus dem französischen *galon.*

Literaturverzeichnis

1. *Quellen*

Aaron Isaak: Autobiographie (Handschrift im Besitz der Jüdischen Gemeinde Stockholm).

Aaron Isaacs minnen, hrsg. von A. Brody und H. Valentin. Stockholm 1932

Schtif, N.: Arn Isakß awtobiografie. Berlin 1922

Holm, Z. (Hrsg.): Denkwürdigkeiten des Aaron Isak. Berlin 1930

Das Schmuelbuch des Mosche Esrim Wearba – Ein biblisches Epos aus dem 15. Jahrhundert (Faksimile der editio princeps, Augsburg 1544). Einleitung und textkritischer Apparat von F. Falk, aus dem Nachlaß herausgegeben von L. Fuks. 1-2, Assen 1961

Paulus Aemilius: Die zway ersten Bůcher der Künig/ wölche Samuelis genandt werden... in vnser Hochteütsch gebracht... Ingolstadt 1562

2. *Sekundärliteratur*

Abel, P.: Veraltende Bestandteile des mittelhochdeutschen Wortschatzes. (Phil. Diss.) Erlangen 1902

Admoni, W.: Der deutsche Sprachbau. 3. Auflage, Leningrad 1972

Ahldén, T.: DER- = ER-, Geschichte und Geographie. Acta Universitatis Gotoburgensis (Göteborgs Högskolas Årsskrift) LIX, 1953:5, Göteborg 1953

Allerhand, J.: Jiddisch – Metamorphose einer Sprache, in: Studien zur Literatur der Juden in Osteuropa = Studia Judaica Austriaca, Band 4, 7-81. Eisenstadt 1977

Allgemeine Sprachwissenschaft. Von einem Autorenkollektiv unter der Leitung von B. A. Serébrennikow, 1-3, Berlin 1975-1976

Alt, A. Th.: Die ideologische Komponente der jiddischen Literatur und die Frage der Modernität, in: Akten des VII. Internationalen Germanisten-Kongresses, Göttingen 1985, Band 5, 72-80. Tübingen 1986

Althaus, H. P. (Hrsg.): Johann Heinrich Callenberg – Wilhelm Christian Just Chrysander, Schriften zur jiddischen Sprache (Faksimiledruck nach den Ausgaben von 1733, 1736 und 1750) = Quellen zur Geschichte der jiddischen Sprache, hrsg. von L. E. Schmitt, III. Marburg 1966

Ben-Shammai, H.: Hebrew in Arabic Script – Qirqisānī's View, in: Studies in Judaica, Karaitica and Islamica, presented to L. Nemoy on his Eightieth Birthday, edited by S. R. Brunswick, 115-126. Ramat Gan 1982

Ben Yehuda, E.: Thesaurus totius Hebraitatis. 1-16, Jerusalem 1948-1959

Beranek, F. J.: Jiddisch, in: Deutsche Philologie im Aufriß, hrsg. von W. Stammler, Band 1, Spalte 1551-1590. Berlin 1952

Besant, W.: The Children of Gibeon. London und Leipzig 1886

Bin-Nun, J.: Jiddisch und die deutschen Mundarten. Tübingen 1973

Birnbaum 1918 = S. Birnbaum: Praktische Grammatik der Jiddischen Sprache. Wien–Leipzig o. J. (1918)

Birnbaum 1974 = S. A. Birnbaum: Die jiddische Sprache. Hamburg 1974

Birnbaum 1979 = S. A. Birnbaum: Yiddish – A Survey and a Grammar. Toronto–Buffalo 1979

Boehlich, W. (Hrsg.): Der Berliner Antisemitismusstreit. Frankfurt am Main 1965

Bondzio, W. siehe Einführung in die Grundfragen der Sprachwissenschaft

Brody, A. D.: Der orthographische Hokuspokus – Wie die »Freistatt« jiddische Gedichte transkribiert, in: Jüdische Rundschau, 18. Jahrgang, Nr. 35 (29. 8. 1913). Berlin 1913

Buber, M.: Die fünf Bücher der Weisung. 3. Auflage, Köln–Olten 1968

Buxtorf, J.: Lectionis Hebraeo-Germanicae Usus & exercitatio, in: Thesaurus grammaticus Linguae Sanctae Hebraeae, 3. Auflage, 659-690. Basel 1620

Callenberg 1733 = J. H. Callenberg: Kurtze Anleitung zur Jüdischteutschen Sprache. Halle 1733

Callenberg 1736 = J. H. Callenberg: Jüdischteutsches Wörterbüchlein. Halle 1736

Chrysander 1750a = W. Ch. J. Chrysander: Jüdisch-Teutsche Grammatick. Leipzig-Wolfenbüttel 1750

Chrysander 1750b = W. Ch. J. Chrysander: Unterricht vom Nutzen des Juden-Teutschen. Wolfenbüttel 1750

Deutsche Sprache = Kleine Enzyklopädie »Deutsche Sprache«, hrsg. von W. Fleischer u. a. Leipzig 1983

Dreeßen, W.-O.: Midraschepik und Bibelepik – Biblische Stoffe der Juden und Christen des Mittelalters im deutschen Sprachgebiet, in: Zeitschrift für deutsche Philologie, Band 100, Sonderheft Jiddisch, 78-97. Berlin–Bielefeld–München 1981

DWB = Deutsches Wörterbuch von Jacob Grimm und Wilhelm Grimm. 1-16, Leipzig 1854-1960

Einführung in die Grundfragen der Sprachwissenschaft. Von einem

Autorenkollektiv unter Leitung von W. Bondzio. 2. Auflage, Leipzig 1984
EJ 1928-34 = Encyclopaedia Judaica. 1-10, Berlin 1928-1934
EJ 1972 = Encyclopaedia Judaica. 1-16, Jerusalem 1972
Ewen-Schoschan, A.: ha-Milon he-ḥadaš. 1-7, Jerusalem 1966-1970
Falk, F.: Die Bücher Samuelis in deutschen Nibelungenstrophen des XV. Jahrhunderts, in: Mitteilungen zur jüdischen Volkskunde, 11. Jahrgang, 25.-28. Heft, 79-85, 97-116, 129-150. Leipzig 1908
Фалькович, З. М.: 0 языке идиш, in: Русско-еврейский (идиш) словарь, 660-720. Moskau 1984
Fleischer, W.: Wortbildung der deutschen Gegenwartssprache. 2. Auflage, Leipzig 1971
Fontane, Th.: Werke in fünf Bänden. Berlin–Weimar 1975
Freytag, G.: Soll und Haben. 63. Auflage, 1-2, Leipzig 1905
Friedrich, C. W.: Unterricht in der Judensprache und Schrift zum Gebrauch für Gelehrte und Ungelehrte. Prenzlau 1784
Gelber, M. H.: Das Judendeutsch in der deutschen Literatur – Einige Beispiele von den frühesten Lexika bis zu Gustav Freytag und Thomas Mann, in: Juden in der deutschen Literatur, ein deutsch-israelisches Symposion, hrsg. von S. Moses und A. Schöne, 162-178. Frankfurt am Main 1986
Geschichte der deutschen Sprache. Verfaßt von einem Autorenkollektiv unter Leitung von W. Schmidt. Berlin 1969
Götze, A.: Frühneuhochdeutsches Glossar. 2. Auflage, Bonn 1920
Gosche, R.: Sendschreiben an Herrn Professor Dr. Friedrich Zarncke, Redacteur des Literarischen Centralblattes, über einen getauften Juden Paulus Aemilius und was mit ihm zusammenhängt. Guben 1872
Graetz, H.: Geschichte der Juden, Band 8. 3. Auflage, Leipzig 1890
Gronemann, S.: Schalet. Berlin 1927
Grünbaum 1882 = M. Grünbaum: Jüdischdeutsche Chrestomathie. Leipzig 1882
Grünbaum 1885 = M. Grünbaum: Mischsprachen und Sprachmischungen (Sammlung gemeinverständlicher wissenschaftlicher Vorträge, hrsg. von R. Virchow und F. v. Holtzendorff, XX. Serie, Heft 473). Berlin 1885
Grünbaum 1896 = M. Grünbaum: Die jüdisch-deutsche Litteratur in Deutschland, Polen und America, in: J. Winter – A. Wünsche, Die jüdische Litteratur seit Abschluß des Kanons, Band 3, 536-623. Berlin 1896
Güdemann, M.: Geschichte des Erziehungswesens und der Cultur der abendländischen Juden während des Mittelalters und der neueren Zeit. 1-3, Wien 1880-1888

Hartmann, A. Th.: Oluf Gerhard Tychsen/ oder Wanderungen durch die mannigfaltigsten Gebiete der biblisch-asiatischen Literatur. 1-2, Bremen 1818-1820

HDG = Handwörterbuch der deutschen Gegenwartssprache. Von einem Autorenkollektiv unter der Leitung von G. Kempcke. 1-2, Berlin 1984

Horning, W.: Magister Elias Schadäus (Schriften des Institutum Judaicum in Leipzig, Nr. 31). Leipzig 1892

Hutterer, C. J.: Das Jiddische, in: Kleine Enzyklopädie »Die deutsche Sprache«, Band 1, 308-311. Leipzig 1969

JE = The Jewish Encyclopedia. 1-12, New York–London 1901-1906

Jüdisches Lexikon, begr. von G. Herlitz und B. Kirschner. 1-4,2; Berlin 1927-1930

Klare, J.: Die Francophonie und das Französische in Kanada, in: Romanische Sprachen in soziolinguistischer Sicht = Wissenschaftliche Zeitschrift der Humboldt-Universität zu Berlin, Gesellschaftswissenschaftliche Reihe, 35. Jahrgang, Heft 6, 441-449. Berlin 1986

Kluge, F.: Etymologisches Wörterbuch der deutschen Sprache. 12. und 13. Auflage, Berlin–Leipzig 1943

Könneker, B.: Zum literarischen Charakter und der literarischen Intention des altjiddischen Schmuelbuchs, in: Akten des VII. Internationalen Germanisten-Kongresses, Göttingen 1985, Band 5, 3-12. Tübingen 1986

Kutscher, E. Y.: A History of the Hebrew Language. Jerusalem 1982

Landau, A.: Die Sprache der Memoiren Glückels von Hameln, in: Mitteilungen zur jüdischen Volkskunde, Jahrgang 1901, 7. Heft, 20-68. Hamburg 1901

Landmann, S.: Jiddisch – Abenteuer einer Sprache. München 1964

Lexikon sprachwissenschaftlicher Termini, hrsg. von R. Conrad. Leipzig 1985

Lötzsch, R.: Slawische Elemente in der grammatischen Struktur des Jiddischen, in: Zeitschrift für Slawistik, Band 19, 446-459. Berlin 1974

Löwe, H.: Die jüdischdeutsche Sprache der Ostjuden. Berlin 1915

Lotze, H.: Zur jüdisch-deutschen Litteratur, in: Archiv für Litteraturgeschichte, hrsg. von R. Gosche, Band 1, 90-101. Leipzig 1870

Mann, H.: Es kommt der Tag. Zürich 1936

Mante, A. (Hrsg.): Paris und Vienna. Eine niederdeutsche Fassung vom Jahre 1488 (Lunder Germanistische Forschungen 37). Lund–Kopenhagen 1965

Mark, Y.: gramatik fun der jidischer klal-schprach (A Grammar of Standard Yiddish). New York 1978

MEW = K. Marx – F. Engels: Werke. 1-39 + Ergänzungsband in 2 Teilen und Verzeichnis in 2 Bänden, Berlin 1956-1968
Mieses 1915 = M. Mieses: Die Entstehungsursache der jüdischen Dialekte. Wien 1915
Mieses 1924 = M. Mieses: Die jiddische Sprache. Berlin–Wien 1924
OED = The Oxford English Dictionary. 1-12 + Supplement, Oxford 1933
Öhmann 1918 = E. Öhmann: Studien über die französischen Worte im Deutschen im 12. und 13. Jahrhundert. (Phil. Diss.) Helsinki 1918
Öhmann 1940 = E. Öhmann: Zum spanischen Einfluß auf die deutsche Sprache, in: Neuphilologische Mitteilungen, 41. Jahrgang, 25-42 und 144. Helsinki 1940
Öhmann 1942 = E. Öhmann: Der italienische Einfluß auf die deutsche Sprache, in: Annales Academiae Scientiarum Fennicae, Ser. B, Band 50, 5; 491-505. Helsinki 1942
Öhmann 1943 = E. Öhmann: Über den italienischen Einfluß auf die deutsche Sprache bis zum Ausgang des Mittelalters I = Annales Academiae Scientiarium Fennicae, Ser. B, Band 51, 2. Helsinki 1943
Palander, H.: Der französische Einfluß auf die deutsche Sprache im zwölften Jahrhundert, in: Mémoires de la Société néo-philologique à Helsingfors III, 75-204. Helsinki 1902
Paul, H.: Mittelhochdeutsche Grammatik. 14. Auflage bearbeitet von E. Gierach, Halle 1944
Paul, H.: Deutsches Wörterbuch. 7. Auflage, Halle 1960
Perles, J.: Beiträge zur Geschichte der hebräischen und aramäischen Studien. München 1884
Prinz, A.: Juden im deutschen Wirtschaftsleben – Soziale und wirtschaftliche Struktur im Wandel, 1850-1914. Bearbeitet und hrsg. von A. Barkai, Tübingen 1984
Raabe, W.: Der Hungerpastor, in: Das ausgewählte Werk, Band 2, 5-408. Berlin 1954
Rosenqvist, A.: Der französische Einfluß auf die mittelhochdeutsche Sprache in der ersten Hälfte des XIV. Jahrhunderts, in: Mémoires de la Société néo-philologique de Helsingfors IX, 1-276. Helsinki 1932
Rubaschow, S.: R. Mosche Esrim Wearba, in: Die Zukunft (jiddisch), Band 32, 428 f. New York 1927
Rudolf von Ems: Weltchronik, hrsg. von G. Ehrismann (Deutsche Texte des Mittelalters, hrsg. von der Kgl. Preußischen Akademie der Wissenschaften, Band XX). Berlin 1915
Schadäus, E.: Judenmissions-Tractate (Schriften des Institutum Judaicum in Leipzig, Nr. 33). Leipzig 1892
Schildt 1976 = J. Schildt: Zur Ausbildung des Satzrahmens, in: Zur

Ausbildung der Norm in der deutschen Literatursprache auf der syntaktischen Ebene (1470-1730) – Der Einfachsatz = Bausteine zur Sprachgeschichte des Neuhochdeutschen 56/I, hrsg. von G. Feudel, 237-284. Berlin 1976

Schildt 1981 = J. Schildt: Abriß der Geschichte der deutschen Sprache. 2. Auflage, Berlin 1981

Schmeller, J. A.: Bayerisches Wörterbuch. 2. Ausgabe, hrsg. von G. K. Frommann, 1-2, München 1872-1877

Schmidt 1967 = W. Schmidt: Deutsche Sprachkunde. 5. Auflage, Berlin 1967

Schmidt 1969 siehe Geschichte der deutschen Sprache

Selig, G.: Lehrbuch zur gründlichen Erlernung der jüdisch-deutschen Sprache für Beamte, Gerichtsverwandte, Advocaten und insbesondere für Kaufleute; mit einem vollständigen ebräisch- und jüdischdeutschen Wörterbuche. Leipzig 1792

Senn, A.: Kleine Litauische Sprachlehre. Heidelberg 1929

Sephiha, H. V.: Le Ladino – Judéo-espagnol calque. Paris 1973

Serébrennikow, B. A. siehe Allgemeine Sprachwissenschaft

Schmeruk, Kh.: ßifrut jīdiš: praqīm le-toldoteha (Yiddish Literature: Aspects of Its History). Tel-Aviv 1978

Simon, M.: Die jüdische Komponente des griechisch-jüdischen Synkretismus, in: Kairos, 27. Jahrgang, Heft 3-4, 330-339. Salzburg 1985

Stalla, G.: Bibliographie der Ingolstädter Drucker des 16. Jahrhunderts. 2. Lieferung = Bibliotheca Bibliographica Aureliana XLI. Baden-Baden 1972

Stoebe, H. J.: Das erste Buch Samuelis (Kommentar zum Alten Testament. Hrsg. von E. Sellin, neu hrsg. von W. Rudolph u. a., Gütersloh 1962 ff.). Berlin 1976

Strack, H. L.: Jüdisches Wörterbuch. Leipzig 1916

Struck, H.: Über die jüdisch-deutsche Sprache. o. O. (im Auftrage des Komitees für den Osten) 1914

Suolahti 1929 = H. Suolahti (d. i. Palander): Der französische Einfluß auf die deutsche Sprache im 13. Jahrhundert, in: Mémoires de la Société néo-philologique de Helsingfors VIII, 3-310. Helsinki 1929

Suolahti 1933 = H. Suolahti: Der französische Einfluß auf die deutsche Sprache im 13. Jahrhundert, II = Mémoires de la Société néo-philologique de Helsingfors X. Helsinki 1933

Süsskind, N.: Schmuel-buch-problemen (Problems in the Study of the Shmuel-bukh), in: For Max Weinreich on his Seventieth Birthday. Studies in Jewish Languages, Literature, and Society, 467-449 (hebräisch paginiert 64-82). London – The Hague – Paris 1964

Timm 1986a = E. Timm: Der ›Knick‹ in der Entwicklung des Frühneuhochdeutschen aus jiddistischer Sicht, in: Akten des VII. Internationalen Germanisten-Kongresses, Göttingen 1985, Band 5, 20-27. Tübingen 1986

Timm 1986b = E. Timm: Das Jiddische als Kontrastsprache bei der Erforschung des Frühneuhochdeutschen, in: Zeitschrift für germanistische Linguistik, 14.1, 11-22. Berlin 1986

Wagenseil, J. Ch.: Belehrung der Jůdisch-Teutschen Red- und Schreibart. Königsberg 1699

WDG = Wörterbuch der deutschen Gegenwartssprache, hrsg. von R. Klappenbach und W. Steinitz. 1-6, Berlin 1965-1977

Weinberg, W.: Die Bezeichnung Jüdischdeutsch – Eine Neubewertung, in: Zeitschrift für deutsche Philologie, Band 100, Sonderheft Jiddisch, 253-290. Berlin–Bielefeld–München 1981

Weinhold, K.: Bairische Grammatik. Berlin 1867

Weinreich, M. 1923 = M. Weinreich: schtaplen. fir etjudn zu der jidischer schprachwißnschaft un literaturgeschichte. Berlin 1923

Weinreich, M. 1968 = M. Weinreich: Yidishkayt and Yiddish – On the Impact of Religion on Language in Ashkenazic Jewry, in: Readings in the Sociology of Language, edited by J. A. Fishman, 382-413. The Hague–Paris 1968

Weinreich, M. 1980 = M. Weinreich: History of the Yiddish Language. Chicago–London 1980

Weinreich, U. 1968 = U. Weinreich: Modern English-Yiddish / Yiddish-English Dictionary. New York 1968

Weinreich, U. 1971 = U. Weinreich: College Yiddish. Fifth Revised Edition, New York 1971

Wiggers, J.: Grammatik der plattdeutschen Sprache in Grundlage der Mecklenburgisch-Vorpommerschen Mundart. Hamburg 1858

Wolf, Ch.: Kindheitsmuster. Berlin–Weimar 1976

Wulf, J.: Literatur und Dichtung im Dritten Reich. o. O. (rororo Taschenbuch-Ausgabe) 1966

Zarncke 1869 = F. Zarncke: Rezension von Heft 1 des »Litterarischen Archivs«, in: Literarisches Centralblatt für Deutschland, Jahrgang 1869, Nr. 45, Spalte 1297 f. Leipzig 1869

Zarncke 1870 = F. Zarncke: Des Paulus Aemilius Romanus Uebersetzung der Bücher Samuelis, in: Berichte über die Verhandlungen der Kgl. Sächsischen Gesellschaft der Wissenschaften zu Leipzig, Philologisch-Historische Classe, 22. Band, 212-226. Leipzig 1870

Церетели, К. Г.: Об употреблении термина «иврит» в научной литературе, in: Семитологические штудии I, 140-145. Tbilissi 1983

Zunz, L.: Die gottesdienstlichen Vorträge der Juden historisch entwikkelt – Ein Beitrag zur Altertumskunde und biblischen Kritik, zur Literatur- und Religionsgeschichte. 2. Auflage, Frankfurt am Main 1892 (Reprint Hildesheim 1966)

Abbildungsverzeichnis